VIDA CRISTÃ INACIANA

Rossano Zas Friz De Col, SJ

VIDA CRISTÃ INACIANA

Novo paradigma para a pós-cristandade

Tradução
Orlando Soares Moreira

CEI - Brasil
Centro de
Espiritualidade Inaciana

Edições Loyola

Título original:
Vita cristiana ignaziana.
Un nuovo paradigma per la post-cristianità
© Rossano Zas Friz de Col S.J., 2021
Pontifical Biblical Institute Gregorian & Biblical Press
Piazza della Pilotta, 4 – 00187 Roma, Italy
ISBN 978-88-7839-426-1

Dados Internacionais de Catalogação na Publicação (CIP)
(Câmara Brasileira do Livro, SP, Brasil)

Col, Rossano Zas Friz de
    Vida cristã inaciana : novo paradigma para a pós-cristandade / Rossano Zas Friz de Col ; tradução Orlando Soares Moreira. -- São Paulo : Edições Loyola (Aneas), 2025. -- (Espiritualidade inaciana)
    Título original: Vita cristiana ignaziana : un nuovo paradigma per la post-cristianità
    ISBN 978-65-5504-446-1

    1. Comunidades cristãs - Igreja Católica 2. Espiritualidade - Igreja Católica 3. Inácio, de Loyola, Santo, 1491-1556 I. Título. II. Série.

25-274802   CDD-248.4

Índices para catálogo sistemático:
1. Vida cristã inaciana : Cristianismo   248.4

Cibele Maria Dias - Bibliotecária - CRB-8/9427

Diretor geral: Eliomar Ribeiro, SJ
Editor: Gabriel Frade

Capa: Ronaldo Hideo Inoue
Diagramação: Maurelio Barbosa
Preparação: Paulo Fonseca
Revisão: Tarsila Doná

Capa composta a partir da edição e montagem das ilustrações de © blackdiamond67 sobre o fundo generativo de © Eva. Imagens do Adobe Stock. Na segunda orelha, foto do autor proveniente de seu arquivo pessoal.

Ilustrações do miolo de © blackdiamond67 (Adobe Stock).

Rua 1822 n° 341, Ipiranga
04216-000 São Paulo, SP
T 55 11 3385 8500/8501, 2063 4275
editorial@loyola.com.br, **vendas@loyola.com.br**
loyola.com.br, 🅕🅘🅞🅓 @edicoesloyola

Todos os direitos reservados. Nenhuma parte desta obra pode ser reproduzida ou transmitida por qualquer forma e/ou quaisquer meios (eletrônico ou mecânico, incluindo fotocópia e gravação) ou arquivada em qualquer sistema ou banco de dados sem permissão escrita da Editora.

ISBN 978-65-5504-446-1

© EDIÇÕES LOYOLA, São Paulo, Brasil, 2025

SUMÁRIO

INTRODUÇÃO	11
NOTA BIBLIOGRÁFICA	15
AGRADECIMENTOS	17

CAPÍTULO I
UM NOVO PONTO DE PARTIDA	19
1. Antropologia espiritual secularizada	20
1.1. A pergunta sobre o sentido da vida	21
1.2. Sentido e mistério	23
1.3. O mistério como abertura infinita para a luz	24
2. Fenomenologia do mistério	26
2.1. Experiências da presença do mistério	26
2.2. Interpretação das experiências	28
2.3. Experiências da transcendência e experiência cristã	29
3. Do mistério ao Mistério	30
4. A secularização do Mistério: de Inácio de Loyola a Sigmund Freud	32
5. Conclusão	37

CAPÍTULO II
TRADIÇÃO INACIANA E CONTEMPLAÇÃO CRISTÃ 39
1. Diferentes aspectos da tradição 40
   1.1. Tradição cultural 40
   1.2. Tradição cristã 43
   1.3. Tradição inaciana 45
   1.4. Tradição inaciana e pós-cristandade 48
2. Os *Exercícios* e a grande tradição contemplativa
   cristã ocidental 49
3. A passagem da meditação à contemplação segundo São João
   da Cruz 51
   3.1. A sintomatologia da passagem 51
   3.2. Interpretação 55
   3.3. Implicações para a tradição inaciana 59
4. A tradição contemplativa inaciana 64
   4.1. Santo Inácio contemplativo (1491-1556) 64
   4.2. Contemplativos inacianos 67
      4.2.1. São Pedro Fabro (1506-1546) 68
      4.2.2. Jerônimo Nadal (1507-1580) 71
      4.2.3. Antonio Cordeses (1518-1601) 74
      4.2.4. Baltasar Álvarez (1535-1580) 77
      4.2.5. Achille Gagliardi (1539-1607) 79
      4.2.6. Luis de la Puente (1554-1624) 81
      4.2.7. Diego Álvarez de Paz (1560-1620) 83
      4.2.8. Louis Lallemant (1588-1635) 86
      4.2.9. Jean-Joseph Surin (1600-1665) 90
      4.2.10. Jean Pierre de Caussade (1675-1751) 92
      4.2.11. Da supressão da Companhia a Auguste Poulain
             (1773-1919) 94
      4.2.12. Joseph de Guibert (1877-1942) 101
      4.2.13. Depois do Vaticano II 103
   4.3. Síntese conclusiva 106

5. A Companhia de Jesus e o problema contemplativo do fim do século XVI e dos inícios do século XXI 107
   5.1. As duas grandes correntes inacianas do século XVI e a reflexão da questão hoje 112
      5.1.1. Abordagem histórica às duas correntes 112
      5.1.2. A reflexão atual 117
6. Mística, contemplação e experiência cristã 118
   6.1. Mistério e contemplação 120
   6.2. Atitude contemplativa 123
   6.3. Espiritualidade, mística, vida cristã? 124
7. Conclusão 126

CAPÍTULO III
UMA PERSPECTIVA INTERDISCIPLINAR PARA SUPERAR AS DICOTOMIAS 129

1. Pressuposto para um novo paradigma 130
   1.1. Abordagem ao problema a partir da noção de experiência 132
   1.2. Da experiência transcendental à experiência do Ressuscitado 135
      1.2.1. A experiência transcendental. Aspecto metafísico 135
      1.2.2. A experiência transcendental. Aspecto psicológico 139
      1.2.3. A perspectiva fenomenológica e histórica 140
      1.2.4. A experiência pascal como arquétipo da experiência mística 144
   1.3. Conclusão 146
2. A superação da dicotomia 147
   2.1. Análise sincrônica 148
   2.2. Análise diacrônica 150
   2.3. Análise sincrônica e diacrônica da vida cristã de Inácio de Loyola 153
      2.3.1. Análise sincrônica 153
      2.3.2. Análise diacrônica 161

3. Da *espiritualidade inaciana à vida cristã inaciana*, o novo
paradigma 167
4. Conclusão 171

CAPÍTULO IV
DA *ESPIRITUALIDADE INACIANA À VIDA CRISTÃ
INACIANA*. FUNDAMENTOS BÍBLICOS E TEOLÓGICOS   173
1. Escolher um sentido a partir de uma experiência
de transcendência *forte*.. 176
   1.1. Transcendência forte.. 177
   1.2. Transcendência e Presença/revelação do Mistério Santo... 178
2. Revelação bíblica.. 180
3. Reflexão teológica... 186
4. Discernir e decidir.. 193
   4.1. Discernir e escolher no Novo Testamento 194
   4.2. A terminologia inaciana.. 195
5. Conclusão 198

CONCLUSÃO GERAL.. 201

BIBLIOGRAFIA 205

ANEXO I:
"...Que todas as minhas *decisões* sejam puramente
ordenadas..." (cf. *EE* 46). Vivência cristã inaciana e
processo decisional 219
Introdução... 219
1. Da experiência transcendental ao sujeito da vivência cristã 220
   1.1. O sujeito transcendental 221
   1.2. O sujeito transcendental da vivência cristã................. 225
   1.3. O drama da liberdade... 228
   1.4. Síntese conclusiva 232

2. Experiências da transcendência 233
   2.1. As experiências da transcendência 234
   2.2. Modelos de experiências da transcendência 236
   2.3. Esquema para a análise das experiências da transcendência 243
   2.4. Síntese conclusiva 244
3. O processo decisional (*decision-making*) 244
   3.1. Perspectiva teórica 245
   3.2. A relação cognição-emoção segundo António Damásio ... 249
      3.2.1. Emoções, sentimentos e os "sentimentos de fundo" (*background feelings*) 250
      3.2.2. Os "marcadores somáticos" (*somatic-marker*) 253
   3.3. Síntese conclusiva 255
4. O discernimento dos espíritos como processo decisional e experiência transcendental 256
   4.1. A análise sincrônica da decisão no método teológico-decisional 257
   4.2. O discernimento dos espíritos como processo decisional 260
   4.3. Experiência transcendental e discernimento dos espíritos 265
      4.3.1. Experiência e decisão 266
      4.3.2. A moção divina 268
   4.4. Síntese conclusiva 270
Conclusão: "...que todas as minhas *decisões* sejam puramente ordenadas..." 270

ANEXO 2:
A transformação cristã de Santo Inácio de Loyola 275
1. Transformar, transformar-se, transformação em Deus 276
   1.1. Santo Inácio de Loyola 277
   1.2. João da Cruz 280
   1.3. Síntese conclusiva 282
2. O processo de transformação de Santo Inácio por meio de suas decisões 284
   2.1. Análise sincrônica 285

2.2. Análise diacrônica... 288
2.3. Exemplos da transformação de Inácio.................................... 290
    2.3.1. Discernimento... 291
    2.3.2. Missão.. 293
    2.3.3. Desejo de perfeição... 295
    2.3.4. Oração.. 296
    2.3.5. Imitação dos santos e de Cristo................................ 298
    2.3.6. Inácio, de Peregrino a Geral...................................... 299
3. Conclusão.. 301

INTRODUÇÃO

Numa recente publicação, demonstrei, por razões de diversas naturezas, a necessidade de estabelecer um novo paradigma da tradição inaciana[1]. Verificou-se, em síntese, que o processo de secularização, como analisado por Charles Taylor em *A era secular*, explica, de um lado, a análise sociocultural de Zygmunt Bauman (expressa pela célebre frase *sociedade líquida*)[2] e, de outro, as considerações sociorreligiosas de David Tacey[3], que ajudam a explicar o fenômeno atual que privilegia a *espiritualidade* em detrimento da *religião*. A situação atual não é senão o apurado produto do processo de secularização iniciado há mais de quinhentos anos e que chegou a se impor hoje na nossa cultura e no nosso imaginário social.

Parafraseando o n. 53 da Constituição conciliar *Gaudium et spes*, entende-se por *cultura* tudo o que o homem consegue desenvolver,

---

1. Cf. Zas Friz De Col, R., *La búsqueda de sentido y de espiritualidad*.
2. Cf. Bauman, Z., *Vita liquida*.
3. Cf. Tacey, D., *The Spirituality Revolution*.

com base em suas potencialidades espirituais e corporais, para dominar a natureza mediante o conhecimento e o trabalho e para realizar uma vida cada vez mais humana no âmbito pessoal, familiar e social, consolidando assim o progresso dos costumes e das instituições e preservando sua memória para as gerações futuras. Na esteira dessa definição, a bagagem da cultura manifesta-se pelo *imaginário social*, definido por Taylor como o saber comum e partilhado pelos membros de uma sociedade, que torna possível assumir como legítimos os estilos de vida e os comportamentos comuns num determinado contexto social[4].

Concretamente, a cultura e o imaginário estabelecem, de modo mais ou menos inconsciente, um *paradigma* (παράδειγμα, *paradeigma*, modelo, exemplar, arquétipo)[5] cultural, ou seja, um esquema mental com o qual uma determinada comunidade, unida por vínculos religiosos, familiares, políticos, intelectuais, futebolísticos etc., aceita os pontos de referência comuns e deles partilha para determinar critérios mediante os quais tomar decisões em seu próprio âmbito. Isso implica, obviamente, uma cosmovisão partilhada numa moldura teórica comum, com métodos de investigação e de decisão assumidos e aceitos como legítimos por todos os membros.

Em linha com o que foi dito, é possível observar que também a tradição inaciana se fundamenta num *paradigma*, um esquema mental que possa servir de referência (*framework*) a pessoas de diferentes contextos históricos e sociais, a fim de que se orientem na relação que estabelecem com o Deus da revelação cristã, mediante modos de pensar, sentir e de se comportar concretos e partilhados independentemente de diferenças geográficas e históricas. É um esquema pessoal, partilhado por uma coletividade, com uma estrutura própria, capaz de preservar e, ao mesmo tempo, de renovar o esquema ou o paradigma transmitido

---

4. Cf. TAYLOR, C., *L'età secolare*, 224-230.
5. Cf. MAIOCCHI, R., Paradigma, 8287-8288.

INTRODUÇÃO

de geração em geração. Não há tradição sem imaginário social e sem um paradigma que o realize.

Em particular, a *comunidade de pesquisadores inacianos*, dedicada a aprofundar o significado e a atualidade da tradição inaciana num determinado momento histórico, adota, de fato, também ela, um paradigma, ou seja, adota uma *matriz disciplinar*, na esteira da ideia de *paradigma* no âmbito científico de Thomas Kuhn[6]. Em outras palavras, a *comunidade de pesquisadores inacianos* partilha de uma metodologia de investigação no bojo de uma *matriz*, de uma cosmovisão partilhada que orienta de modo ordenado todos os elementos implicados na investigação. O método – adotado comumente pelos pesquisadores e consistente na definição e hierarquização dos problemas a serem enfrentados – é apenas um dos elementos da *matriz*, juntamente com o objetivo que se quer atingir. Os aspectos avaliados não dependem do método de investigação, mas de opções que correspondem a determinadas interpretações da realidade e das suas necessidades.

A proposta de mudança de paradigma na tradição inaciana é motivada pelo fato de que a *matriz* cultural de referência sofreu nos últimos decênios tal transformação que, para ser enfrentada, é necessário um novo método, adequado à nova *matriz*, da qual depende também a mudança da mentalidade entre os pesquisadores.

A evolução da *matriz* muda a mentalidade dos crentes, e, por consequência, também a mentalidade dos pesquisadores deve mudar, para enfrentar a nova situação. Nos decênios passados, do Concílio Vaticano II ao pontificado do papa Francisco, o imaginário social e o paradigma mental da cultura europeia ocidental, fruto da aceleração do processo de secularização, modificaram-se drasticamente. Todavia, a

---

6. KUHN continua afirmando: "All or most of the objects of group commitment that my original text makes paradigms, part of paradigms, or paradigmatic are constituents of the disciplinary matrix, and as such they form a whole and function together"; KUHN, TH. S., *The Structure of Scientific Revolutions*, 182.

tradição cristã em geral e a inaciana em particular continuam a enfrentar a realidade com esquemas de cristandade que não assimilaram nem adaptaram as mudanças produzidas, em contraste com a evolução da sociedade para um horizonte de referência pós-cristão que vai além dos esquemas mentais próprios do cristianismo.

Essa simples constatação, discutível, mas inegável, levou-me à convicção de que não se pode continuar a conceber a tradição da espiritualidade cristã e inaciana com o mesmo esquema mental, com o *mesmo paradigma* com o qual foi concebida até agora.

Nesse sentido, portanto, este livro quer oferecer ao leitor *inaciano* um quadro teórico para repensar o paradigma atual da tradição inaciana a partir do contexto sociorreligioso contemporâneo. Para essa finalidade, apresentam-se no primeiro capítulo algumas características dessa situação, para procurar um novo ponto de partida, com base numa interpretação da fenomenologia da experiência do mistério; no segundo capítulo, analisa-se a relação dessa situação com a tradição inaciana, em conexão com a grande tradição contemplativa cristã; no terceiro capítulo, postulam-se as bases do novo paradigma, a partir de uma perspectiva interdisciplinar, com a utilização de um método particular; enfim, no quarto capítulo, levanta-se a hipótese da mudança de paradigma: da *espiritualidade inaciana* à *vida cristã inaciana*.

NOTA BIBLIOGRÁFICA

Esta publicação é o resultado de um projeto de pesquisa que se desenvolveu por muitos anos. Por essa razão, reúnem-se nela extratos de publicações anteriores, que agora encontram unidade argumentativa.

O primeiro capítulo leva em consideração: Dalla trascendenza celeste alla trascendenza terrena. Saggio sulla *nuova* spiritualità. *Mysterion* (www.mysterion.it), v. 4 (2011) 15-28; La silenziosa rivoluzione antiescatologica. *La Civiltà Cattolica*, v. 165, n. 3 (2014) 32-42; La vocazione universale all'autotrascendenza. *Mysterion* (www.mysterion.it), v. 8, n. 2 (2015) 124-132; Iniciación en la vida mística en el marco del Ritual de Iniciación Cristiana de Adultos. *Teología y Catequesis*, v. 132 (2015) 65-86; Contesto socio-religioso attuale e vissuto cristiano. *Ignaziana* (www.ignaziana.org), v. 23 (2017) 17-29; El proceso de conversión en los itinerarios de iniciación cristiana. *Actualidad Catequética*, v. 253 (2017) 49-98, que foi publicado também como El proceso espiritual de conversión en la iniciación cristiana. *Mysterion* (www.mysterion.it), v. 10, n. 1 (2017) 44-82; La búsqueda de sentido y de espiritualidad en tiempos post-cristianos (www.ignaziana.org), Numero Speciale 2, 2018.

O segundo capítulo tem sua fonte em: L'autentica spiritualità ignaziana. *La Civiltà Cattolica*, v. III (2003) 392-402; La tradición mística ignaciana (I). Autores españoles de los siglos XVI y XVII. *Manresa*, v. 76 (2004) 391-406 e La tradición mística ignaciana (II). Autores franceses de los siglos XVI al XX. *Manresa*, v. 77 (2005) 325-342 (tradução alemã: Ignatianische Mystik (Teil I). *Geist und Leben*, v. 85 (2012) 16-30; Ignatianische Mystik (Teil II). *Geist und Leben*, v. 85 (2012) 120-135); ¿Espiritualidad ignaciana y/o mística ignaciana? *Ignaziana* (www.ignaziana.org), v. 3 (2007) 115-121; La trasformazione mistica ignaziana. *Ignaziana* (www.ignaziana.org), v. 5 (2008) 21-33; Teología de la vida cristiana ignaciana. Ensayo de interpretación histórico-teológica. *Ignaziana* (www.ignaziana.org), v. 9 (2010) 3-71; La vida cristiana ignaciana en el contexto contemporáneo. *Ignaziana* (www.ignaziana.org), v. 11 (2011) 144-156; Radicarsi in Dio. La trasformazione mistica di San Ignazio di Loyola. *Iganziana* (www.ignaziana.org), v. 12 (2011) 162-302; Breve introducción a la mística ignaciana del s. XVI. *Ignaziana* (www.ignaziana.org), v. 16 (2013) 201-235; Analisi del vissuto cristiano di Ignazio di Loyola. Saggio metodologico. *Ignaziana* (www.ignaziana.org), v. 22 (2016) 137-165.

Nos capítulos terceiro e quarto, as referências bibliográficas são: *Teologia della vita cristiana. Contemplazione, vissuto teologale e trasformazione interiore.* Cinisello Balsamo: San Paolo, 2010; *Iniziazione alla vita eterna. Respirare, trascendere e vivere.* Cinisello Balsamo: San Paolo, 2012; *La presenza trasformante del Mistero. Prospettiva di teologia spirituale.* Roma: G&B Press, 2015.

No quarto capítulo também: Considerazioni sullo "scegliere" in Sant'Ignazio. *Iganziana* (www.ignaziana.org), v. 1 (2006) 94-106.

AGRADECIMENTOS

A versão italiana, traduzida do espanhol, esteve a cargo de Patrizia Galluccio, à qual sou grato pela competência e dedicação. Agradeço também a Magda Marrasco pela cuidadosa revisão do texto e a Giovanna Ilaria, da G&B Press, por seu constante empenho em procurar o bom resultado desta publicação.

Last but not least, agradeço ao pe. James Grummer, SJ, Diretor do Centro de Espiritualidade Inaciana da Pontifícia Universidade Gregoriana, pelo generoso apoio na publicação deste livro.

CAPÍTULO I

UM NOVO PONTO DE PARTIDA

Na publicação citada na introdução ("La búsqueda de sentido y de espiritualidad en tiempos post-cristianos"), afirmo que é possível assegurar, sem sombra de dúvida, que Santo Inácio e Sigmund Freud são espirituais e até mesmo místicos, no sentido antropológico, embora mantendo suas diferenças[1]. Baseia-se essa afirmação na demonstração do fato de que a infraestrutura antropológica da pesquisa do sentido da existência é a mesma tanto na dinâmica freudiana da psicanálise como na inaciana dos *Exercícios espirituais*, dinâmica essa alimentada pelo desejo de autotranscendência diante do mistério da existência e da realidade.

A partir desses pressupostos, a interrogação sobre a qual se fundamenta o presente capítulo é: o que está oculto na afirmação que une posições tão diversas, como a de Freud e de Santo Inácio? Descobrir isso significa identificar a raiz sociorreligiosa da necessidade de mudar de paradigma. Embora eu já tenha considerado em pormenor essa afinidade na publicação supramencionada, é necessário, todavia, retomá-la

---

1. Cf. Zas Friz De Col, R., La búsqueda de sentido y de espiritualidad, 6-105.

brevemente, para contextualizar a pergunta feita. O capítulo começa mostrando a dimensão antropológica subjacente que nos permite falar de espiritualidade num contexto pós-cristão, com base na pergunta do sentido da vida; prossegue apresentando uma fenomenologia da presença do mistério e a passagem do mistério, considerado antropologicamente, ao Mistério revelado na tradição cristã; conclui-se, enfim, com uma consideração sobre a secularização do Mistério, confrontando Sigmund Freud com Inácio de Loyola.

1. Antropologia espiritual secularizada

Charles Taylor chega à conclusão de que se perdeu, nos dias de hoje, o que era evidente, há quinhentos anos, no imaginário social das sociedades do Ocidente: o sentido cristão da transcendência meta-histórica e a eficácia da transformação interior como resultado da relação pessoal com Deus a partir de um horizonte escatológico de interpretação da existência individual e social. Diante dessa situação, Zygmunt Bauman, embora não cristão, julga que as sociedades ocidentais sofrem de um *atraso moral*, cujo remédio, segundo o sociólogo, consistiria em educar os cidadãos a uma atitude crítica em relação às tendências culturais atuais, de modo a emancipá-los da sociedade consumista e torná-los capazes de decisões responsáveis. Trata-se de educar o *homo eligens*, a fim de que aja criticamente no ambiente, em virtude de um crescimento da pessoa (*empowerment*) como sustentação de uma meta-esperança que torne possível o próprio ato de esperar[2].

Com uma perspectiva assim, proveniente de um pensador não cristão, o interesse foca-se no desenvolvimento da capacidade de decidir contra a corrente, um remédio estreitamente ligado à tradição inaciana, centrada no discernimento de uma tomada de decisão segundo

---

2. Cf. BAUMAN, Z., *Paura liquida*, 219.

a vontade de Deus. Todavia, a sua simples aplicação à *espiritualidade* não levaria em consideração a situação sociorreligiosa atual em relação à de alguns anos atrás.

De fato, adotar a sugestão de Bauman a partir do paradigma tradicional da espiritualidade inaciana significa interpretar a situação atual com um paradigma superado, porque correspondente a um contexto passado. Torna-se necessário, portanto, outro paradigma de referência, embora se trate da mesma tradição. Se o odre novo precisa de vinho novo, quer dizer que uma nova situação (o odre de madeira é da mesma madeira do odre velho, mas é novo) precisa de uma nova interpretação a partir da mesma tradição (é sempre vinho, tanto o novo como o velho), embora se trate de gerações diferentes, que devem responder com novas ideias às novas situações. Por isso, requerem-se odres novos para o vinho novo (cf. Mt 9,17).

A questão é: como aplicar a válida sugestão de Bauman a partir de um novo paradigma inaciano? Em outras palavras, o que precisa ser mudado no paradigma atual?

É preciso reformular o ponto de partida, mudar o modo como se concebe a pergunta sobre o sentido da vida.

1.1. A pergunta sobre o sentido da vida

A capacidade de decisão se exerce de modo radical quando uma pessoa decide dar um sentido à própria existência. A esse propósito, o ato de decisão é entendido como pôr em ação a capacidade de autodeterminação da pessoa que escolhe o sentido a ser dado à sua existência, depois de uma procura visada. O ato de escolher pressupõe a procura de um dos três sentidos possíveis, a fim de que se torne *o* sentido da própria vida. Essa pesquisa tem uma dimensão ativa, procurá-lo, e uma passiva, aceitá-lo. A decisão produz a mútua autodoação entre a pessoa e o sentido: a pessoa se doa e se abandona ao *sentido*, e o *sentido* se oferece, doando-se também ele à pessoa.

A dinâmica da procura-descoberta do sentido pressupõe uma experiência prévia, formulada como *vazio* existencial, que produz a procura até encontrar o *outro* que me-dá-sentido. A descoberta é um *insight* mediante o qual se toma consciência da presença do sentido e das implicações dessa descoberta na própria vida; daí se segue uma decisão igualmente necessária de aceitação ou de recusa da presença do *outro*.

Um aspecto importante a ser ressaltado é que, se a procura significa acolhimento de *alguma coisa* que dá sentido à totalidade da existência, essa *alguma coisa* transforma a vida de quem a aceita. A transformação, que é o efeito mais importante do acolhimento de sentido, terá uma orientação predeterminada, conforme que coisa é ou de quem seja essa *alguma coisa*.

Trata-se de uma ação transformadora, porque dá sentido à totalidade da existência, mediante uma decisão que vincula pessoa e sentido. Esse vínculo é possível porque responde a uma dimensão antropológica inata: a capacidade de autotranscendência. De fato, a pessoa procura *alguma coisa* fora de si que dê sentido *dentro-de-si*, a seu *ser-por-si*. A decisão permite que o sujeito se dê um sentido que encontra fora de si, não obstante ser por si. Não importa que seja um sentido religioso ou não; o que importa é constatar a dinâmica antropológica do se-dar-sentido, que é comum a qualquer decisão de sentido.

Nessa perspectiva, se o *algo* que me dá sentido é capaz de o dar a toda a minha existência, esse *algo* deve ter uma condição de *mais*, que excede a minha própria existência. Ao me dar sentido, esse *algo* se apresenta como algo-diferente-de-mim, que eu não sou capaz de abraçar e pelo qual, porém, sou abraçado. Não posso dispor dele. É um mistério-para-mim que, todavia, dá uma resposta total e totalizante à minha existência concreta e cotidiana. No entanto, se de mim surge a procura de sentido, mas não a resposta, isso significa que sou um mistério para mim mesmo e que eu mesmo me descubro como incompreensível e insondável, porque, de outro modo, não deveria procurar *fora* de mim o que eu poderia encontrar *dentro* de mim. Se o sentido se apresenta como *algo* incompreensível e insondável a meu próprio ser, que se me revela como igualmente incompreensível e insondável, então a decisão de me dar sentido pressupõe que eu seja um desconhecido a mim mesmo e que estou à procura de algo desconhecido a fim de que o meu desconhecimento tenha sentido. Pode-se afirmar, então, que eu sou um mistério para mim mesmo e que aquilo que procuro é dar sentido a meu mistério, que vem de *algo* desconhecido, cuja presença vai além de mim, tornando-se mistério-para-mim, que sou mistério para mim mesmo. O mistério habita em mim, como habita na realidade. Eu e a realidade somos mistério.

Derivam do que foi dito duas considerações importantes a serem feitas antes de prosseguir. O sentido acolhido é *alguma coisa* recebida que-me-dá-orientação e que, portanto, se torna o critério fundamental para orientar as decisões grandes e pequenas da vida; além disso, o ato de procurar e acolher o-que-me-dá-sentido deve ser interpretado como abertura da pessoa ao algo-diferente-de-si, como realização da capacidade de autotranscendência da pessoa enquanto humana. Em outras palavras, trata-se do que pode ser considerado o nível antropológico básico da *espiritualidade*, comum a homens e mulheres de todos os tempos e de todos os lugares. Todo ser humano está à procura de sentido fora de si: todo ser humano, como tal e pelo fato de estar à procura de sentido, é espiritual/transcendente. Essa afirmação não tem conotação religiosa, mas, antes, somente antropológica.

1.2. Sentido e mistério

A procura de sentido abre à dimensão do mistério, subjetiva e objetivamente. Segundo Martín Velasco, a experiência do mistério, a mística, é uma experiência humana peculiar "relativa a uma realidade que transcende a ordem das realidades com as quais o homem entra em contato no âmbito da vida cotidiana"³. Ao afirmar que eu sou mistério para mim mesmo e que o sentido se me apresenta como *outro* mistério, afirmo que eu e a *outra coisa* que me dá sentido transcendemos a ordem da realidade cotidiana. Uma transcendência que se entende como incapacidade de responder espontaneamente à pergunta: de onde venho e para onde vou? Pergunta – comum a homens e mulheres de épocas e culturas diferentes, pois pertence à própria constituição antropológica do ser humano – que surge da experiência do vazio de sentido, que leva a procurar um e que abre a pessoa a seu ser-mistério-por-si.

Portanto, a descoberta de que eu sou mistério-para-mim leva à constatação de que também a realidade é mistério-para-mim, que tudo é mistério e que o "eu" é mistério no mistério. A procura de sentido, portanto, não é senão procura de sentido para desvelar o mistério da existência pessoal e o mistério da própria realidade. Eu sou para mim presença do mistério, assim como a realidade é para mim presença do mistério. O mistério está presente, é presença de alguma coisa que está dentro e fora de mim.

1.3. *O mistério como abertura infinita para a luz*

O início do saber consiste em tomar consciência do fato de que o conhecimento fundamental da realidade depende do não-saber, que se transforma em saber-do-mistério. O mistério se apresenta, portanto, como fundamento do se conhecer e do conhecer: procurar o sentido da vida e da realidade significa conhecer e me conhecer, a partir do mistério. Pode-se afirmar que a pergunta sobre o sentido da realidade nasce do mistério e encontra resposta no próprio mistério. Parte-se do mistério para chegar a ele. O mistério é origem e meta, pergunta e resposta. É presença *obscura* e incognoscível que sustenta o universo: não se

---

3. Martín Velasco, J., *Il fenomeno mistico*, II, 183.

revela, mas ali está, presente no microcosmo e no macrocosmo, como diziam os medievais.

Definida a presença do mistério como presença *obscura*, fundamento, ao mesmo tempo, da interrogação e da resposta sobre o sentido, define-se como presença interior aberta e horizonte sem fim para a existência pessoal, bem como para a história e a própria realidade.

Portanto, se precisamente essa obscuridade – a abertura subjetiva que não encontra espontaneamente resposta objetiva na realidade que se apresenta também ela sem confins delimitados – se revela propícia, segue-se, paradoxalmente, que o infinitamente obscuro e aberto, quer subjetivamente, quer objetivamente, exige uma resposta urgente, uma luz que ilumine a obscuridade, uma luz que faça esvaecer a obscuridade da história e da realidade.

O sentido da existência pessoal não é nada transparente, porque se apresenta sempre como instância original obscura. Por essa razão, a pergunta de sentido é, ao mesmo tempo e paradoxalmente, demanda de luz em meio à obscuridade. A resposta de sentido dá sentido, porque faz brilhar o sentido como luz. Prefiro falar de *obscuridade* e não de *trevas* para evitar qualquer conotação negativa da situação humana original, fazendo-a pertencer ao âmbito da fenomenologia da experiência pessoal. A obscuridade torna-se treva quando se faz opção contra-o-sentido escolhido, porque é escolher contra a luz, contra o sentido que ilumina. A obscuridade caracteriza a condição humana original; as trevas, ao contrário, são escolhidas. Obviamente, a qualidade da luz depende da resposta pessoal à procura de sentido mediante a qual a obscuridade se dissolve: nem todas as respostas dissolvem a obscuridade com a mesma intensidade; portanto, pode-se falar de diferentes respostas e iluminações. Tema esse que mereceria um aprofundamento à parte, dado que, se a obscuridade não gera a luz, abre-se a pergunta sobre a proveniência da luz. Desse modo, resulta que a presença do mistério obscuro é, na realidade, não apenas uma procura de sentido, mas também de possível resposta-luz. A abertura infinita que se constata na experiência da obscuridade é, paralelamente, abertura infinita à luz, à possibilidade de ser iluminado por um sentido.

Se, portanto, o sentido se apresenta como luz na obscuridade e se a luz não provém da obscuridade, de onde provém a luz? Para preparar uma resposta é preciso confiar na fenomenologia.

2. Fenomenologia do mistério

O mistério obscuro da realidade interior e exterior, que pede para ser iluminado pelo sentido, apresenta-se não somente como abertura infinita à luz, mas também como interrogação sobre a própria procura. Quer dizer, como é possível ser iluminado pelo sentido que provém da obscuridade se a obscuridade não gera luz? De onde vem a luz do sentido? Pode-se pedir luz à obscuridade, se a obscuridade não conhece a luz?

2.1. Experiências da presença do mistério

Para abordar o tema, apresentam-se a seguir algumas experiências que, sucessivamente analisadas, ajudam a compreender como é possível que a luz brilhe na obscuridade. Essas experiências podem ser interpretadas como a irrupção da presença do mistério desconhecido, que se deixa conhecer como presença desconhecida. Conhecer o mistério não significa conhecer os segredos que subtende, mas saber apenas que os há. Em outras palavras, conhecer o mistério significa saber que esconde *alguma coisa*, mas não *o que* esconde. Seguem dois testemunhos dessa experiência:

> De modo completamente inesperado (pois jamais me imaginei algo assim), os meus olhos se abrem e, pela primeira vez na minha vida, tive a intuição fugaz da beleza estática do real... Não vi nada de

novo, mas vi todas as coisas costumeiras sob uma nova e miraculosa luz, sob a sua verdadeira luz, creio. Percebi o extravagante esplendor, a alegria indescritível da vida na sua totalidade. Cada ser humano que atravessava a varanda, cada pássaro em seu voo, cada ramo que balançava ao vento, era parte integrante do todo, absorvido nesse louco êxtase de alegria, de significado, de vida inebriada. Vi essa beleza por toda parte. O meu coração se dissolveu e me abandonou, por assim dizer, num rapto de amor e de delícia [...]. Pelo menos uma vez, no tom cinza dos dias da minha vida, terei olhado para o coração da realidade, terei sido testemunha da verdade[4].

Era como se eu jamais tivesse me dado conta, antes daquele momento, de até que ponto o mundo fosse belo. Eu estava deitado na relva morna e seca e ouvia o canto das cotovias, que dos campos próximos do mar subia para o céu claro. Nenhuma música jamais me proporcionou o mesmo prazer daquele canto apaixonadamente alegre. Era como se fosse um enlevo saltitante e exultante um som cintilante, semelhante a uma chama. Foi quando me invadiu uma estranha sensação. Tudo o que me circundava pareceu, de repente, se encontrar dentro de mim. O universo inteiro parecia habitar em mim. Em mim as árvores moviam suas verdes copas, em mim a cotovia cantava, em mim resplandecia o sol quente e se distendia a sombra fresca. Uma nuvem se levantou no céu e uma chuva miúda começou a cair sobre os ramos. Eu sentia aquele frescor se expandir dentro da alma e percebia em todo o meu ser o perfume delicioso da erva, das plantas, da rica terra morena. Teria podido soluçar de alegria[5].

---

4. HULIM, M., *Misticismo selvaggio*, 45. "A autora do testemunho estava convalescendo no hospital para uma cirurgia. Depois de várias semanas de longa recuperação (a cena se dá em março de 1915), seu leito com rodas tinha sido levado, pela primeira vez, para uma espécie de varanda, da qual podia contemplar o jardim do hospital" (ibid.).
5. Ibid., 47.

2.2. Interpretação das experiências

Das referidas experiências compreende-se que se trata de uma presença que irrompe no cotidiano das pessoas: "De modo completamente inesperado (pois jamais tinha sonhado com algo assim), os meus olhos se abrem e, pela primeira vez na minha vida, tive a visão fugaz da beleza estática do real..."; "Era como se eu jamais tivesse compreendido até que ponto o mundo é belo". Não é que *apareça* algo de modo sensível, mas, antes, se *percebe* alguma coisa por mediações naturais.

Louis Roy chama esse tipo de experiência "experiência de transcendência", quer dizer, "uma percepção sensível do infinito numa determinada circunstância"[6], *sensível* porque ocorre mediante o contato com *alguma coisa*, sem passar por nenhum dos cinco sentidos. Ou seja, trata-se de uma "percepção sensível do infinito", de *alguma coisa* obscura (ininteligível) e infinita, indefinida, sem confins e sem limites, que irrompe no cotidiano das pessoas sem que elas o peçam. Perceber a presença *dessa alguma coisa* é perceber a presença de algo que vai além da compreensão cognitiva, mas que proporciona satisfação afetiva. Não é conhecida, mas suscita uma resposta emotiva que chega pelo sensível; todavia, não corresponde à percepção sensorial de um objeto. Isso significa que se percebe *alguma coisa* além da percepção dos sentidos. Mais adiante, voltaremos a isso.

Segundo Roy, um período de preparação precede esse tipo de experiência, no sentido de que, mais ou menos conscientemente, a pessoa se dispõe ou está disposta a ela. Como se viu, essas experiências aparecem numa ocasião concreta. Os relatos são expressão de *alguma coisa* percebida num determinado momento, do qual se conserva uma profunda memória. Essas experiências produzem uma forte reação emotiva, que pode ser semelhante ao sentimento estético, e exigem que sejam

---

6. Roy, L., *Experiencias de trascendencia*, 27. Aqui, como a seguir, a versão italiana das citações referidas no corpo do texto é da tradutora, a menos que se indique o contrário.

interpretadas para compreender e assumir com responsabilidade o que se viveu, pois deixam um fruto que produz uma transformação interior[7].

2.3. Experiências da transcendência e experiência cristã

As experiências de transcendência descritas não são experiências do Mistério cristão; todavia, se compararmos as características que Roy atribui às primeiras com as que Martín Velasco atribui às segundas, não se observam diferenças significativas.

Roy define as experiências da transcendência, como vimos, como "uma percepção sensível do infinito numa determinada circunstância", em que o *infinito* é sinônimo de mistério, ao passo que Martín Velasco define a experiência do Mistério cristão como "uma forma peculiar de realização da experiência da fé, ou seja, da resposta pessoal à presença do mistério"[8], em que *Mistério* se refere à presença de Deus na revelação cristã. Assim, por suas características, podem ser aplicadas as experiências do (m)istério às cristãs do (M)istério, e vice-versa.

Segundo Martín Velasco, as experiências do Mistério cristão distinguem-se pelo caráter holístico; são passivas, pois a Presença irrompe sem que sua aparição dependa, de certo modo, da pessoa; são intuitivas, porque a presença se experimenta como uma intuição percebida de forma imediata, para além dos sentidos, embora não os exclua; são também experiência de *alguma coisa* que suscita uma emoção positiva, de bem-aventurança, de alegria, de paz; ao mesmo tempo apresenta-se nelas *algo* fácil e simples que enriquece quem o experimenta e, assim, são experiências inefáveis que não podem ser narradas exaustivamente e, muito menos, explicadas, porque transcendem a esfera cognitiva. Trata-se, portanto, de experiências que se apresentam obscuras à razão, ainda que,

---

7. Cf. ibid., 28-35.
8. MARTÍN VELASCO, J., *Il fenomeno mistico*, II, 81.

paradoxalmente, verdadeiras. Aqueles que as vivem, com efeito, têm a impressão de terem se encontrado com a verdadeira realidade, eliminando qualquer dúvida sobre sua efetiva presença: uma luz que cega.

As experiências da transcendência apresentam as mesmas características: atingem a pessoa toda, são passivas, não produzidas nem estimuladas por quem as vive, pois aparecem sempre de modo espontâneo. O resultado é uma forte impressão afetiva positiva daquela *alguma coisa* como simples, absolutamente nada complicada, que ultrapassa a capacidade racional e expressiva. Não se compreende *o que é* que aparece pois se revela como *obscura*; não se pode, porém, duvidar de que *o que* aparece tenha uma consistência real objetiva e iluminante.

Concluindo, o fato de que ambas as experiências tenham características comuns comporta uma consideração positiva e uma negativa. A primeira é que a passagem do mistério antropológico ao Mistério cristão não se dá por ruptura, mas por continuidade, como se pode deduzir da evidência das características comuns. A segunda é que o partilhar das características não as identifica, mas, simplesmente, evidencia o traço comum da dinâmica antropológica. Todavia, pode-se estabelecer a pergunta sobre se a *alguma coisa* para a qual tende a transcendência possa ser assumida como o Deus cristão. Interrogação a que dedico o número seguinte.

3. Do mistério ao Mistério

Em primeiro lugar, de que modo é possível compreender a passagem da realidade percebida sensorialmente à realidade percebida extrassensorialmente (experiência da transcendência)? Em segundo lugar, como é possível compreender a passagem da experiência da transcendência à experiência da *revelação* cristã?

A pergunta sobre o sentido da existência e a resposta a ela coincidem na noção de mistério: a pergunta abre ao mistério a partir da obscuridade e recebe como resposta o mesmo mistério como luz. Se a resposta leva de novo à pergunta, do mistério ao mistério, o que se percebeu na resposta que ilumina a pergunta? Percebeu-se *alguma coisa* que transformou a pessoa com a resposta/luz. Afirma-se por isso que o mistério se ilumina por si mesmo. Há, todavia, diferença entre a presença *iluminante* do mistério e a do Mistério.

Na experiência da transcendência, a presença do mistério torna-se transparente a partir da realidade percebida por meio do que São Boaventura chama de *cointuição*, entendida como a percepção de *alguma coisa não sensível, mas inteligível no sensível*[9]. Corresponde à capacidade de perceber um duplo fundo na realidade, ou seja, de perceber *mais* realidade não sensível na realidade sensível percebida. É o dinamismo do movimento simbólico. Com as palavras de Ricoeur, é simbólica "toda estrutura de significado em que um sentido direto, primário, literal indica por acréscimo outro sentido indireto, secundário, figurado, que não pode ser apreendido senão mediante o primeiro"[10].

A percepção do *excesso* de realidade é dada pela própria realidade, e a mesma coisa se deve dizer da experiência cristã da revelação. Com efeito, sob uma perspectiva fenomenológica e seguindo Martín Velasco, a correspondência entre a realidade sensível objetiva (símbolo), de um lado, e a capacidade subjetiva de transcendência (*cointuição*), de outro, permite o movimento simbólico da experiência da transcendência, a qual torna possível a passagem da dimensão obscura da realidade a outra iluminada, não menos objetiva, mas não objetivável de maneira sensível e inteligível[11].

Em ambos os casos, a estrutura simbólica da realidade coincide com a estrutura antropológica da *cointuição*, ainda que se trate de níveis diferentes. Com efeito, se o símbolo e a *cointuição* oferecem a possibilidade

---

9. Cf. SCIAMANNINI, R., *La contuizione bonaventuriana*, 13.
10. RICOEUR, P., *Le Conflit des Interpretations*, 16.
11. Cf. MARTÍN VELASCO, J., *Introducción a la fenomenología de la Religión*, 203.

de uma passagem real entre um primeiro nível sensível e um segundo inteligível não sensível, como no caso das experiências da transcendência, a revelação cristã opera do mesmo modo, com a diferença de que o mistério se revela como um ser pessoal, como um Mistério Santo, usando a expressão de Karl Rahner[12]. Fica claro que a revelação cristã segue a mesma estrutura reveladora das experiências da transcendência. Pode-se dizer, com uma linguagem iluminante, embora, talvez, imprópria, que as experiências da transcendência e do mistério são experiências da transcendência *frágeis*, enquanto as experiências cristãs da transcendência e do Mistério são *fortes*, porque projetam para uma perspectiva de vida meta-histórica e de união transformadora com o Mistério Santo.

Não é importante estabelecer aqui as diferenças entre os dois movimentos acenados, senão esclarecer que se trata do mesmo dinamismo antropológico. É, porém, necessário demonstrar que esse dinamismo se secularizou, para entender melhor a necessidade de um novo paradigma na tradição inaciana, na esteira da exigência de se perguntar o que acontece quando as experiências da transcendência *frágeis* se interpretam a partir de um horizonte secularizado que nega ou ignora *a priori* a transcendência *forte*.

4. A secularização do Mistério: de Inácio de Loyola a Sigmund Freud

Nas páginas anteriores, a espiritualidade foi definida, num nível antropológico básico, como expressão de um movimento transcendente que orienta a pessoa para fora de si, à procura de um sentido que ela decide acolher para dar uma orientação fundamental à sua vida. O sentido é procurado como pergunta/mistério a partir de uma experiência interior de obscuridade e é recebido, ao contrário, como resposta/mistério de

---

12. Cf. RAHNER, K., *Corso fondamentale sulla fede*, 81-104.

luz. É no âmbito do mistério que surge a procura de sentido (transcendência ativa) e a decisão de acolher um (acolhimento passivo): uma dinâmica antropológica que coincide com a procura e o encontro com o Deus da revelação cristã.

Todavia, entre a experiência de Inácio de Loyola e a de Sigmund Freud, assistiu-se à secularização da experiência do Mistério, embora conservando sua própria estrutura antropológica. Em outras palavras, a diferença entre o sentido do ser espiritual de Inácio e o de Freud encontra-se na transformação ocorrida no contexto sociocultural, mais que em sua estrutura antropológica. No contexto de Freud, como no nosso, o cristianismo não representa mais o horizonte de referência último, partilhado pela sociedade, como o era nos tempos de Inácio. O horizonte de referência último, sobre o qual se procura e se acolhe a resposta à pergunta sobre o sentido da vida, fragmentou-se em muitos horizontes que aparecem todos num mesmo nível de validade existencial, sem que nenhum tenha proeminência sobre os outros, como ocorria antes com o cristianismo na Europa ocidental e o catolicismo em alguns países. Em outras palavras, assistiu-se à fragmentação de democratização dos horizontes de referência. Trata-se, portanto, de mostrar como a mesma estrutura da transcendência opera no caso dos dois exemplos citados, respondendo, porém a contextos diferentes.

Sigmund Freud nasce em maio de 1856, quando faltavam exatamente dois meses e vinte cinco dias para se completarem trezentos anos da morte de Inácio (31 de julho de 1556). Naqueles trezentos anos, o imaginário social europeu se secularizou. Isso quer dizer que se passou de uma concepção espontaneamente religiosa da existência humana para uma na qual a espontaneidade religiosa foi substituída por uma laica, na qual, paradoxalmente, para ser espiritual não é necessário ser religioso. Comparando Inácio de Loyola e Freud, levando-se em consideração parâmetros semelhantes, pode-se constatar a supracitada transformação, com a verificação, porém, de uma mesma dinâmica antropológica subjacente à procura de sentido.

Inácio nasce, cresce e é educado num ambiente profundamente religioso, cristão. A sua iniciação à vida religiosa é fruto de uma série de experiências que o levam à decisão de mudar radicalmente seu estilo de vida. Uma decisão que é ponderada mediante a prática de alguns exercícios espirituais, como a oração, o exame de consciência, o discernimento dos espíritos etc.

Freud, ao contrário, nasce num ambiente judaico secularizado. Seu avô é judeu praticante; o pai passa por um acelerado processo de secularização, a ponto de, quando Sigmund nasce, já ter deixado a prática religiosa. A atitude secularizada de Freud manifesta-se no fato de que, depois de seu matrimônio, em setembro de 1886, "proibiu Marta [sua esposa] de celebrar o *Shabbath* e cozinhar segundo as regras do *Kashrut*. Nenhum de seus filhos será circuncidado"[13]. Segundo Roudinesco, "Freud acreditava, sem dúvida nenhuma, que a psicanálise podia curar o sujeito moderno da perda da ilusão religiosa: sob o risco de ocupar o seu lugar e malograr, de modo semelhante ao socialismo, que não conseguira erradicá-la"[14]. A guinada secular consuma-se quando Freud presume ser a psicanálise o instrumento adequado para interpretar a religião, com base, obviamente, no primeiro princípio hermenêutico, o rebaixamento da religião a uma alienação.

No caso de Inácio, o que o motiva a mudar de vida e a orientá-la por um novo caminho é a experiência pessoal que desenvolve com a Presença do Mistério cristão, que interpreta mediante o discernimento das moções espirituais. Freud, por seu lado, descobre a presença do mistério do inconsciente e a sua influência sobre a vida consciente, que ele decifra mediante o método psicanalítico que elabora e aperfeiçoa.

Na sua obra *O homem Moisés e a religião monoteísta*, Freud afirma que a espiritualidade não é senão o exercício das faculdades superiores,

---

13. ROUDINESCO, E., *Freud en su tiempo y en el nuestro*, 62. A autora afirma na página 64: "Freud seguía siendo un descreído y votaba al Partido Liberal, a la vez que frecuentaba a los socialdemócratas".
14. ROUDINESCO, E., *Freud en su tiempo y en el nuestro*, 335.

mediante as quais se sublimam as pulsões: "Progredir espiritualmente quer dizer decidir contra a direta percepção dos sentidos e a favor dos chamados processos intelectuais superiores, ou seja, as lembranças, as reflexões, os processos dedutivos"[15]. É dessas faculdades superiores que parte espontaneamente a procura *espiritual* de sentido em cada ser humano, pelo simples fato de ser humano. De outra parte, pode-se também afirmar que Freud é *espiritual*, no sentido cristão secularizado, porque tenta decifrar o mistério do inconsciente pelo método da psicanálise, assim como Inácio tenta decifrar a vontade do Mistério de Deus pelo método do discernimento.

O significado religioso da procura de sentido, generalizado no imaginário social de Inácio, é secularizado no imaginário social de Freud. O Mistério se converteu num mistério, mas está subjacente, em ambos os casos, à mesma dinâmica antropológica da procura de sentido da existência. De qualquer modo, acolhe-se o sentido provindo de um m(M)istério, com o qual se estabelece algum tipo de relação com uma metodologia específica em cada caso. Uma relação que leva a transformar a vida à medida que se aprofunda.

Em ambos os casos, Inácio e Freud cointuem o m(M)istério, que se manifesta independentemente das vontades deles e da vontade dos exercitantes e pacientes, e decifram essa p(P)resença segundo suas respectivas metodologias: Freud interpreta o mistério do inconsciente mediante a doutrina e a prática da psicanálise, enquanto Inácio unifica o Mistério Santo e o exercitante por meio dos *Exercícios espirituais*. Para ambas as situações há necessidade de uma supervisão, efetuada respectivamente pelo analista e por aquele que dá os exercícios. Subjacente aos dois está uma cosmovisão: a religiosa cristã, de Inácio, e a secularizada, de Freud. A cosmovisão de Freud, em nítida antítese com a visão de Inácio, pressupõe a recusa da religião e de toda forma de transcendência e transformação religiosa e, portanto, de qualquer revelação divina e de qualquer

---

15. FREUD, S., *L'uomo Mosè e la religione monoteistica*, 435.

tipo de relação com ela. Além disso, a diferença com o santo é evidente no desejo de Freud de dar caráter científico à sua teoria.

A *ciência* e o progresso nos decênios anteriores a Freud deram frutos jamais colhidos antes na história da humanidade. Um progresso, mas, sobretudo, uma metodologia, que desqualificou a religião como paradigma com que interpretar a realidade e a procura de sentido, até mesmo excluindo-a, facilitando e acelerando, desse modo, a secularização da cultura. Assim, o mistério do inconsciente é interpretado por meio de uma metodologia, a psicanalítica, que pretende se enquadrar na moldura de referência da ciência e do seu método.

Ao contrário, segundo a visão de Inácio ou de qualquer crente, as moções interiores são interpretadas como *espirituais*, a partir de uma perspectiva religiosa. Parafraseando Taylor, contrapõe-se uma visão da realidade *encarnada* e *habitada* pelos espíritos, que é *porosa* ao *invisível* da realidade, a um mundo *desencarnado* e *fechado* aos espíritos, que, por princípio, não admite nada além dos limites da razão. Isso implica um esforço por reduzir a compreensão da realidade dentro desses limites. Essa mudança de perspectiva exemplifica a transformação do paradigma, de religioso a secularizado. Obviamente, sem um horizonte de transcendência meta-histórico, contrastado por um paradigma secularizado de compreensão da realidade, não tem sentido a noção de *graça divina*, que fortalece a transformação *divina* da pessoa que se relaciona com o Mistério Santo.

Em síntese, se se pôde afirmar que Santo Inácio e Freud são ambos espirituais, é porque, entre a experiência teológica do primeiro e a psicanalítica do segundo, operou-se a secularização da experiência do mistério, com base numa mesma estrutura antropológica, em que, neste caso, o termo *secularização* faz referência a *algo*, ao inconsciente como objeto da autotranscendência e não a Deus. Isso explica por que se pode ser espiritual em ambos os casos, dando vida a um sentido não necessariamente religioso nem transcendente sob o ponto de vista cristão. Sob essa luz, compreende-se melhor a necessidade de uma mudança de paradigma no modo de conceber a vivência cristã e inaciana.

5. Conclusão

A intenção deste capítulo é descobrir a raiz sociorreligiosa da palavra *espiritualidade*, em estreita correlação com a necessidade de mudar paradigma. Nesse sentido, levou-se em consideração o dinamismo antropológico da procura de sentido na base da dimensão espiritual do homem e as suas duas dimensões: a ativa de transcendência de-si-mesmo e a passiva de acolhimento do *algo*. Embora a dinâmica antropológica seja a mesma – razão pela qual se pode dizer que Freud e Inácio são ambos *espirituais* –, o sentido da *transcendência* e o sentido do *a(A)lgo* não são assimiláveis. *Portanto, é necessário, a partir da perspectiva da tradição inaciana, interpretar a transcendência segundo uma visão que favoreça o acolhimento e a compreensão da revelação cristã nessa situação, identificando em particular o que deve ser mudado no paradigma inaciano de cristandade para o adaptar ao novo contexto.*

Uma possibilidade reside na superação da palavra *espiritualidade* e em fundamentar a reflexão na fenomenologia dos fatos e não na experiência espiritual de Inácio. Partindo da comparação entre Inácio e Freud, é possível afirmar que as características da situação atual se resumem no fato de que a palavra *espiritual* (e o substantivo correspondente, *espiritualidade*) é usada em dois sentidos diferentes – o que demonstra a secularização do sentido cristão – e, por isso, é hoje fortemente ambígua. À procura de sentido, como abertura ao mistério da realidade a partir do mistério da existência pessoal, pode-se responder inicialmente sob o ponto de vista de uma perspectiva de transcendência forte, como a cristã/inaciana, ou sob o ponto de vista de uma frágil, como a secularizada/freudiana. A distinção entre *forte* e *frágil* subsiste com base no fato de que a *forte* se refere a um horizonte de referência dado pela revelação cristã, que é meta-histórico com um destino de vida *post-mortem*; a frágil, ao contrário, está confinada nas margens de um tempo finito que se conclui com a morte pessoal. A primeira inspira-se na revelação bíblica, a segunda, no desenvolvimento da tomada de consciência da condição humana, que, nos últimos séculos, foi progressivamente se enriquecendo com a aplicação do método científico a todas as disciplinas. Não se trata de estabelecer a incompatibilidade entre as duas perspectivas, mas de esclarecer seus horizontes de referência, com base no mesmo dinamismo antropológico evencido, que lhes é subjacente.

O que urge fazer, além de procurar uma alternativa que supere a ambiguidade atual da palavra espiritualidade, é mudar o ponto de partida. É preciso começar a refletir, a partir da experiência *espiritual* secularizada atual, em particular da consideração fenomenológica da situação sociorreligiosa hodierna, e, uma vez interpretada, perguntar como iluminá-la com a experiência de Inácio e a tradição inaciana. A reflexão deveria se valer de uma aproximação indutiva e interdisciplinar que parta de *baixo*, da análise da situação para, depois, prosseguir a partir do *alto*. Feito o esclarecimento sobre a fenomenologia das experiências da transcendência nos contextos secularizados, pode-se levar em consideração a experiência de Inácio e da sua tradição, adaptando a ela os conteúdos e os mecanismos que mais convêm.

Neste primeiro capítulo, deu-se o primeiro passo a partir de *baixo* em virtude do segundo passo do *alto*, a ser dado nos capítulos seguintes.

CAPÍTULO II

TRADIÇÃO INACIANA E CONTEMPLAÇÃO CRISTÃ

Mostrei, no primeiro capítulo, que nos últimos séculos o paradigma cultural e o imaginário social mudaram radicalmente por influência do processo de secularização, a partir do modo de responder à pergunta sobre o sentido da vida nas sociedades da antiga cultura católica.

Com efeito, a pergunta sobre o sentido da vida pode ser considerada como o nível antropológico primário da condição espiritual humana, porque abre a transcendência do sujeito para o encontro com o m(M)istério, sem averiguar se o sentido, a transcendência e o mistério são religiosos. E assim se pode afirmar que tanto Freud como Inácio são espirituais, porque suas respectivas visões, ainda que partam de pressupostos diferentes, baseiam-se num fundamento antropológico comum, caracterizado pela transcendência do sujeito para o m(M)istério, que é secular para o primeiro e religioso para o segundo.

Neste capítulo, apresento uma interpretação da tradição inaciana que ajuda a reformular o velho paradigma, com a intenção de responder à situação descrita no capítulo anterior. Trata-se de resgatar a dimensão contemplativa na compreensão que dela se tem na vida cristã, mas que, todavia, na *espiritualidade inaciana* não se mostra suficientemente considerada. Na primeira parte, abordo o tema da tradição sob diferentes aspectos: cultural, cristão e inaciano; na segunda, estabeleço a relação dos *Exercícios espirituais* com a tradição contemplativa cristã do Ocidente; na terceira parte, apresento a passagem da meditação para a contemplação em São João da Cruz; na quarta, detenho-me na presença da tradição contemplativa na história da Companhia de Jesus; na quinta, analiso a questão contemplativa com relação à própria história; enfim, na sexta e última parte, ligo a mística à contemplação e à experiência cristã.

1. Diferentes aspectos da tradição

Derivado do substantivo latino *traditio*, ato de transmissão, proveniente, por sua vez, do verbo *tradere*, entregar uma coisa, a palavra *tradição* tem vários significados nas línguas neolatinas, entre os quais, "passar alguma coisa para alguém para que a conserve ao longo do tempo". Facilmente adquire a conotação de transmissão de uma herança. Pode ser uma coisa, um segredo familiar, uma fórmula química, uma técnica, ou até um ensinamento que implica um conhecimento particular em relação a alguma prática concreta.

1.1. Tradição cultural

Quando se trata de transmitir coisas, geralmente se entende que seja alguma coisa que se deve conservar e preservar, com a obrigação de a transmitir sucessivamente, evitando mutilações ou acréscimos. Nesse caso, a fidelidade à tradição se exerce precisamente na conservação inalterada. Diferentemente, quando se trata de conteúdos culturais vitais, como tradições existenciais interpretativas de fenômenos totalizantes, como a vida, a morte, o sofrimento, que se constituem em ideologias, religiões ou cosmovisões simbólicas, então todo transmissor ativo, que antes fora receptor passivo, incorpora à própria experiência o que foi recebido. Desse modo, o transmitente verifica na própria vivência a bondade da verdade recebida. Consequentemente, ele é reconhecido por seus contemporâneos como testemunha da tradição, e o seu ensinamento, reconhecido como abalizado para as gerações futuras. É um transmissor e não somente mediador, que assimila a herança recebida e a entrega a outros de forma adequada a um particular contexto existencial, determinado histórica e culturalmente. O receptor, que recebe tal herança, deverá fazer a mesma coisa, se quiser ser, por sua vez, um transmissor legítimo. Desse modo, cada geração "faz *ser* de novo o que *foi*"[1]. Daí a importância vital de renovar a experiência tradicional de geração em geração.

A conservação do conteúdo do que se transmite não pode ser desvinculada do efeito que produz sobre os atores do processo mediante o qual a tradição se prolonga no tempo. Nesse sentido, pode-se afirmar que uma verdadeira tradição implica uma transmissão criativa, com a qual reinterpretar e reinventar, em certo sentido, o que foi recebido. Caminhando nessa direção, uma cultura se perpetua no tempo mediante uma conservação tradicional-renovadora: conserva as suas raízes e enfrenta, a partir delas, os novos problemas que emergem no devir histórico. Para manter viva, através do tempo e das mudanças, uma experiência original dadora de sentido, jamais será a mera repetição tradicional de gestos, ritos ou símbolos, mas, antes, a assimilação da sua originalidade e a simultânea adaptação dessa originalidade à nova situação.

São muitos os perigos que é preciso evitar, a fim de que uma cultura mantenha *em forma* a sua tradição, especialmente quando se apresentam

---

1. ALLEAU, R., Tradition, 136. Itálico do autor.

falsos profetas que se consideram os intérpretes autênticos dela. Entre eles, há, de um lado, aqueles que defendem um *apego rígido* à tradição cultural e, de outro, aqueles que promovem uma *atualização apressada*. Ambos se apresentam como defensores da tradição autêntica, pondo o acento quer sobre o que é preciso conservar, quer sobre o que é preciso renovar.

Os primeiros fixam e imobilizam os conteúdos *tradicionais* em fórmulas, ritos ou técnicas, convertendo-os em normas com as quais se mostram em oposição às inevitáveis *novidades* que se apresentam. Desse modo, manter a tradição autêntica torna-se fechamento ao diálogo com a história e renúncia à prática do discernimento, com consequente rigidez afetiva, que vê o *algo* como ameaça à própria pureza, defesa ou excesso, para haver a certeza de que se prossegue a *verdadeira* e tranquilizadora tradição.

A *atualização apressada*, motivada pela convicção urgente de adaptar a tradição às novas necessidades, escapa a uma assimilação madura do que foi recebido. No mais das vezes, isso se traduz em adaptações superficiais que não correspondem às diferentes dimensões culturais profundas de uma sociedade, de um grupo ou de uma pessoa, pois são ditadas pela pressa de querer *ver* os frutos das inovações e constatar que eles são melhores do que os colhidos anteriormente. Diante do temor de perder a plenitude de alguma coisa que se tem à mão, não se pode perder tempo. Esse frenesi está, geralmente, na raiz de toda revolução que, na certeza da veracidade dos princípios que a promovem, se abandona a um dinamismo ansioso capaz de moldar a mudança desejada.

Nos dois casos apontados, produz-se uma interrupção do fluxo vital tradicional de que se tinham alimentado até então as dimensões profundas das pessoas antes das inevitáveis novidades surgidas que desestabilizam os equilíbrios alcançados. As novidades fazem perder a segurança, especialmente quando as velhas soluções se mostram ineficazes para enfrentar satisfatoriamente os novos desafios. Nos dois casos extremos supramencionados, quer se trate de pessoas, de grupos ou de sociedade, o comportamento para recuperar a segurança confia somente no instinto e se alimenta de ansiedades e de falsas seguranças, em detrimento de crítica e discernimento, de análise e esperança.

A essência de uma atitude reflexiva e crítica, capaz de avaliar os *novos* problemas em continuidade com a *antiga* sabedoria, pode ser, provavelmente, uma das maiores causas do arrastar-se da crise de uma tradição, seja porque a imobiliza na falta de mudanças, seja porque a desintegra devido à velocidade com que as mudanças se produzem. Toda tradição cultural fica impregnada inconscientemente nos seus membros desde a mais tenra idade; assim, torna-se necessário que cada geração faça sua, de modo crítico, a tradição recebida, adaptando-a às próprias coordenadas espaçotemporais. De modo contrário, a tradição não se renova e, na pior das hipóteses, torna-se fonte de opressão interior. Sem dúvida, portanto, são necessários critérios claros para manter o equilíbrio em tempos de incerteza, embora, precisamente, cada crise autêntica comprometa a clareza desses princípios.

1.2. Tradição cristã

Aplicando o que foi dito a um contexto cristão[2] e remontando à sua raiz histórica hebraica, pode-se observar que a experiência de Abraão se condensou numa narração oral transmitida de geração em geração, como ocorreu com Moisés e com os feitos do povo errante no deserto. A certa altura, a tradição oral se fixou por escrito e incorporou o *livro* como parte integrante da própria cultura religiosa. Na realidade, mediante a transmissão dessa tradição, todo israelita pôde assimilar na *própria vida* a experiência *única* do Deus de Israel; desse modo, a tradição se perpetuou através das gerações, sobrevivendo a invasões e

---

2. Cf. CONGAR, Y. M.-J., *La Tradizione e la vita della Chiesa*, especialmente o primeiro capítulo "Tradizione e tradizioni", 13-57.

exílios, até quando o povo eleito tomou consciência do fato de que era necessário dar um passo além: da promessa de uma terra à promessa de um Messias que restauraria a terra.

Como se pode observar, o conteúdo dessa tradição não é apenas uma promessa, uma esperança ou uma lei que se transmite de pai par filho; é também a *experiência de uma cultura* no bojo da qual se dá a experiência *dessa* promessa, *dessa* esperança e *dessa* lei. Cada israelita deve *fazer experiência* da sua cultura religiosa como filho, a fim de que, ao se tornar progenitor, possa transmitir aos filhos as condições apropriadas para que eles possam, por sua vez, fazer a *sua* experiência cultural da experiência *única* de Deus.

Portanto, a transmissão *efetiva* da promessa, da esperança e da lei – numa palavra, da *tradição* – não depende exclusivamente do ensinamento material e do bom exemplo dos pais, mas, antes, da intervenção divina como revelação da *sua* promessa, da *sua* esperança e da *sua* lei. Ou seja, é necessária uma *efetiva* transmissão *afetiva* interior. Não pode haver tradição e cultura religiosa autêntica sem a experiência pessoal e imediata da revelação de Deus, que se revela no mistério da sua autocomunicação como promessa, esperança e lei. Deus assiste a transmissão dessa tradição, porque se trata do vínculo íntimo com o *seu* povo; desse modo está sempre presente no meio dele, renovando-o com a sua Presença, que mantém vivas a promessa, a esperança e a lei. Por essa razão, o exílio representou um *trauma*, porque foi interpretado como castigo pela infidelidade do povo e, portanto, à tradição recebida. Todavia, esse mesmo episódio evidencia a fidelidade divina que não cessou nunca de levantar no meio desse povo pessoas como testemunhas da sua vontade salvífica; até quando Jesus se apresentou como o cumprimento dessa tradição e dessa cultura, enquanto realização da promessa messiânica e, por isso mesmo, plenitude da revelação e da esperança no Deus de Abraão, Isaac e Jacó.

Os Apóstolos e a primeira comunidade cristã tiveram uma experiência *própria* a respeito de Jesus, que começaram a difundir imediatamente, primeiro de forma oral e, depois, escrita. Desse modo, os futuros ouvintes puderam fazer *sua* experiência do Senhor ressuscitado. Tem início, assim, uma cultura religiosa cristã, da qual os Apóstolos se tornam fiadores, com a transmissão autêntica da experiência *única* de Jesus, fonte de tal tradição. É evidente que a experiência de Jesus, como a anterior experiência do Deus de Israel, se transmite numa *cultura* que é matriz interpretativa e expressiva descrição pormenorizada de tal experiência.

A fonte material da *tradição cultural cristã* é o Novo Testamento, juntamente com os sacramentos, a liturgia, os Santos Padres, os Concílios, os santos, o magistério eclesiástico, a teologia etc. Na realidade, por meio da fonte *material* se exprime e se atinge a fonte oculta que dá vida à *sabedoria experiencial*, como *experiência* viva do mistério de Jesus, que se transmite de geração em geração sob a ação direta do Espírito Santo. Em particular, transmite-se, principalmente, mediante o desenvolvimento da vida interior, bem como na interpretação do mistério cristão, que se identifica numa série de experiências *carismáticas* particulares, como no caso das chamadas *escolas de espiritualidade*: "os fundadores de famílias espirituais, a partir de que a LG 45 indicou para a salvaguarda da identidade dos institutos de vida consagrada, são estudados como fontes carismáticas de tradições iluminadas e iluminadoras na Igreja"[3]. Entre elas está a experiência oculta que Inácio de Loyola faz do Mistério Santo e da revelação cristã.

1.3. Tradição inaciana

Inácio inicia uma nova tradição cristã com a sistematização da sua experiência pessoal, tomada como modelo por muitos crentes. Nisso consiste a sua *genialidade*. A interpretação do mistério cristão de Deus

---

3. Citrini, T., Tradizione, 1782.

à luz da experiência de Inácio se dá em *chave hermenêutica* inaciana, em que a ação fundadora não representa um simples início, uma primeira pedra assentada sobre a qual terão fundamento as outras. O *Fundador* é o *mestre* que deixou uma *herança oculta* àqueles que desejam recebê-la, ou seja, a *técnica mistagógica* (os *Exercícios*) e o *estilo de vida cristão* pessoal, *um modo de proceder* que modela a vida pública e privada. Um modo de ser como Jesus, segundo a tradição inaciana, sem que seja mera imitação do estilo do santo.

A tradição inaciana, mediante a contínua colaboração divina, desenvolveu, enquanto dom *cristão* do Espírito e sob a sua assistência, um estilo particular, útil à igreja para *realizar* a missão divina de Jesus Cristo. Ele constitui o coração do que poderíamos chamar de a *cultura/tradição inaciana*, que tem a sua fonte material nos escritos do fundador, nos escritos póstumos dos colaboradores mais próximos, no magistério das Congregações Gerais e dos Gerais sucessores de Inácio e nos seus santos e teólogos. Desse modo, o estudo e a interpretação do fundador e da tradição continuam no tempo, bem como a transmissão de geração em geração da herança cristã inaciana, relativamente aos aspectos e aos princípios institucionais.

O *conteúdo experiencial* que é transmitido é *experiência* de Jesus Cristo vivida a partir da *mistagogia* inaciana, a qual "faz *ser* de novo o que *foi*". O carisma inaciano "faz *ser* de novo" o mistério Pascal, "o que *foi*". É um modo, como outros, de renovar a experiência do que foi, a experiência dos Apóstolos, com a intenção de edificar *apostolicamente* a Igreja.

As dimensões da tradição inaciana, a institucional e a divina oculta, são interdependentes. A *cultura/tradição inaciana*, com quatrocentos anos de vida, constitui – sob o ponto de vista antropológico, sociológico e psicológico – uma *cultura* especial que mantém viva e transmite a própria interpretação da experiência do Mistério pascal, dentro da grande tradição da Igreja e em comunhão com ela.

O conteúdo dessa tradição particular é a *vivência inaciana* da revelação cristã, um *modo de proceder*, um estilo, enriquecido ao longo dos séculos graças à contribuição da experiência das gerações seguintes. Existe, com efeito, um *patrimônio experiencial* inaciano, não circunscrito à Companhia, mas que compreende outras tradições inacianas que partilham da experiência pessoal mediante o diálogo, a amizade e o acompanhamento espiritual. Esse patrimônio, fruto de uma experiência secular, renova-se constantemente naqueles que vivem inacianamente a experiência cristã, sem perder de vista a do santo. Por essa razão é necessário compreender a fundo como as gerações inacianas transformaram em *vida* a experiência cristã do Fundador.

Nesse sentido, é importante compreender que a noção de *carisma*, com a qual uma determinada tradição adquire uma identidade própria, não pode ser considerada, sob o ponto de vista eclesiológico, um simples dom para a comunidade dos fiéis que indique as características de uma pessoa ou de um grupo em seu agir eclesial. Se o carisma implica o desenvolvimento de uma particular experiência cristã a partir de uma tradição específica, significa que tal desenvolvimento, à medida que é fruto da graça divina, ocorre de acordo com uma *lógica* particular identificável no modo de proceder pessoal e corporativo. Por esse motivo, o carisma não pode ser concebido somente em termos de qualidade distintiva no serviço eclesial, mas também como fonte de santificação pessoal. Dado que o fim da vida cristã é a união transformante de Deus, a noção de carisma deve implicar tanto a dimensão transformadora interior do sujeito inaciano quanto a ação transformadora dirigida ao destinatário da sua mensagem[4]. Desse modo, a noção de *transformação* adquire, juntamente com a de *carisma*, uma importância fundamental, como se deduz da centralidade que tal noção tem ao focalizar o desenvolvimento da vida cristã[5].

---

4. Cf. VANHOYE, A., Il problema biblico dei "carismi" dopo il Vaticano II, 390-392.
5. Charles André Bernard afirma que a noção de transformação é "o *leitmotiv* dos ensaios de teologia mística cristã" (BERNARD, CH. A., *Teologia mística*, 67), e Carlo Laudazi, que "o homem espiritual é aquele que, mediante a ação do Espírito Santo, é transformado

1.4. Tradição inaciana e pós-cristandade

A existência cristã inaciana, portanto, ocorre por transmissão, a partir da experiência pessoal de uma *sabedoria oculta* que se transmite e se renova de geração em geração, cujo objeto é a união com Deus e cuja fonte é o sacramento do batismo. A partir do estado de graça inicial realiza-se, dia após dia, uma transformação interior no devir da vida. A experiência da *sabedoria*, que se revela em contato com o Mistério Santo de Deus, realiza a divinização. A sabedoria, fruto da ação do Espírito, é fruto também da experiência das gerações sucessivas, que transmitem técnicas, práticas e procedimentos que favorecem a transformação divina. A cultura/tradição inaciana se apresenta assim como um modo de colaborar eclesialmente com Deus em virtude da transformação interior dos fiéis, da história e do mundo.

A fim de que essa colaboração continue a ser eficaz, é necessário acompanhar as transformações das sociedades ao longo do tempo, levando em consideração o fato de que a *moldura de referência cultural e eclesial* muda também; consequentemente, a tradição cristã e a inaciana devem se adequar necessariamente à nova situação com renovada compreensão teórica e prática, com o objetivo de renovar a continuidade, com o passado e o presente, para o futuro.

Como foi mostrado no primeiro capítulo, o contexto atual, sobretudo para as nações europeias ocidentais de antiga tradição cristã, se apresenta secularizado. Daí, como já ressaltado, a necessidade de renovar o paradigma interpretativo inaciano da tradição cristã, seguindo um fio condutor que ligue os números seguintes deste capítulo.

---

e assimilado a Cristo" (LAUDAZI, C., *L'uomo chiamato all'unione con Dio*, 154). Mas, talvez, é Kees Waaijman quem mais se concentrou sobre o conceito de transformação para afirmar a sua perspectiva da espiritualidade (cf. WAAIJMAN, K., *La spiritualità*), juntamente com a revista *Studies in Spirituality* (cf. *Transforming Spirituality. Celebrating the 25th Anniversary of Studies in Spirituality*).

2. Os *Exercícios* e a grande tradição contemplativa cristã ocidental

O desenvolvimento da vida cristã opera uma transformação interior do crente, diferente em vários momentos, tradicionalmente três – purgativa, iluminativa e unitiva –, ou três estados – principiantes, proficientes e perfeitos, aos quais se juntam outras interpretações mais atuais e menos conhecidas⁶. Fica claro que a vida cristã encontra um seu desenvolvimento no tempo mediante momentos diferentes, segundo uma ordem variável. São João da Cruz distingue os principiantes – que meditam – dos avançados – que contemplam⁷ – e indica a passagem de um ao outro momento como uma das transformações mais importantes da vida de oração. Por sua vez, Santo Inácio identifica uma transformação, também quando distingue entre os que "vão de pecado em pecado" e os que "vão de bem para melhor" (cf. 314-315)⁸. As duas subdivisões baseiam-se em critérios diferentes, embora ambos indiquem claramente que o crescimento na vida espiritual transforma radical e qualitativamente o crente durante o percurso. A perspectiva de São João da Cruz se apresenta, a meu ver, como o fio condutor privilegiado do discurso que segue.

Na ótica do santo, é preciso considerar a passagem da meditação à contemplação como um momento normal dessa transformação, uma vez amoldada toda experiência particular da revelação cristã num contexto de transformação prolongada no tempo. É fundamental, com efeito, não

---

6. Cf. STERCAL, C., Gli "itinerari spirituali"; TOUZE, L., Come la ricerca contemporanea presenta la crescita spirituale.
7. Cf. os capítulos 13-15 do segundo livro da *Subida do Monte Carmelo*, in: CRUZ, SÃO JOÃO DA, *Opere complete*, 2001. A seguir, citaremos no corpo do texto, indicando o número do livro, do capítulo e do item, ao passo que cada uma das obras será citada com abreviação: *S* (*Salita del Monte Carmelo*); *N* (*Notte Oscura*).
8. Cf. LOYOLA, SANTO INÁCIO DE, Esercizi spirituali, in: ID., *Gli scritti*. A seguir, as citações desse livro serão indicadas no corpo do texto, com o número precedido pela inicial do escrito do Santo: *A* (*Autobiografia*), *DE* (*Diário espiritual*), *EE* (*Exercícios espirituais*).

deixar de lado o desenvolvimento diacrônico na vida cristã das experiências sincronicamente consideradas. Na prática dos *Exercícios*, é preciso que se tenha sempre em conta o fato de que o exercitante faz os *Exercícios* num momento determinado do desenvolvimento da sua vida cristã e que *esse* momento não pode ser separado de um todo maior que se desenvolve no tempo, ou seja, que *esse* momento sincrônico está encastoado numa sucessão temporal diacrônica que implica um processo ordenado na dinâmica da transformação interior. A vida cristã tem uma dinâmica transformadora que se realiza, como já observado, em saltos qualitativos, na passagem da oração meditativa à contemplativa.

A respeito, temos de considerar os *Exercícios* como uma *técnica – em função de uma dinâmica superior do desenvolvimento espiritual que visa à união com Deus –* mediante a qual se aprende a tomar decisões para seguir a vontade divina. *Não se pode identificar o meio com o fim, os Exercícios* com a *união com Deus.* Se o desenvolvimento da vida espiritual depende das decisões que se tomam, não se pode, consequentemente, identificar a *técnica* pela qual se decide com a finalidade que ela persegue. Torna-se, desse modo, importante ter bem claro esse ponto de vista e as consequências que dele derivam.

A prática dos *Exercícios* é um meio para discernir as decisões que se orientam à consecução de um fim, a união obediente à vontade divina. A progressiva união à vontade divina, por meio das decisões que se sucedem no tempo, de acordo com diferentes momentos e circunstâncias vividas, é o que orienta o desenvolvimento da vida cristã. Nesse sentido, o discernimento inaciano é um meio, um modo de proceder, um caminho para o fim.

Na história da Companhia houve uma clara preferência por *certos exercícios* dos *Exercícios*, como o discernimento e algumas modalidades de oração, prestando-se, porém, pouca atenção a *outros exercícios*, como os modos contemplativos de oração, não considerados no livro, ou os considerados, como o segundo e o terceiro modos de orar (cf. *EE* 249-260). Perguntamo-nos, a esta altura, como inserir a *forte* experiência cristã da tradição inaciana no ambíguo contexto globalizado da espiritualidade líquida e de consumo, no qual se privilegia a experiência *frágil* do mistério. Creio que uma resposta possa ser a de adotar um desenvolvimento normal da vida cristã, recuperando a dimensão contemplativa da tradição inaciana, como entendida pela grande tradição da Igreja, com base, por exemplo, em João da Cruz. Essa via poderia parecer viável para interpretar de modo cristão a situação atual e propor uma mudança no paradigma inaciano.

3. A passagem da meditação à contemplação segundo São João da Cruz

Nas páginas anteriores, mencionou-se mais de uma vez a passagem da meditação à contemplação de São João da Cruz, a sua importância para o desenvolvimento da vida cristã e a repercussão para uma renovada compreensão da tradição inaciana. A seguir, o assunto é aprofundado para uma análise pormenorizada do que foi dito.

3.1. A sintomatologia da passagem

No capítulo 13 do segundo livro da *Subida do Monte Carmelo* e no capítulo 9 do primeiro livro da *Noite Escura*, São João da Cruz explica a passagem. Em primeiro lugar, não se deve confundir o momento da passagem com a desolação espiritual:

> Essa aridez pode, muitas vezes, derivar não da *noite* ou *purificação dos sentidos*, mas dos pecados, imperfeições, fraquezas, tibiezas, ou de algum mau humor ou indisposição física. Por esse motivo, indicarei aqui alguns sinais para discernir se essa aridez tem como origem a purificação dos sentidos ou alguns supramencionados defeitos (1 *N* 9,1).

Em segundo lugar, temos de discernir bem o momento adequado par efetuar a passagem:

> para que [o orante] não o faça nem antes nem depois em relação às exigências do espírito. Com efeito, se é conveniente deixar a meditação imaginativa para o momento oportuno, para que não seja obstáculo para chegar a Deus, é igualmente necessário não a deixar antes do tempo, para não voltar atrás. Embora as percepções da imaginação e da fantasia não sirvam aos proficientes como meios próximos à união com Deus, podem, todavia, ajudar os principiantes como meio remoto para se disporem e para se habituarem às realidades espirituais mediante os sentidos, para depois esvaziá-los, durante o caminho, de todas as outras formas e imagens desprezíveis, temporais, mundanas e naturais (2 S 13,1).

Para evitar confusão com a desolação e encontrar o momento adequado, São João indica três possíveis sintomas do orante para o cumprimento da passagem. O primeiro consiste no fato de ele "não poder mais meditar nem discorrer com a imaginação, bem como não sentir gosto nesse exercício, como ocorria antes. Ao contrário, agora sente aridez nas coisas em que antes costumava manter o gosto e dele tirar proveito" (2 S 13,2). É importante observar que não se encontra gosto nas coisas de Deus, nem em alguma outra coisa

> quando Deus introduz a alma nessa noite escura para a conduzir à aridez e purificá-la do apetite sensitivo e não lhe permite provar consolações em nenhuma coisa. Daí se reconhece muito bem que essa aridez e desgosto não provêm de culpas ou de imperfeições cometidas recentemente (1 N 9,2).

Porque, se proviessem de alguma imperfeição, o orante se sentiria inclinado para ela e não para Deus. Ao contrário, aqui a *falta de gosto* se estende a tudo. Todavia, para estarmos certos de que não se trata "de alguma indisposição física nem do temperamento melancólico que, muitas vezes, não deixa que se sinta prazer em nada, é preciso um segundo sinal ou uma segunda condição" (1 N 9,2).

O segundo sintoma

> é quando a alma não tem nenhuma vontade de aplicar a sua fantasia ou os sentidos em outros objetos, particulares, exteriores ou interiores. Não quero dizer que a fantasia não trabalhe, pois também no profundo recolhimento ela costuma ser livre, mas que não é do agrado da pessoa aplicá-la de propósito a outros objetos (2 S 13,3).

De fato, o orante se lembra

> habitualmente de Deus com uma solicitude e uma atenção que dá pena; preocupa-se em não servir a Deus e até de regredir, porque não sente mais gosto nas coisas divinas. Isso demonstra que o desgosto e a aridez não provêm da fraqueza nem da tibieza. De fato, é próprio das tibiezas não se preocupar muito nem de ter solicitude pelas coisas de Deus (1 N 9,3).

Em outras palavras, quando se trata de uma autêntica purificação, o orante tem desejo de procurar a Deus e servi-lo; mas do modo como fizera até então não lhe parece mais conveniente e, por isso, sente uma grande *desolação*, porque ainda não se adaptou à nova situação. E nisso se diferencia também do humor melancólico, porque, não obstante a sensação de mal-estar, o orante tem desejo de procurar Deus e o servir.

Aos anteriores se acrescenta um terceiro sintoma, o mais seguro:

> Tem-se quando a alma sente prazer em estar a sós com Deus, com um olhar de amor contemplativo, sem particulares considerações. Sua única ocupação é gozar do prazer interior, a quietude e

o repouso divino, excluindo toda atividade e exercício das potências, da memória, do intelecto e das vontades, ou, pelo menos, dos atos discursivos, nos quais se passa de um objeto a outro. Ela pretende gozar da presença de Deus, acompanhada somente por um olhar e um conhecimento geral amoroso, de que falamos, sem particulares conhecimentos, renunciando até a compreender seu objeto (2 S 13,4).

Na *Noite*, São João afirma que o orante não pode

meditar ou discorrer, servindo-se da imaginação [como fazia antes], por mais que faça esforços. Agora, Deus começa a se comunicar à alma não por meio dos sentidos, como antes; não por meio da atividade discursiva que compõe e ordena os conhecimentos; mas por meio do espírito puro, no qual não se desenvolve o raciocínio. Ele se comunica a ela num ato de simples contemplação, ao qual não podem chegar os sentidos internos e externos da parte inferior. Por esse motivo, a imaginação e a fantasia não podem encontrar neles um ponto de apoio para quaisquer considerações, nem confiar neles naquele momento ou no futuro (1 N 9,8).

Também nessas linhas o Santo esclarece que, em relação ao fato de o orante se retirar e se isolar, não se trata de *mau humor*, pois, quando este desaparece, as práticas do orante retornam à normalidade, mas, manifestado o terceiro sintoma, não se retorna à normalidade anterior.

Nos seus escritos, São João da Cruz explica que os três sintomas, ou sinais, como ele os chama, devem se apresentar juntos. O primeiro deve se manifestar junto com o segundo

porque poderia acontecer de não poder mais imaginar nem meditar as coisas de Deus como antes, por distração ou pouca diligência. Deve, portanto, perceber em si também o segundo sinal, que é o de não ter vontade nem desejo de pensar em coisas estranhas. Com efeito, quando a impossibilidade de fixar a imaginação ou os sentidos sobre as coisas de Deus provém de distração ou tibieza, a alma percebe logo o desejo e a vontade de se ocupar com outras coisas, procurando um pretexto para abandonar a meditação (2 S 13,6).

E o segundo sinal com o terceiro:

> embora a alma se dê conta de que não pode meditar nem refletir sobre as coisas de Deus e que muito menos lhe é útil pensar em coisas diferentes dele, esse estado poderia provir de melancolia ou de qualquer outro mau humor proveniente da cabeça ou do coração. Esse humor provoca nos sentidos, habitualmente, certo torpor e inatividade da faculdade, a ponto de impedir pensar em alguma coisa, querê-la ou ter vontade de pensar a respeito, para permanecer no estado de abstração saborosa. Para evitar isso, a alma deve verificar em si o terceiro sinal, que consiste no conhecimento e no olhar amoroso e pacífico sobre Deus etc., como eu disse acima (2 S 13,6; cf. 2 S 13,4).

3.2. Interpretação

No início da *Subida do monte Carmelo*, São João da Cruz explica o que se entende por *noite*: a privação do gozo de todas as coisas e a renúncia a elas (cf. 1 S 3,1). Não se trata de se privar das coisas, mas de se privar das consolações que provêm delas, porque impedem saborear Deus por si mesmo. Ressoa aqui a indiferença inaciana do "Princípio e Fundamento" (*EE* 23).

O orante iniciante pode permanecer na vida de oração e tomar gosto, sem ir adiante, como avisa o Santo no primeiro livro da *Subida* e da *Noite*. Ele está bem consciente de que é uma doutrina difícil, uma vez que afirma:

> Julgo, todavia, que somente poucos tirariam proveito também no caso de se escrever a respeito dessas coisas de maneira mais completa e perfeita. Não mostrarei aqui uma espiritualidade muito fácil de ser praticada e agradável a todos aqueles que preferem caminhar para Deus mediante experiências doces e agradáveis. Exporei, ao contrário, uma doutrina substanciosa e sólida, adequada a todos os que querem passar pela nudez do espírito, descrita nesta obra (Prol., S 8).

A nudez do espírito significa colocar todo gosto em Deus e saborear Deus em tudo:

> Uma vez que todas as coisas criadas, ação e capacidade humana, não podem atingir nem se aproximar do que é de Deus, a alma deve se despojar de todas as coisas criadas, ação e capacidade, ou seja, eliminado tudo o que não é semelhante ou não é conforme a Deus, não lhe restando senão a vontade dele – Deus; ela pode atingir a semelhança com ele e a transformação nele (2 S 5,4).

No processo de transformação que implica a nudez é fundamental a passagem da meditação à contemplação. Mas que significa passar da meditação à contemplação? Significa entrar na noite dos sentidos, ou seja, deixar conceitos, imagens, metáforas, parábolas que antes ajudavam a se relacionar com Deus mediante a meditação das três potências e da contemplação das cenas do Evangelho. Entrar na *noite* significa se relacionar com Deus segundo uma nova dimensão que vá além das palavras, dos conceitos e das imagens. Com efeito, eles perdem o sabor que tinham antes para o orante, o qual, tendo recebido o bem por esses meios, deve agora ir além do *gosto espiritual* e da consolação sensível do Deus e progredir no caminho da união, que se dá mediante o espírito e não por meio dos sentidos (cf. 2 S 14,1). O Santo o explica assim: "o objetivo da meditação e do discorrer nas coisas de Deus é o de obter um pouco de conhecimento e de amor de Deus. Toda vez que a alma, por meio da meditação, consegue esse fruto, faz um ato" (2 S 14,2). E a sucessão dos atos cria um hábito, ou seja, o orante a eles se habitua[9]. Por isso, a certa altura,

> por meio da repetição transformou-se em hábito e substância de um conhecimento amoroso geral, não diferente nem particular como antes. Por isso, quando a alma se põe a orar, bebe com prazer, sem cansaço algum, como quem tem a água ao alcance da mão, sem precisar fazê-la chegar pelos cansativos meios anteriores, como os raciocínios, a imaginação e a figura (2 S 14,2).

A passagem à contemplação é *noite* em dois sentidos: o orante fica na obscuridade, na *noite*, porque não recebe *informações amorosas* (consolações) pelos meios habituais; o orante sofre enquanto não encontrar o caminho da contemplação na *noite* que o purifica e o torna *mais espiritual*, desapegado das consolações sensíveis. Passa-se da procura ativa da informação amorosa (consolação), mediante a meditação e a imaginação, à procura passiva dessa mesma informação, sem, porém, as mediações anteriores, exceto o "conhecimento ou atenção geral, cheia de amor, por Deus" (2 S 14, 6). E ele

> é muito sutil e delicado, sobretudo quando é mais puro, simples, perfeito, mais espiritual e interior, de tal modo que a alma, embora

---

[9]. São João da Cruz afirma aqui que há exceções a essa regra, porque Deus põe de fato algumas *almas* (orantes) nesse estado "sem a mediação de tais atos ou, pelo menos, de um bom número deles, colocando-os logo no estado de contemplação" (2 S 14, 2). É difícil não recordar aqui a inaciana *consolação sem causa precedente* (cf. *EE* 330).

entretida nele, não consegue vê-lo nem o sentir. Isso ocorre sobretudo quando esse conhecimento, repito, é em si mais límpido, perfeito e simples. E o é quando envolve uma alma mais despojada e desapegada de outros conhecimentos e noções particulares aos quais o intelecto e os sentidos poderiam estar apegados (2 S 14,8).

Em outras palavras, a passagem à contemplação implica que a comunicação recíproca com Deus se faça mais "pura, simples, perfeita, mais espiritual e interior"; isso significa que, da parte de Deus, a sua Presença se faz mais *espiritual* e, por isso, há necessidade de um meio mais adequado para a receber que não sejam só os sentidos. Por isso, os sentidos ficam em silêncio na *noite*, para exercitar o orante a receber o *conhecimento amoroso* (consolação) em *espírito*. A passagem à *noite* opera a purificação que, para o orante, supõe o desapego de toda consolação sensível; em termos inacianos, implica o exercício real da indiferença, própria do "Princípio e Fundamento", ao qual já se fez referência.

Torna-se fundamental que a passagem à contemplação seja referida à finalidade da vida cristã, que, para São João, é a união e transformação em Deus. Diferentemente, sem o horizonte ao qual o Santo faz referência, poder-se-ia pensar que se trate de desprezo ascético pelas realidades criadas, a favor de um espiritualismo desencarnado que se liberta do mundo e da ação histórica:

> Para chegar à união com Deus, é preciso que a alma passe por essa *noite escura*, ou seja, pela mortificação dos apetites e pela renúncia a todos os prazeres derivados dos bens sensíveis, pelo seguinte motivo: todas as afeições que nutre pelas criaturas são densas trevas diante de Deus. Enquanto a alma não estiver envolvida, não poderá ser iluminada e possuída pela pura e simples luz de Deus. Ela deve, portanto, em primeiro lugar, libertar-se, porque a luz não pode estar junto com as trevas (1 S 4,1).

De um lado, dois contrários (luz e trevas) não podem se encontrar juntos num mesmo sujeito (1 S 4,2) e, de outro,

> a afeição e o apego que a alma nutre pelas criaturas tornam-na semelhante a elas e, quanto maior for a afeição, tanto mais ela se torna igual e semelhante, porque o amor cria semelhança entre quem ama e o objeto amado. [...] Porque o amor não somente os torna iguais, mas sujeita o amante ao objeto amado. Assim, quando a alma ama alguma coisa fora de Deus, torna-se incapaz da pura união com Deus e da transformação nele. A baixeza das criaturas está, com efeito, distante da grandeza do Criador muito mais que as trevas o está da luz (1 S 4,3).

O Santo conclui:

> Consequentemente, pode-se afirmar que, se todas as coisas criadas não são nada e a afeição que a alma nutre por elas é ainda menor, elas constituem um obstáculo e não permitem a nossa transformação em Deus. De fato, as trevas não são nada e menos ainda, porque são uma privação da luz. Portanto, assim como quem está envolto em trevas não pode receber em si a luz, assim não pode acolher Deus a alma que coloca seu afeto nas coisas criadas; enquanto não se desapegar delas, não poderá possuí-lo nesta terra para transformação pura de amor, nem no céu, mediante a visão beatífica (1 S 4,3).

Trata-se de uma transformação que se produz por motivo do desejo de união com Deus por amor, que é a meta da vida cristã.

3.3. Implicações para a tradição inaciana

São João da Cruz descreve a passagem da meditação à contemplação ao explicar que, uma vez que o crente está determinado a servir a

Deus, Deus lhe dá consolação sensível "como faz uma mãe amorosa em relação à sua meiga criança: aquece-a com o calor do seu seio, nutre-a com o saboroso leite e com delicados e doces alimentos, carrega-a nos braços e a cobre de carinho". Assim, a graça de Deus "o faz encontrar, sem fadiga alguma, a doçura e o sabor do leite espiritual em todas as coisas de Deus e saborear uma grande alegria nos exercícios espirituais; em resumo, o Senhor lhe oferece seu amoroso peito como a uma criancinha (1Pd 2,2-3)" (1 N 1,2).

O Santo caracteriza deste modo a primeira etapa do despertar para a procura de Deus:

> [a alma] sente grande alegria quando passa longos períodos e até mesmo noites inteiras em oração; tem prazer em se dar às penitências, alegra-se com o jejum, fica consolada ao frequentar os sacramentos e ao se ocupar com as coisas divinas. Embora, porém, se dedique a essas práticas com empenho e assiduidade, delas tire proveito e delas se sirva com o maior cuidado, todavia, sob um ponto de vista espiritual, comporta-se, habitualmente, com muita fraqueza e imperfeição. De fato, é levada a essas práticas e exercícios espirituais pela consolação e pelo gosto que nelas encontra e, por não estar ainda fortificada pelos exercícios de uma dura luta para adquirir a virtude, comete muitas faltas e imperfeições nessas pias práticas. Na realidade, toda alma age segundo o grau de perfeição que tem. Mas, como não conseguiu adquirir hábitos sólidos, comportar-se-á, necessariamente, com a debilidade de um menino franzino (1 N 1,3).

Essa descrição reflete muito bem a primeira etapa da conversão de Santo Inácio, na qual ele se entregava com pleno entusiasmo aos exercícios espirituais e às penitências. Com efeito, narra na sua *Autobiografia* a sua inexperiência em discernir como agir para seguir a vontade de Deus, para compreender de que modo Nosso Senhor agia com essa alma ainda cega, embora tivesse grande desejos de o servir em tudo aquilo que conseguia entender; com efeito, decidia-se a fazer grandes penitências, não dando tanta importância então a pagar os próprios pecados, quanto, sim, a fazer o que fosse do agrado de Deus e a contentá-lo. Detestava de tal modo os pecados passados e tinha um desejo tão vivo de fazer grandes coisas por amor de Deus que, sem avaliar se os seus pecados já tivessem sido perdoados, não os tinha muito em conta nas penitências que se impunha (*A* 14).

Acompanhava as suas penitências com longas horas de oração e de devoções, além de frequentar os sacramentos, como a confissão e a comunhão, com um estado interior firme e estável (cf. *A* 20), até virem tentações e escrúpulos:

> começou a experimentar grandes mudanças na sua alma, sentindo-se, algumas vezes, com tal aridez que não sentia gosto em orar nem de participar da missa nem em fazer qualquer outra oração; e outras vezes lhe acontecia tudo ao contrário disso, de tal modo e tão repetidamente que lhe parecia que a tristeza e a desolação lhe tivessem sido tiradas como é tirada das costas a capa de alguém. A essa altura, começou a se espantar com essas mudanças e a dizer de si para si: "Que nova vida é essa, afinal, que agora começamos?". Nesse período, conversava ainda, algumas vezes, com pessoas espirituais, que nele confiavam e desejavam conversar com ele, porque, embora não tivesse ainda conhecimento das coisas espirituais, todavia, ao falar mostrava muito fervor e muita vontade de progredir no serviço de Deus (*A* 21).

O contraste entre esses dois momentos pode ser interpretado como a passagem de um estado de principiante a um estado de proficiente, por meio de uma crise que rompe o equilíbrio anterior: o modo habitual da consolação transforma-se numa alternância de consolação e desolação, questionando a própria oração.

Na realidade, segundo a visão do Santo carmelita, a oscilação de estados de ânimo representa um primeiro sintoma da passagem da meditação dos principiantes à contemplação dos proficientes. Inácio

> se dá conta de não poder mais meditar nem discorrer com a imaginação, bem como de não encontrar gosto nesse exercício como lhe acontecia antes. Ao contrário, sente agora aridez nas coisas em que, antes, costumava ter gosto e encontrar proveito (2 S 13,2).

Todavia – a isso se junta um segundo sintoma –, o orante se lembra

> habitualmente de Deus com uma solicitude e uma atenção que incomoda, com a preocupação de não servir a Deus e até de regredir, porque não sente mais gosto nas coisas divinas. Isso demonstra que o aborrecimento e a aridez não provêm de fraqueza nem de tibieza. Com efeito, é próprio da tibieza não se preocupar muito nem de ter solicitude com as coisas de Deus (1 N 9,3).

No caso de Inácio, a sua instabilidade emotiva, unida à crise de escrúpulos, não o desencoraja no prosseguimento de seu empenho de peregrino, mas ele "começou a se espantar com essa alternância, que jamais sentira antes, e a dizer de si para si: 'Que vida nova é essa que agora começamos?'" (A 21). Enfim, o terceiro sintoma diz respeito à aquisição do novo estado de oração, ou seja, a contemplação. Com efeito, as grandes iluminações recebidas durante a sua estada em Manresa acontecem depois da crise da passagem, ou seja, quando ele é introduzido no dinamismo da contemplação. Um dinamismo que se desenvolve durante os anos seguintes e que, pouco a pouco, o leva a adquirir virtudes sólidas, junto com um modo de orar radicalmente diferente de como era nos inícios, como se pode constatar no seu *Diário espiritual*[10].

Se se considera, portanto, a evolução da meditação à contemplação como uma transformação normal no desenvolvimento da vida cristã, cujo fim é procurar e desejar a união com Deus por amor, então a tradição inaciana não pode ignorá-la, porque não tem um fim diferente; e o próprio Inácio experimentou essa passagem, segundo minha interpretação. Como assimilar isso e o adaptar, então, à tradição inaciana? A resposta se desdobra nas páginas que se seguem e é formulada com o *novo paradigma*.

Antes de prosseguir, é preciso esclarecer algumas coisas. Em primeiro lugar, segundo São João da Cruz, a transformação dos sentidos e a noite o espírito. Nas páginas precedentes, a minha atenção se concentrou na noite dos sentidos, para explicar sua importância e modalidade, evitando tratar abertamente da noite do espírito, porque implicitamente incluída na dos sentidos e porque a *noite do espírito* completa a obra da *noite dos sentidos* (cf. 2 N 1,1; 2,1).

Em segundo lugar, em relação à experiência comum, não se pode pôr em dúvida que sejam poucos os que chegam à noite dos sentidos e passam da meditação à contemplação. O próprio São João da Cruz distingue entre os que procedem na vida da contemplação e os que não o fazem. No segundo caso, a *noite não é contínua, pode ser intermitente* (cf. 1 N 9,9).

Em outras palavras, se é verdade que a contemplação não é para todos, é também verdade que todos somos chamados a amar a Deus sobre todas as coisas, sem os afetos desordenados inacianos, que correspondem às purificações de São João da Cruz. Pode-se amar a

---

10. São João da Cruz distingue um progressivo ingresso na contemplação mediante essas mudanças, por causa da "fraqueza" dos sujeitos, porque "talvez não conviesse fazer uma separação nítida na vida deles. Apesar disso, eles entram cada vez mais na noite, deixando depois de lado a obra de purificação sensitiva, se são chamados a alturas sublimes" (1 N 9,9).

Deus sem desejar se unir a ele? Como amá-lo se não penso (medito) nele e não o vejo (contemplo)? O *vê-lo* da contemplação vai além do *pensar nele*. Quem nele pensa ama-o como quem o contempla, embora de modo diferente e ainda que seja o mesmo Deus que se revele pessoalmente. A esta altura, o que é verdadeiramente importante é oferecer aos *inacianos* o panorama completo da transformação cristã numa síntese. É imprescindível, por isso, recuperar a memória da tradição contemplativa inaciana.

4. A tradição contemplativa inaciana

A memória a ser recuperada consiste, antes de tudo, em revalorizar a figura do Santo fundador como *contemplativo*, para depois apresentar uma corrente *contemplativa* cristã/inaciana, a qual se desenvolve após sua morte e enfrentar, a seguir, a problemática que se criou com ela e que perdura até hoje.

É útil a propósito esclarecer o uso dos termos contemplação e mística como equivalentes e sinônimos, embora eu prefira usar *contemplativo(a)* ou *contemplação*, para evitar a ambiguidade do termo *místico(a)*, por causa da referência imediata, embora injustificada, a fenômenos extraordinários.

4.1. Santo Inácio contemplativo (1491-1556)

Os *Exercícios espirituais*, antes, e as *Constituições da Companhia de Jesus*, depois, consagraram Santo Inácio como grande mestre *espiritual*. Somente a partir da primeira metade do século XX é que se constata que Santo Inácio é também um autêntico contemplativo, graças à divulgação da sua *Autobiografia* e do seu *Diário espiritual*, duas pequenas composições até então esquecidas.

A edição crítica da *Autobiografia* foi publicada em 1904; seguiu-se uma segunda edição em 1943[11]. A obra narra a conversão do jovem Inácio e a sua evolução posterior, numa progressiva interiorização do Mistério de Deus. Comparando as suas primeiras anotações do período da sua convalescença, em 1521-1522, com as regras de discernimento da primeira e segunda semanas dos *Exercícios*, redigidas em sua forma definitiva vinte anos depois, pode-se avaliar a maturidade da sua relação com Deus, a acuidade do seu olhar interior que o orienta para a vontade de Deus[12]. Uma demonstração exemplar do que é o *Diário espiritual*, escrito, na primeira parte, ao discernir o estatuto da pobreza das casas professas da Companhia.

O *Diário* foi publicado parcialmente, pela primeira vez, em 1892, e somente em 1934 é que foi publicado de forma completa. Cobre o período que vai de 2 de fevereiro de 1544 a 27 de fevereiro do ano seguinte[13]. Inácio mostra aqui uma extraordinária habilidade psicológica ao perceber e interpretar as diferentes moções afetivas, para decidir, nesse caso, a favor ou contra a aceitação de rendas para as casas dos jesuítas professos. Decerto, não é questão apenas de acuidade psicológica, mas de profunda união de amor com Deus, que o leva a compreender o que a Deus mais agrada, para o realizar[14].

---

11. Cf. Gioia, M., Introduzione alla Autobiografia, 657.
12. Cf. Zas Friz De Col, R., La trasformazione mistica ignaziana, 21-33; Id., Radicarsi in Dio. La trasformazione mistica di Sant'Ignazio di Loyola, 162-302.
13. Cf. Zas Friz De Col, R., Introduzione al Diario Spirituale d'Ignazio di Loyola, 359-394; Id., El ritmo místico en el primer cuadernillo del texto autógrafo del *Diario Espiritual* de San Ignacio, 161-170.
14. Assim, por exemplo, no *Diário espiritual*, numa sexta-feira, 15 de fevereiro de 1544, Santo Inácio anota: "Ao preparar o altar e depois de paramentado e durante a missa, com fortíssimas moções interiores e copiosas lágrimas e com soluços, perdendo muitas vezes a fala. Também depois de terminada a missa, em muitos momentos desde a hora da missa, enquanto me preparava, e depois, com muitos sentimentos, vendo Nossa Senhora muito propícia diante do Pai, e do Filho, de tal modo que nas orações ao Pai e ao Filho, e na consagração, não podia sentir e vê-la senão como quem é parte

Essas duas obras contribuíram para ampliar os horizontes de compreensão da experiência interior de Inácio, na qual têm um papel importante as experiências que ainda hoje se reconhecem como *experiências extraordinárias*[15].

Nos anos 1940, Joseph de Guibert afirmava que a vida de Inácio é uma vida mística/contemplativa no sentido mais estrito do termo[16], como o atestam recentes publicações[17]. Assim, por exemplo, Ángel Cilveti afirma: "O *Diário* inaciano revela a experiência mística mais explícita na história do misticismo espanhol, junto com a de Santa Teresa e de São João da Cruz, embora diferente da experiência desses últimos"[18]. De sua parte, Melquíades Andrés afirma:

> A mística de Inácio segue trilhas originais. Não se exprime em formulações nupciais. Insiste na nulidade humana como atitude humilde de serviço, realizado com perfeição e alegria, a qualquer

---

ou porta de muitas graças que em espírito sentia. (Na consagração, me fazia entender que a sua carne estava na do Filho) e eu entendia de coisas tão altas que não se podem escrever. Nenhuma dúvida sobre a primeira oblação feita [refere-se à decisão tomada, segundo a qual as casas professas não deviam ter rendas]". (*DE* 31).

15. Não podemos nos deter agora sobre a importância e sobre o significado dessas *experiências extraordinárias*, sobre as quais ainda há muito a discutir. É impossível entender a vida cristã de Inácio sem elas, especialmente se o próprio Inácio afirma que "Essas coisas [extraordinárias], que ele viu, o confirmaram e lhe deram para sempre tanta firmeza na fé a ponto de, muitas vezes, pensar que, mesmo que não houvesse a Escritura a nos ensinar essas coisas da fé, ele se decidiria a morrer por elas apenas por força do que ele tinha visto" (*A* 29). São experiências *extraordinárias* ou, antes, experiências da sua vida cristã ordinária?

16. Cf. GUIBERT, J. DE, Mystique Ignacienne, 3-22, 113-140.

17. Cf. a bibliografia citada por RUIZ-JURADO, M., Ignazio di Loyola (santo), 635-637.

18. CILVETI, A., La literatura mística española, 61, apud GARCÍA DE CASTRO, J., Semántica y mística: el *Diario Espiritual de Ignacio de Loyola*, 226, nota 37. Para uma análise semântica da expressão mística no *Diário*, cf. a citada obra de García de Castro, 226-243.

custo. O serviço é uma constante nele: Tudo para a maior glória, reverência, serviço e louvor da sua divina Majestade[19].

4.2. Contemplativos inacianos

Uma vez esclarecida a atitude genuinamente contemplativa da experiência cristã de Santo Inácio, é possível verificá-la também em vários de seus herdeiros espirituais. Assim, por exemplo, Pedro Fabro, "por temperamento, é um contemplativo"[20]; São Francisco Xavier, como Inácio e Fabro, é "um místico favorecido por dons eminentes de contemplação infusa"[21]; também Francisco de Borja é "um contemplativo cheio das maiores graças infusas"[22]; Antonio Cordeses é um mestre de oração afetiva e contemplativa[23]; Baltasar Álvarez é "elevado a uma oração de contemplação infusa, caracterizado claramente como tal"[24]; Álvarez de Paz, "fortemente levado ao recolhimento e à contemplação, se perguntava se realmente seu lugar era na Companhia e se não teria feito melhor se passasse à Cartuxa"[25]; Luis de la Puente é "um contemplativo, amplamente favorecido por dons de oração infusa"[26]; Santo Afonso Rodríguez é *"um dos maiores místicos da Companhia e um dos seus principais escritores místicos"*[27].

Como é impossível fazer uma resenha de todos, apresento a seguir, de modo detalhado, alguns dos jesuítas nos quais é possível vislumbrar

---

19. ANDRÉS, M., *Historia de la mística de la Edad de Oro en España y América*, 311.
20. DE GUIBERT, J., *La Spiritualité de la Compagnie de Jésus*, 176.
21. Ibid.
22. Ibid., 187
23. Ibid., 212.
24. Ibid., 214
25. Ibid., 231.
26. Ibid., 244.
27. Ibid., 241.

uma *tradição de oração contemplativa* dentro da Companhia desenvolvida a partir da primeira década da sua fundação.

4.2.1. São Pedro Fabro (1506-1546)[28]

De Pedro Fabro foi escrito que "a sua vida mostra que o carisma original da Companhia de Jesus foi recebido, refletido e irradiado por uma personalidade mais simples e menos profunda, mais alegre e menos austera do que a de Inácio"[29]. Dele temos o diário espiritual, mais conhecido como o *Memorial* de Fabro, "escrito principalmente entre junho de 1542 e maio de 1545. Depois dos *Exercícios espirituais* e das *Constituições*, é o documento mais valioso da espiritualidade da primeira Companhia de Jesus"[30]. Com efeito, essa afirmação fundamenta-se no fato de Fabro, provavelmente, ter assimilado o modo de proceder de Inácio como nenhum dos outros companheiros:

> bendita eternamente a providência divina, que ordenou as coisas de tal modo para o meu bem e salvação. Com efeito, tendo Deus disposto que fosse eu a ensinar àquele santo homem, consegui, primeiro, adentrar suas confidências sobre questões exteriores e, depois, sobre as interiores. Vivíamos sempre juntos, compartilhando o quarto, a mesa, o dinheiro; e depois ele era meu mestre de vida espiritual, dando-me possibilidade de subir ao conhecimento da vontade divina e da minha própria. Assim foi que nos tornamos uma só coisa nos desejos, na vontade e no firme propósito de escolher para todos a vida que agora temos todos nós,

---

28. Cf. Zas Friz de Col, R., "Él es lo primero y principal". El itinerario místico de Pedro Favre, 54-55.77-78.
29. Donnelly, J. P., Favre, Pierre, 1369-1370.
30. Ibid.

os quais fazemos ou faremos parte desta Companhia, da qual eu não sou digno[31].

Durante os dez anos da sua peregrinação apostólica pela Europa (1536-1546), Fabro se transforma interiormente: aprende a discernir, recebe graças cada vez mais sintomáticas da progressiva profundidade da sua amizade com Deus. Esse período pode ser visto como o processo por meio do qual Fabro aprende a sua submissão interna a Deus. Verifica-se nele uma crescente harmonização da sua vontade com a de Deus, graças a uma subjetividade cristãmente cada vez mais madura e a uma disponibilidade e prontidão que respondem às necessidades objetivas da vinha do Senhor. Fabro obedece ao Espírito quando obedece a Inácio e à autoridade eclesiástica e quando, por discernimento, se faz próximo de todos que a ele se dirigem. Aprende a responder às necessidades das igrejas particulares e, também, da Igreja universal, com a mansidão do instrumento dócil e afável (graças que pediu intensamente). Atingiu a maturidade de apóstolo, graças ao amor.

De fato, é do amor de Deus que provém o verdadeiro amor e a ordem interior:

> Quando o amor da verdadeira caridade se apropria da nossa liberdade e do nosso espírito, sempre e em toda parte, todas as coisas, então, adquirirão a ordem da tranquilidade e da paz, sem perturbações do intelecto, memória e vontade. Mas isso se realizará na pátria dos bem-aventurados, para a qual continuamos a subir todos os dias (*M* 72).

---

31. FAVRE, P., *Memorial*, n. 8. A seguir, as citações dessa obra serão indicadas no corpo do texto com a abreviação *M* e o número do item, utilizando o texto preparado em *Memorie spirituali*, 1995. O manuscrito original não se conservou, mas temos dele dezesseis cópias.

Numa perspectiva escatológica, essa ordem é possível desde já, como demonstra a graça que Fabro recebe durante a oitava de Natal de 1542, quando passa do desejo de ser amado ao de amar:

> Creio que tudo o que recebi nestas festas natalinas resume-se como que numa natividade espiritual, ou seja, numa preocupação nova em procurar os sinais do amor de Deus, de Cristo e das coisas que lhes dizem respeito; assim, no futuro, que eu tenda a meditar mais, desejar com mais força, pregar e praticar com coração mais generoso o que Deus quer.
>
> Até agora eu me preocupava muito com os sentimentos que podem ser interpretados como sinais de que somos amados por Deus e pelos seus santos: o que mais me interessava era entender as disposições deles em relação a mim. [...]
>
> No início de uma vida melhor, nossa primeira preocupação, e não estamos errados, é, habitualmente, tornar-nos agradáveis a Deus, preparando-lhe no nosso corpo e no nosso espírito uma morada corpórea e espiritual. Mas chega a hora (e o próprio Espírito Santo o ensina com sua unção a qualquer um que proceda com retidão) em que nos é dado e solicitado procurar – e tender – não tanto sermos amados por Deus, quanto amá-lo. Isso significa não estar especialmente dedicados a ver como ele está em nós, mas a procurar como ele está em si mesmo e nas outras coisas e o que, de modo absoluto, agrada ou desagrada a ele neste seu mundo. A primeira atitude está em atrair Deus a nós mesmos, a segunda, porém, consiste em sermos atraídos por Deus; com a primeira, procuramos que ele se lembre de nós e tenha sobre nós todo o cuidado possível; com a segunda, ao contrário, somos nós que temos de nos lembrar dele e estarmos ocupados com tudo o que lhe agrada; com a primeira, encaminhamo-nos ao aperfeiçoamento do temor autêntico e da reverência de filho; com a segunda, estamos no caminho do aperfeiçoamento da caridade. Que o Senhor nos dê, pois, a mim e a todos caminhar com esses dois pés, para

subirmos pelo caminho que leva a Deus, ou seja, o verdadeiro temor e o verdadeiro amor.

Até agora, parece-me que o temor tenha sido o meu pé direito, e o amor, o esquerdo; mas, agora, desejo que o amor se torne o mais forte, o direito, e o temor, o menos forte, o esquerdo. Possa eu nascer para essa graça e nela crescer até me tornar homem perfeito. Amém (*M* 202-203).

O trecho do *Memorial* correspondente a 24 de fevereiro de 1545, um ano e meio antes de sua morte, resume muito bem a atitude fundamental de Fabro e constitui o autorretrato da sua vida espiritual:

Surgiu em mim um novo desejo de pedir graça para fazer bem todas as obras das quais eu e os outros haveremos de dar conta especial: a organização diária de nossa atividade, um leal exame de consciência, a recitação das horas canônicas, a confissão auricular feita convenientemente e com dor, a celebração da missa, a recepção da comunhão, a administração dos sacramentos, a fiel explicação da palavra de Deus em público e em particular, o modo santo de tratar com os homens e mulheres em qualquer lugar. Eis sete tipos de atividade para as quais é preciso todos os dias pedir com perfeição graça a Deus e a seus santos. Por isso, naquele dia, juntei a esses pedidos também o que tenho costume de pedir nas minhas costumeiras ladainhas, e para isso destinei a missa do dia seguinte naquela quarta-feira (*M* 405).

4.2.2. Jerônimo Nadal (1507-1580)[32]

Desse jesuíta se disse que é um dos "que mais contribuíram para estabilizar e divulgar o espírito inaciano na Companhia de Jesus. Nem

---

32. Cf. ZAS FRIZ DE COL, R., *La tradición mística ignaciana* (I), 293-395.

todos os fundadores puderam contar, no início de seu instituto, com semelhante personagem"[33]. Efetivamente, as suas instruções, exortações e máximas, os seus discursos, avisos e comentários[34] atestam a atividade incansável de Nadal em interpretar e difundir o carisma inaciano.

Num de seus discursos, em Coimbra, em 1561, Nadal afirma que se pode tratar a oração, considerando a pessoa que ora ou o que de Deus chega ao orante, e distingue dois tipos de oração: a que alça ao conhecimento de Deus e a oração de pedido. Se se considera somente a primeira, ela se dá de acordo com o modelo inaciano das três potências (memória, intelecto e vontade), próprias da primeira semana dos *Exercícios*[35], e, também, das contemplações da segunda semana[36]. Depende em grande parte da aplicação do orante aos exercícios correspondentes.

Num outro discurso explica "o que vem de Deus": consolações, alegria interior, quietude do intelecto, gosto, luz, facilidade de ir adiante, maior compreensão das coisas, ou seja,

> tudo isso é uma particular graça da oração e encoraja a ir adiante e dá relíquias para firmar-se no caminho [...]. Às vezes, chega até às lágrimas e a ter como que um princípio de êxtase, situação por que passava quase sempre o nosso pai Inácio, sendo muito consolado e com muitas lágrimas na oração[37].

Nadal observa que essa consolação vai num *crescendo* e, quanto mais se eleva, maior é a clareza do intelecto e a participação da vontade; os sentidos ficam para trás e se segue a suavidade da luz de Deus sozinha:

---

33. Ruiz Jurado, M., Nadal, Jerónimo, 2793.
34. Cf. Nicolau, M., Jerónimo Nadal. Obras y doctrinas espirituales, 71-132.
35. Cf. *Pláticas espirituales del P. Jerónimo Nadal S.J. en Coimbra (1561)*, 181.
36. Cf. ibid., 184.
37. Ibid., 191.

E esse é o êxtase da mente, que apresenta todas as coisas claramente e fortifica em todas as verdades, de tal modo que, depois, não há maneiras nem palavras para as expressar nem espécie para as representar. Assim diz São Paulo: *vidi arcana quae non licet homini loqui* (Em 2Cor 12,4: *Et audivit arcana verba, quae non licet homini loqui* – Ouviu palavras inexprimíveis que não é permitido ao homem repetir – N. do T.). O arrebatamento não é diferente do êxtase, apenas se dá com suave violência; ou porque não vem com a oração, mas vem pouco a pouco, como no êxtase; ou porque, embora não proceda lentamente, Deus, depois, o toma, atraindo-o sem necessidade de haver esforço de tanto em tanto, e o pondo a seu lado, comunicando-lhe as suas verdades e grandezas ocultas, como se digna fazer por sua infinita bondade[38].

Essa experiência vale mais do que todas as iluminações e é a que teve Santo Inácio em Manresa. Todavia, "nisso temos de advertir que pode haver aqui muitas ilusões e, assim, os que escrevem trabalham muito para retirar os impedimentos que há para isso"[39].

Nadal, portanto, faz distinção entre uma oração que se fundamenta no exercício das capacidades mentais do orante, com a prática dos exercícios espirituais, e outra na qual o protagonista é o próprio Deus, que opera diretamente na intimidade do orante, sem que ele exerça ativamente suas potências, senão de modo passivo: recebendo, acolhendo o que se faz presente na sua interioridade. A esse respeito, afirma: "Faz apelo ao não saber, à ignorância, à obscuridade da fé e receberás o sentido de Deus no espírito, no coração; daí o esplendor etc. É essa a teologia mística para negações, na qual resplendem as sumas afirmações"[40].

---

38. Ibid.
39. Ibid., 192.
40. NADAL, J., Orationis observationes, 298-299, apud GEI, *Escritos esenciales de los primeros jesuitas*, 576. "A Deus, procura-o na batida íntima do coração; ali se encontra

4.2.3. Antonio Cordeses (1518-1601)[41]

O padre Cordeses é, provavelmente, na nascente Companhia de Jesus, o primeiro mestre e sistematizador de um modo de orar predominantemente afetivo e contemplativo, particularmente deixado de lado nos métodos tradicionais dos *Exercícios*. Por essa razão, no ano de 1574, o superior geral de então, o padre Mercuriano, proibiu-o de ensinar métodos de oração diferentes dos contidos nos *Exercícios*. Esses métodos teriam podido afastar os jesuítas e, especialmente, os estudantes, do fim próprio da Companhia, que é o zelo pelas almas. Se Deus deseja conduzir alguém por essas vias, é livre para o fazer e será ele o seu mestre; todavia, não se deve antecipar a ação divina, mas segui-la, afirma o Geral[42].

Cordeses identifica o problema na origem da concepção da oração mental, por ele identificada com a teologia mística: o seu fim "é a união com Deus, por altíssimo conhecimento e ardentíssimo amor"; essa união

> é uma transformação do homem em Deus, com quem o homem, perdidas as suas condições e qualidades que o abatem e aviltam, reveste-se com as de Deus e se transforma nele, de tal modo que se faz outro Deus e se torna uma mesma coisa com ele próprio; de modo que a criatura racional pode se transmutar em Deus na vida presente por fé, esperança e caridade perfeitas[43].

---

em quietude plácida e doce união com um inexplicável sentimento de infinita virtude. Se o procuras no entendimento, te armarás uma algazarra de dificuldades e não o encontrarás. No coração está a teologia mística" (ibid.).
41. Cf. Zas Friz De Col, R., La tradición mística ignaciana (I), 395-397. "Sua produção escrita é copiosa, mas quase toda ficou inédita, embora continue chamando a atenção dos estudiosos"; Ruiz Jurado, M., Cordeses, Antonio, 953.
42. Cf. De Guibert, J., *La Spiritualité de la Compagnie de Jésus*, 211-212. Sobre Mercuriano, pode-se ver: Fois, M., Mercuriano, Everardo, 1611-1614.
43. *Obras espirituales del P. Antonio Cordeses S.I.*, 19-20.

Assim, na união transformante por amor, produz-se "um abraço entre a criatura e o Criador [...] de tal modo que se deifica e não vive mais em si, nem age como lhe é próprio agir, mas vive e age no Criador, e o homem se torna um espírito com Deus"[44].

Para Cordeses, a ação mental é o "instrumento principal da perfeição"[45], e a define como "uma elevação da mente a Deus por meio de um pio e humilde afeto"[46] que se realiza "do modo como um amigo trata um seu grande amigo, e esse modo de tratar está cheio de espírito e vida, saboroso, gostoso"[47].

Essa oração pode ter duas modalidades, segundo a faculdade dominante: o intelecto ou o afeto. Na oração *intelectiva*, o orante se eleva mediante "conhecimentos, ponderações, considerações e pareceres sobre Deus ou sobre as coisas divinas, para manter cada uma no que é razão, a fim de aplicar o afeto que se lhe deve"[48]. É um conhecimento orientado a mover a vontade para o amor de Deus, a se unir a ele, que o padre subdivide em três tipos: cogitação, meditação e contemplação[49].

A oração *afetiva*, por sua vez, "é uma elevação da vontade a Deus por meio de algum afeto, sem nenhuma consideração prévia. Diz-se elevação da vontade porque a vontade do homem, com o fim de se elevar a Deus, não tem menor valor do que o intelecto"[50]. A elevação pode ser "imediata, quando se eleva a Deus por meio das criaturas"[51]. Segundo Cordeses, esse tipo de oração é apropriado para aqueles que têm pouca aptidão para a oração intelectual (por falta de capacidade ou de estudo);

---

44. CORDESES, A., *Itinerario de la perfección spiritual*, f. 100r-v, apud GEI, *Escritos esenciales de los primeros jesuitas*, 811.
45. *Obras espirituales del P. Antonio Cordeses S.I.*, 99.
46. Ibid., 53.
47. Ibid., 54.
48. Ibid., 57.
49. Cf. ibid., 60.
50. Ibid., 81. Por afeição não se deve entender aqui paixão ou amor, "mas qualquer obra da vontade acerca de Deus ou das coisas divinas" (ibid.).
51. Ibid.

para aqueles que têm dificuldade em meditar, embora sejam inteligentes; para aqueles que são chamados a esse tipo de oração, da qual tirarão muito mais proveito do que a anterior; enfim, se o próprio Deus oferece esse tipo de oração, convém permanecer nela. Como no caso anterior, Cordeses reconhece três tipos de oração: aspiração, repouso e suspensão[52].

Em cada um dos dois casos, da oração intelectual ou afetiva, o amor é o que move a contemplar, pois

> deve começar no amor e deve levar a um aumento do mesmo amor, pois o amor é como a alma da própria contemplação, que lhe dá ser e vida. Condição do amor é dirigir o coração à coisa amada, acendê-lo com o desejo de olhar e contemplar a sua beleza, desprezando qualquer outro cuidado e prazer, e encontrar repouso e suavidade nessa contemplação. Dessa contemplação a alma chega a uma grande admiração, representada na rainha de Sabá[53].

Segundo o autor, a oração afetiva não só é necessária, mas é também melhor do que a intelectiva; e isso por seis razões: com ela é pouco provável cair em antropomorfismos divinos, é mais repousada, intensa, eficaz e breve, une melhor a Deus e, além disso, é vantajosa para muitos[54]. Aperfeiçoa-se com os dons do Espírito Santo do temor, da piedade e da fortaleza. Esses dons são infusos por virtude divina e não da pessoa; e por esse motivo elevam e aperfeiçoam incomparavelmente a oração afetiva[55].

---

52. Ibid., 87-93.
53. CORDESES, A., *Itinerario de la perfección spiritual*, f. 136v, in: GEI, *Escritos esenciales de los primeros jesuitas*, 813.
54. Cf. *Obras espirituales del P. Antonio Cordeses S.I.*, 84-85.
55. Cf. ibid., 97.

4.2.4. Baltasar Álvarez (1535-1580)[56]

Como já sucedera com Cordeses, a tendência de Baltasar Álvarez à oração contemplativa e afetiva gera um novo conflito com a instituição. Em 1573, Álvarez apresenta um relatório a seu provincial, expondo o seu modo de orar[57]. Quatro anos mais tarde, em 1577, escreve um segundo relatório e o envia, desta vez, ao visitador Avellaneda, que o desaprova, e o seu parecer é confirmado pelo pe. Mercuriano[58]. Sem querer aprofundar o assunto, limitamo-nos a indicar os pontos mais importantes que suscitaram não pouca perplexidade nos superiores.

No seu primeiro relatório, Álvarez confessa que em 1567, aos 32 anos de idade e depois de 16 de prática de oração, tinha recebido uma graça muito especial: tinha se sentido "com um coração transformado e dilatado, desapegado das criaturas, com uma estupefacção semelhante à dos bem-aventurados que, no juízo final, dirão: Quando te vimos, Senhor, vimos todo bem e toda abundância!"[59]. E desde então,

> a oração consiste em me colocar na sua presença, dada interior e corporalmente: *Permanente per modum habitus*, de modo permanente; tendo gozo nelas, algumas vezes. [...] Outras vezes, discorro na oração, segundo as noções dadas a respeito das palavras da divina Escritura e dos ensinamentos interiores; outras vezes,

---

56. Cf. Zas Friz de Col, R., *La tradición mística ignaciana* (I), 397-399. "Há de se salientar o valor autobiográfico das *Relaciones* sobre seu modo de oração de silêncio, a riqueza de nuanças de seus *Sentimientos espirituales y Ejercicios Espirituales varios*, a retidão, claridade e exigência indômita de suas *Cartas*, e a abundância de leitura patrística e espiritual que demonstram suas *Pláticas*" (Ruiz Jurado, M., Álvarez, Baltasar, 93). Cf. Id., A Controversial Mystic: Father Baltazar Álvarez, 36-53.
57. Cf. De La Puente, L., *Vida del V. P. Baltasar Álvarez*, 113-120; 341-350.
58. Cf. ibid., 471-493; cf., além disso, cf. Álvarez, B. Tratado de la oración de silencio, in: Id., *Escritos espirituales*, 224-251.
59. Ibid., 114.

calando e repousando; e esse silêncio, repousando em sua presença, é um grande tesouro, porque ao Senhor todas as coisas falam e são patentes a seus olhos, o meu coração, os meus desejos, os meus fins, as minhas provações, as minhas intimidades, o meu conhecimento e poder; e os seus são os olhos da sua divina Majestade, que podem cancelar os meus defeitos, acender os meus desejos e me dar asas para voar, pois ele deseja o meu bem e serviço, mais que eu próprio[60].

Essa experiência encoraja Álvarez a pesquisar seu fundamento teológico: é uma oração na qual jamais falta o pedido. Nela se sente Deus de um modo mais alto e intenso e pode durar mais tempo da meditação, pois é mais repousante. Reconhece que não é uma via para todos, como o é, porém, a via das *Constituições* da Companhia. Percorrem-na aqueles aos quais Deus a comunica ou é adquirida depois de muita prática da oração discursiva[61];

e isso está de acordo com o que ocorreu ao nosso pai Inácio, que, embora, seguisse, no início, o caminho e o meio que nos deixou e ensinou nos exercícios, foi elevado, depois, a esse outro, como se diz na sua vida *Postea erat patiens divina*. E se em todas as ciências deve haver princípios, meios e fins, também há nessa; e que haja na Companhia, tanto mais que nela se deseja agradar a Deus, parece claro; e não parece, em consciência, uma coisa justa aqueles que são elevados a esse modo por Deus nosso Senhor serem privados desse modo por aqueles que dele não têm experiência, com detrimento da alma e do corpo[62].

---

60. Ibid., 116.
61. Ibid., 119.
62. Ibid., 120.

Vale a pena lembrar que Álvarez foi confessor de Teresa d'Ávila e representou uma valiosa ajuda no caminho contemplativo da Santa. A sólida experiência pessoal de Álvarez foi a prova mais convincente da existência de um modo ou, se quisermos, de um estilo de oração diferente do dos *Exercícios*. O contraste com o governo da Companhia é compreensível, se pensarmos que num momento delicado da vida institucional dominava a preocupação de estabelecer um estilo *inaciano* de vida espiritual que desse identidade própria à recente fundação. Retornaremos a esse assunto mais adiante neste capítulo (cf. infra 5.).

4.2.5. Achille Gagliardi (1539-1607)

O pe. Gagliardi entrou para a Companhia de Jesus aos vinte anos, foi ordenado sacerdote quatro anos depois, em 1563, e emitiu os últimos votos em 1575. Foi professor de filosofia e de teologia, mas também homem de governo pelos muitos encargos assumidos, especialmente como superior de diversas casas professas no norte da Itália. Em particular, durante a sua permanência em Milão (1589-1594), acompanhou espiritualmente Isabella Berinzaga (1551-1624)[63], que teve fama de ser mulher de grande experiência espiritual[64]. A sua relação com ela e com alguns jesuítas *reformistas* rendeu-lhe graves acusações, às quais se somaram algumas dúvidas que surgiram a propósito de algumas afirmações do *Breve compêndio sobre a perfeição cristã*, publicado em Bréscia, em 1611[65]. Nele, Gagliardi descreve e comenta a experiência

---

63. Cf. GIOIA, M., *Per via di annichilazione*. Para uma apresentação da Berinzaga com Gagliardi; cf. COZZI, G., Berinzaga, Isabella Cristiana, 103-105.
64. Cf. BRUNELLI, G., Gagliardi, Achille, 258-264.
65. Cf. GIOIA, M., *Breve compendio di perfezione cristiana*. De Guibert afirma que não é o autor (cf. *La Spiritualité de la Compagnie de Jésus*, 248, nota 68), questão da qual hoje não se duvida. Antes da publicação, anônima e sem permissão eclesiástica, do original italiano, aparece em Paris uma tradução francesa, também ela anônima, nos

de Berinzaga, caracterizada pelo *aniquilamento* espiritual, mediante uma atitude passiva. A influência do livro foi enorme, especialmente entre os jesuítas franceses do século XVII.

Segundo G. Mucci, é essa *passividade* o que produz uma ressonância pré-quietista entre os seus críticos "que o leva, embora permanecendo na doutrina católica (as suas fontes principais foram Santo Agostinho, os Santos Padres gregos e latinos, e Inácio de Loyola), a expressões em si mesmas exatas, mas arriscadas, porque ressaltam unilateralmente certos aspectos da vida interior, em detrimento de outros"[66]. Todavia, "tem o mérito de ter sintetizado o fundo contemplativo da tradição inaciana, da qual fez excelente interpretação no seu *De discretione spirituum* e na análise sobre a relação entre deificação e abnegação"[67].

Dada a importância do *Breve compêndio*, apresentamos abaixo um rápido resumo do seu conteúdo:

> o texto está dividido em três partes, precedido por uma *breve introdução*, que situa o caminho de perfeição, o qual será traçado no panorama de um itinerário ascendente ou em escala. Baseia-se em *dois princípios* que são sucessivamente explicados: o ontológico, humildade básica por parte do homem, e a sua reverente aceitação da grandeza de Deus. Seguem-se as três partes, ou estados, que se elevam à sumidade da perfeição dada por Deus e acolhida pela criatura humana.

últimos anos do século XVI, com o título: *Abrégé de la perfection* (cf. GIOIA, M., *Breve compendio di perfezione cristiana*, 15-38). Atribuem também a Gagliardi: *Catechismo della fede cattolica; S.P. Ignatii de Loyola de discretione spirituum regulae explanatae; Commentarii seu explanationes in Exercitia Spiritualia Sancti Patris Ignatii de Loyola*. Recentemente: *La dottrina spirituale di Achille Gagliardi s.i.: la vita purgativa ignaziana interpretata da Achille Gagliardi nella Praxis cultus interni; Direttorio spirituale.*
66. MUCCI, G., Gagliardi, Achille, 1548.
67. Ibid.

A *primeira* parte, ou estado, inclui e exige uma ativa disposição e colaboração da alma, numa sucessão de seis graus que descreve uma multiplicidade ascendente de atitudes espirituais focadas na consecução de uma verdadeira "aniquilação", entendida como humildade amante, receptiva de uma relação com Deus em união de vontade, sem perturbadoras mediações. A *segunda* parte ou estado descreve essa relação como um dom do alto, prescindindo-se da procura e gozo das consequências psicológicas da atividade humana, superando-a em perfeita adesão à vontade divina. A *terceira* parte, ou estado, chega, sempre como inefável dom do alto, à "deificação" da alma numa total identificação entre querer humano e disposição divina[68].

4.2.6. Luis de la Puente (1554-1624)[69]

O pe. Luis de la Puente, em seu livro *Meditaciones de los misterios de nuestra fe*, dá uma importante contribuição a respeito da compreensão da oração mental na tradição inaciana. Uma oração que é obra da memória, do intelecto e da vontade, exercidos, com a graça de Deus, nos mistérios e na verdade da fé, "falando dentro de nós mesmos com Deus nosso Senhor, tratando familiarmente com ele, pedindo-lhe os seus dons e examinando tudo o que é necessário para a nossa salvação

---

68. GIOIA, M., *Breve compendio di perfezione cristiana*, 178. Sobre o *Compêndio* pode-se ver também FAESEN, R., Achille Gagliardi and the Northern Mystics, 82-111.
69. Cf. ZAS FRIZ DE COL, R., *La tradición mística ignaciana* (I), 401-402. "La Puente chegou a ser um dos escritores espirituais mais conhecidos da CJ [Companhia de Jesus] e que contribuiu para formar uma tradição de doutrina espiritual própria dos jesuítas" (RUIZ JURADO, M., La Puente, Luis de, 2245). Pode-se consultar também: ROLDÁN-FIGUEROA, R., *The Mystical Theology of Luis de la Puente*, 54-81.

e perfeição. De modo que a substância da oração mental consiste principalmente nessas quatro coisas"[70]. Esse tipo de oração é o ordinário.

Existe, porém, outro modo de oração, que se diferencia do anterior, porque é mais afetivo e menos discursivo: o contemplativo. Para o explicar, De la Puente recorre a Santo Tomás (S. Th. 2-2, q. 180, a. 3): trata-se de "uma visão simples da verdade eterna, sem variedade de discursos, penetrando-a com luz do Céu, com grandes afetos de admiração e amor"[71], que pode ter qualquer crente. Todavia, há um modo de oração mental extraordinário

> que contém outros modos de oração mais sobrenaturais e especiais, que chamamos de oração de quietude e de silêncio, com suspensões, êxtases ou arrebatamentos, com figuras imaginativas das verdades que se descobrem, ou somente com a luz intelectual delas, com revelações e colóquios interiores, e com outros inumeráveis modos que tem Deus de se comunicar às almas, aos quais não se pode dar regra certa, porque não têm outra regra senão o ensinamento e a direção do Mestre excelso, que as ensina a quem quer e como quer[72].

De la Puente recomenda que não se aspire a esses modos extraordinários. Convém mais rejeitá-los, pois é grande o perigo de ser enganado por Satanás; todavia, se Deus os concede, é preciso serem recebidos com humildade. Um exemplo concreto dessa atitude é a biografia que escreve sobre o pe. Baltasar Álvarez, que deve ser considerado seu mestre e, portanto, muito sensível à dimensão contemplativa da oração, da qual fala abertamente, afirmando que algumas coisas que sucedem contemplando são próprias de uma vida normal de oração.

---

70. DE LA PUENTE, L., *Meditaciones de los misterios de nuestra fe*, 4.
71. Ibid., 41.
72. Ibid., 46.

A sua doutrina dos sentidos espirituais inscreve-se na melhor tradição mística ocidental, não deixando de lado, todavia, o método tradicional da meditação. Assim intitula, por exemplo, o capítulo 42 da biografia do pe. Baltasar Álvarez: "Da grande importância e segurança que tem o modo de orar por meditações, afetos e colóquios com nosso Senhor e como isso se deve propor e ensinar a todos", de onde se conclui a importância que o autor dá à meditação, apesar do minucioso elogio da contemplação. A posição do pe. De la Puente é, sem dúvida, mais equilibrada e aberta, fruto, talvez, do ambiente propício, criado durante o generalato do pe. Acquaviva.

4.2.7. Diego Álvarez de Paz (1560-1620)[73]

A obra do pe. Álvarez de Paz é uma síntese pessoal, completa e sistemática da teologia mística antiga e medieval, com a característica particular de integrar nela a experiência inaciana, que naqueles anos estava à procura de canais teológicos próprios, dentro da grande tradição mística eclesial[74]. Álvarez de Paz é considerado "o primeiro jesuíta

---

73. Cf. ZAS FRIZ DE COL, R., La Tradición mística ignaciana (I), 402-405. "Sua obra é a primeira síntese completa da doutrina ascética e mística da antiguidade e da Idade Média. [...] É o primeiro jesuíta que trata amplamente dos problemas da contemplação infusa, e com experiência pessoal. Sua análise espiritual é requintada e perspicaz, o tom é didático e coloquial, com muitas amplificações oratórias e com antíteses, embora peque por prolixidade, distinções sutis e subdivisões forçadas" (FERNÁNDEZ, G. E., Álvarez de Paz, Diego, 95).
74. "Os anos anteriores à publicação de seus escritos tinham sido, no bojo da evolução espiritual da Companhia, um período de gestação lenta e, às vezes, difícil. Tratava-se de consolidar toda a herança dos primeiros anos, e era vital, naqueles momentos, impedir tudo o que pudesse ser desvio do patrimônio deixado pelas primeiras gerações. O problema da contemplação foi o ponto fundamental sobre o qual giraram todas as discussões. Sem esquecer o caráter marcadamente prático e apostólico da espiritualidade inaciana, era preciso dar entrada aberta a essa corrente mística, tornada

que trata amplamente dos problemas da contemplação infusa, e por experiência pessoal"[75].

A sua obra em seis volumes, escrita no Peru, publicada em latim em Lyon, entre 1608 e 1618, e que conhece uma edição posterior[76], espera ainda, infelizmente, para ser traduzida para uma língua moderna. A parte que nos interessa aqui, *De Inquisitione pacis*, trata da oração. Segundo López Azpitarte, Álvarez de Paz é

> o primeiro autor que aborda sistematicamente os problemas relativos à contemplação, depois daqueles anos de dúvidas e hesitações na Companhia. Se levarmos em conta, além disso, que a sua leitura foi recomendada por Acquaviva, como representante genuíno do espírito inaciano, saber o que diz sobre o tema nos dará o pensamento de uma testemunha qualificada[77].

O jovem Álvarez de Paz entra na Companhia em 1578, na província jesuíta de Toledo, a mesma de Cordeses e de Baltasar Álvarez, vivos ainda na época. Isso leva a pensar que Álvarez de Paz tenha podido conhecer pessoalmente os detalhes do que ocorreu entre o governo da Companhia e os autores citados, fatos que, certamente, ele conserva na sua memória e que influem, de certa maneira, na redação da sua obra durante a permanência no Peru[78].

O autor distingue entre meditação e contemplação. A primeira é um estado inicial, discursivo; é, geralmente, o ponto de partida comum da vida espiritual, que tende a um passo seguinte, o verdadeiro e ardentíssimo amor a Deus e a alegria inefável da mente, a contemplação. Entre

---

realidade na vida de muitos jesuítas" (López Azpitarte, E., *La oración contemplativa*, 5). Cf. Ruiz Jurado, M., Álvarez de Paz, Diego, 77-80.
75. Fernández, G. E., Álvarez de Paz, Diego, 95.
76. *Opera Iacobi Álvarez de Paz*, 1875-1876.
77. López Azpitarte, E., *La oración contemplativa*, 107.
78. Cf. ibid., 189-190.

as duas, Álvarez de Paz coloca a oração afetiva, na qual "a alma pode se encontrar num estado contemplativo, produto do seu esforço, do hábito adquirido, mesmo quando, em determinados momentos, Deus começa a agir mais por sua conta"[79]. Para alguns, trata-se de uma contemplação adquirida[80], ou seja, combina o trabalho ativo do hábito adquirido do orante com a presença passiva da graça divina. A passagem à contemplação propriamente dita, chamada tradicionalmente de contemplação infusa (diferente da adquirida), é muito delicada. Para que se realize essa passagem é sumamente importante a correta interpretação dos sintomas:

> o conhecimento intuitivo e amoroso torna-se autenticamente místico quando a intensidade dessa luz e desse amor incide tão fortemente sobre as faculdades sensíveis que a alma experimenta de um modo profundo – e impossível de atingir por si mesma – a presença e a proximidade de Deus[81].

Um exemplo da meticulosidade de Álvarez de Paz é a distinção dos diferentes graus da contemplação, que, segundo ele, chegam até a cinco momentos diferentes[82].

Certamente, no contexto conflitante daqueles anos, o *problema da contemplação* torna-se vital para a interpretação do carisma inaciano – ninguém nega que a Companhia seja apostólica, de vida ativa –, mas nem por isso a oração é de secundária importância. É preciso manter a relação entre a vida ativa e a contemplativa segundo o modo de

---

79. Ibid., 41. "Creio que é aqui que Álvarez de Paz mostra maior interesse dentro da história da espiritualidade. Sua doutrina sobre o estado intermédio, entre a meditação discursiva e a contemplação, sem ser propriamente original, dá destaque a alguns aspectos peculiares, dignos de nossa atenção" (ibid. 190).
80. Cf. RUIZ JURADO, M., Álvarez de Paz, Diego, 121.
81. LÓPEZ AZPITARTE, E., *La oración contemplativa*, 78-79.
82. Cf. RUIZ JURADO, M., Álvarez de Paz, Diego, 122.

proceder querido por Inácio; e aqui a vida contemplativa, a vida mística, faz parte do seu carisma pessoal. Desse modo, as experiências de Cordeses, Baltasar Álvarez e De la Puente se integram harmoniosamente no carisma fundador da Companhia. Não cabe aqui censurar a reação de Mercuriano e de outros superiores, compreensível para além dos indiscutíveis excessos. O governo da Companhia procura manter um equilíbrio *oficial*[83].

Concluindo, a obra de Álvarez de Paz representa uma reflexão teológica equilibrada, que integra a contemplação no estilo de vida apostólico dos jesuítas. É esse precisamente o seu valor teológico e histórico para a tradição inaciana:

> Não obstante as suas pequenas diferenças, ou a sua extensão exagerada e, às vezes, monótona, constitui, sem dúvida, a primeira síntese da espiritualidade medieval com a nova época moderna e, na Companhia, é também o primeiro que aborda o problema contemplativo em toda a sua extensão, para nos deixar um compêndio exato do pensamento inaciano[84].

4.2.8. Louis Lallemant (1588-1635)[85]

A *Doctrine spirituelle*, a única obra atribuída a Lallemant, foi publicada pela primeira vez em 1694, quase sessenta anos depois de sua morte. Isso foi possível graças às anotações feitas por Jean Rigoleuc, um jovem discípulo de Lallemant que participou de um de seus cursos de terceira provação que seu mestre deu como Instrutor em Rouen, entre

---

83. Cf. LÓPEZ AZPITARTE, E., *La oración contemplativa*, 195-196.
84. Ibid., 197.
85. Cf. ZAS FRIZ DE COL, R., La tradición mística ignaciana (II): Autores franceses de los XVI al XX, 326-329.

1626 e 1631[86]. Morto o mestre em 1635 e o discípulo em 1658, as mencionadas notas acabaram nas mãos do pe. Vincent Huby, que as deu ao pe. Pierre Champion, o qual, enfim, as publicou. Durante o processo de impressão, descobriu-se um caderninho com as notas feitas por Jean-Joseph Surin a partir das conferências do seu Instrutor de terceira provação, o pe. Lallemant; esses apontamentos foram anexados como *Addition* à *editio princeps*. Como afirma Dominique Salin, Champion via em Lallemant o Baltasar Álvarez francês[87]. A *Doctrine* é considerada por J. P. Donnelly como "uma pedra miliar da espiritualidade da Companhia de Jesus, cuja finalidade declarada é a de ajudar os jesuítas que já tenham feito progresso na vida espiritual a passar para o nível místico como meio para intensificar sua vocação apostólica"[88].

Na *Doctrine* considera-se que Deus Pai deu a Companhia de Jesus a seu Filho, com o fim de amá-lo e honrá-lo: "Nós que somos os filhos de Santo Inácio temos de nos considerar como pertencentes ao Salvador, parte da sua casa e dedicados a seu serviço e, por amor seu, ao serviço das almas"[89]. Para realizar tal objetivo, os meios à disposição são sobrenaturais (oração, sacramentos, pregações) e naturais (talentos, ciência,

---

86. Cf. LALLEMANT, L., *Doctrine spirituelle*. Dominique Salin, que, em 2011, organizou a edição ampliada dessa obra é de opinião que é preciso atribuir a Lallemant também os primeiros três tratados, atribuídos erroneamente a Rigoleuc, de uma obra publicada pelo próprio Champion, em 1698: *La vie du Père J. Rigoleuc de la Compagnie de Jésus, avec ses traités de dévotion et ses lettres spirituelle*. Os três tratados são: *L'exercice d'amour envers N.S.J.-C.*; *L'instruction touchant l'oraison mentale selon les trois états de la vie spirituelle*; *De la garde du coeur*. Cf. SALIN, D., Introduction, in: LALLEMANT, L., *Doctrine spirituelle*, 15-17. Para uma história detalhada da gênese do texto, cf. BARTÓK, T., *Un interprète et une interprétation de l'identité jésuite: le père Louis Lallemant et sa "Doctrine spirituelle"*, 73-100; do mesmo autor, cf. também: Louis Lallemant and his *Doctrine spirituelle*: Myths and Facts, 112-138.
87. SALIN, D., La docilité au Saint-Esprit, 104.
88. Cf. Donnelly, J.P., Lallemant, Louis, 2268.
89. LALLEMANT, L., *Doctrine spirituelle*, 81.

modo de ensinar), estando esses últimos subordinados à prudência sobrenatural, para tirar toda a força e virtude da mais alta oração[90]. Evidentemente, em tudo isso se toma Inácio como exemplo de perfeição da Companhia[91].

Com relação à oração do jesuíta, ela deve ser eminentemente prática, ou seja, sempre orientada a tornar melhor a vontade, no sentido de que ela possa sempre aperfeiçoar a sua influência sobre as outras potências da alma e produzir assim atos interiores que movam as ações externas para as realizar de acordo com o modelo proposto, Jesus Cristo. Se, de uma parte, é preciso evitar o ativismo, orar unicamente em função da ação apostólica, temos, de outra parte, de evitar uma contemplação que não se oriente para a ação[92].

A *Doctrine spirituelle* está dividida em sete princípios[93]. O último deles trata da ordem e dos graus da vida de oração, subdividido, por sua vez, em quatro capítulos. O primeiro trata das vantagens que comporta ser homem de oração e dá algumas indicações gerais para a prática. O segundo expõe a meditação ou oração discursiva, para os principiantes, seguindo o método inaciano dos *Exercícios*. O terceiro capítulo define a oração afetiva como aquela em que se dá maior espaço às afeições da vontade, mais do que às considerações do intelecto: como quando se considera um texto da Escritura ou um mistério da fé, detendo-nos nele enquanto dura o *gosto* interior, fazendo atos de fé, esperança, amor, admiração etc. A contemplação, objeto do quarto e último capítulo é "uma visão de Deus ou das coisas divinas, simples, livre, penetrante, certa, que procede do amor e que tende ao

---

90. Cf. ibid., 79.
91. Cf. ibid., 81-82.
92. Cf. ibid., 88-89.
93. São eles: 1. O fim, 2. A perfeição, 3. A pureza do coração, 4. A docilidade ao Espírito Santo, 5. O recolhimento e a vida interior, 6. A união com Nosso Senhor (de três modos: por conhecimento, amor e imitação); 7. A ordem e os graus da vida espiritual.

amor"⁹⁴. Lallemant a considera necessária para a vida apostólica, expondo as suas motivações a respeito: não é obstáculo para o zelo pelas almas; sem ela, não se poderia avançar nas virtudes nem ajudar os outros a fazê-lo; se alguém recebeu esse dom, é perigoso se dedicar demais à vida ativa, ressalvada a obediência, porque se corre o risco de perder esse dom interior nas atividades apostólicas.

Lallemant distingue entre uma contemplação ordinária e uma extraordinária. A primeira "é um hábito sobrenatural pelo qual Deus eleva as potências da alma a conhecimentos e luzes sublimes, a grandes sentimentos e gostos espirituais, quando não encontra mais na alma pecados, paixões, afeições, preocupações que impeçam as comunicações que ele quer fazer"⁹⁵. Essa contemplação ordinária leva à extraordinária, na qual se verificam efeitos extraordinários (visões, êxtases, arrebatamentos etc.). Trata-se de uma oração perfeita, porque a pessoa não tem necessidade de repetidos atos de amor para com Deus; basta, na verdade, um simples olhar de amor para *estar* na presença dele, por horas e por dias, às vezes, ou, para as almas mais puras, quase de modo contínuo⁹⁶. Na realidade, embora disso não se tenha consciência, a alma está, praticamente, sempre na presença de Deus.

Quanto aos diferentes graus de contemplação, o autor pende para uma quádrupla subdivisão, que se harmoniza com os três possíveis modos de conhecer a Deus: o primeiro grau corresponde ao conhecimento de Nosso Senhor, mediante os sentidos corporais; os dois graus

---

94. LALLEMANT, L., *Doctrine spirituelle*, 372. O capítulo sobre a contemplação divide-se em nove artigos: 1. As duas formas de contemplação; 2. O dom da presença de Deus e o ingresso na contemplação; 3. As vantagens da contemplação; 4. A contemplação é necessária para a vida apostólica, bem longe de lhe ser contrária; 5. O que é a contemplação; 6. Propriedade e efeitos da contemplação; 7. Diferentes divisões dos graus da contemplação; 8. Outra divisão dos graus da contemplação; 9. Juízo sobre essas divisões dos graus da contemplação.
95. LALLEMANT, L., *Doctrine spirituelle*, 365.
96. Cf. ibid., 366.

seguintes correspondem ao conhecimento de Deus mediante a imaginação e a fantasia: no segundo se conhece a obscuridade divina e no terceiro se chega ao êxtase e ao arrebatamento; no quarto grau, se conhece a Deus mediante o que ele põe imediatamente no intelecto, "caminhando, assim, as almas na mais pura região do espírito e na mais alta perfeição que se possa adquirir nesta terra"[97].

4.2.9. Jean-Joseph Surin (1600-1665)[98]

Considerado filho do seu século, mas, ao mesmo tempo, um *moderno* por sua atenção à experiência, à psicologia e à realidade humana[99], é, talvez, o escritor jesuíta mais brilhante de sua época[100] e o maior místico da Companhia na França[101]. Discípulo de Lallemant, no sentido de que esse último foi seu instrutor de terceira provação, constrói a sua doutrina espiritual com temas afins aos de Lallemant, em especial: a pureza do coração, a submissão à vontade divina como fruto da presença do Espírito Santo e o abandono em Deus. Com os seus escritos, exerceu notável influência especialmente sobre de Caussade e De la Clorivière[102], como se verá mais adiante.

Surin não cessa de ser, ainda hoje, um autor controverso, como o foi em vida. Isso se deve, sobretudo, à sua atividade de exorcista entre as ursulinas do mosteiro de Loudun, para o qual foi convidado em dezembro de 1634. Essa experiência o marcou de modo particular,

---

97. Ibid., 385.
98. Cf. Zas Friz de Col, R., La tradición mística ignaciana (II): Autores franceses de los XVI al XX, 329-331.
99. Cf. Dupuy, M., Surin, Jean-Joseph, 1322; pode-se também consultar Sluhovsky, M., Mysticism as an Existencial Crisis: Jean-Joseph Surin, 139-165.
100. Guibert, J. de, *La Spiritualité de la Compagnie de Jésus*, 352.
101. De Certeau, M., Introduction, in: Surin, J.-J., *Guide spirituel*, 10.
102. Cf. Olphe-Galliard, M., Surin, Jean-Joseph, 2672.

trazendo-lhe profundas consequências psíquicas durante vinte anos, das quais se restabeleceu gradualmente, até voltar a uma vida normal.

Polêmicas à parte, tomamos aqui como ponto de referência para o nosso estudo a sua obra *Guide spirituel*, publicada postumamente no ano de 1836[103], de cujo conteúdo original somente um sétimo parece ter chegado à impressão (os sete capítulos da edição atual)[104].

No quarto capítulo, Surin trata da ajuda para a perfeição e das ações sobrenaturais do homem, e toca no tema da oração e do seu método. Afirma que existem três tipos de pessoas no que diz respeito à perfeição: as que estão pouco determinadas a atingi-la; as que estão determinadas, mas têm ainda algumas imperfeições; e as que, ao contrário, estão determinadas e avançam na vida espiritual, progredindo sempre até consegui-la[105]. A cada uma corresponde um método de oração apropriado a seu nível e à sua situação.

No capítulo sétimo, aborda as *coisas místicas* e trada da oração de quietude e de silêncio; da oração de arrebatamento e de colóquio familiar com Deus e da oração de união, que correspondem, respectivamente, aos três graus de oração. O primeiro é como o repouso que a alma consegue, pensando em Deus, sem o empenho de grande *esforço*; é uma graça que vai muito além da que comumente se oferece aos orantes. O segundo grau corresponde a uma oração que se caracteriza pelo fato de que se rompe o silêncio e a alma fala e opera ardentemente com relação a Deus. Enfim, se chega ao último grau, o da união, quando a alma "tem todas as suas faculdades em tal estado que ela pode com toda a sua força receber e abraçar Deus, que se faz presente"[106]. Cessam aqui todas as operações, as naturais e as que normalmente realizava com a ajuda da graça: a alma vive uma condição de paz e de repouso.

---

103. Cf. DE CERTEAU, M., Introduction, in: Surin, J.-J., *Guide spirituel*, 8.
104. Cf. ibid., também 50-61.
105. Cf. ibid., 165.
106. Cf. ibid., 287.

Todavia, é preciso distinguir entre uma oração (passageira) de união e um estado (contínuo) de união.

4.2.10. Jean Pierre de Caussade (1675-1751)[107]

O pe. De Caussade publicou durante a sua vida somente um livro, as *Instructions Spirituelles* (1741)[108], embora sejam mais conhecidas as publicações póstumas: *Lettres spirituelles* (em dois volumes, publicados respectivamente, em 1962 e 1964) e o *Traité sur l'oraison du coeur* (1981). A obra *L'abandon à la Providence divine* (1861), atribuída a De Caussade até pouco tempo atrás, considera-se claramente como não sua, visto que "o estilo e a inspiração desse tratado contrastam muito, em geral, com os das cartas tidas como autênticas e do *Trattato sulla orazione del cuore*, para que De Caussade possa ser considerado o seu autor"[109].

No ano em que De Caussade entrou para o noviciado, 1694, foi publicada a *Doctrine spirituelle*, de Lallemant. É difícil pensar não ter ele tido contato com ela, se se leva em consideração a efervescência do

---

107. Cf. ZAS FRIZ DE COL, R., La tradición mística ignaciana (II): Autores franceses de los XVI al XX, 331-333.
108. CAUSSADE, J.-P., *Bossuet maître d'oraison. Instructions spirituelles*. Segundo De Guibert, a finalidade do livro é clara: "constatant dans beaucoup de milieux spirituels de son temps une véritable défiance et même aversion pour tout ce qui est mystique, jusqu'à prendre ce mot lui-même en mauvaise parte, constatant aussi que chez beaucoup cette opposition à la mystique se prévaut de la grande autorité de Bossuet adversaire victorieux du quiétisme, Caussade veut montrer, en s'appuyant sur la fameuse *Instruction su les états d'oraison* du grand polémiste, que, s'il a combattu sans trêve la fausse mystique quiétiste, i a au contraire toujours hautement apprécié et énergiquement défendu la craie et authentique mystique catholique" (DE GUIBET, J., *La Spiritualité de la Compagnie de Jésus*, 427-428).
109. Cf. SALIN, D., Introduction, in: *L'Abandon à la Providence divine. Autrefois attribué à Jean-Pierre de Caussade*, 15. Cf. também MUCCI, G., Jean-Pierre de Caussade, 32-40; WRIGHT, W. M., Jean-Pierre de Caussade and the Caussadian Corpus, 193-224.

tema místico naquele momento. Olphe-Galliard estabelece vários pontos de contato entre De Caussade e os seus antecessores: o mais interessante para o nosso tema é o que põe em relação a contemplação passiva de Lallemant com a oração do coração de De Caussade[110]. Por essa razão, a obra de De Caussade tem uma especial autoridade e importância, porquanto ele é um autor que se situa na mesma linha de desenvolvimento místico apontada pelos seus confrades[111].

No ambiente no qual De Caussade escreveu, não se dava crédito à contemplação, especialmente diante dos acontecimentos do fim do século anterior, com a famosa controvérsia entre Bossuet e Fénelon, concluída com a condenação de Fénelon por parte do papa Inocêncio XII (1699). Como consequência disso, a produção literária dos autores jesuítas, na maioria favoráveis à opinião condenada, "de tal modo sentiu seus efeitos que as obras concernentes à oração deixam na sombra as questões referentes à oração contemplativa propriamente dita, ou, pelo menos, a abordam com discrição"[112].

Nas *Instructions*, De Caussade apresenta duas séries de diálogos, em linha com a doutrina de Bossuet: na primeira, trata do quietismo como falsa mística e da diferença em relação à verdadeira; na segunda apresenta uma série de advertências sobre a oração mística para ajudar aqueles que a praticam. Nos diálogos sétimo e oitavo da primeira parte, apresenta a oração passiva: define-a como uma ação de Deus diferente da ordinária, entendendo por ordinária a meditação que procede do próprio orante, mediante considerações discursivas e atos simples e diretos, como olhares interiores com os quais o coração repousa em Deus.

---

110. Cf. Olphe-Galliard, M., *La théologie mystique en France au XVIIIe siècle. Le Père de Caussade*, 21-27; Mucci, G., Lallemant e De Caussade nella Spiritualità della Compagnia di Gesù, 568-572.
111. Boland, A., Le Père Jean-Pierre de Caussade auteur mystique, 241, em que o autor afirma que De Caussade é um representante da tradição mística da escola de Lallemant, influenciada fortemente pela escola carmelitana.
112. Olphe-Galliard, M., *La théologie mystique en France*, 17.

Os fenômenos podem ser extraordinários, havendo assim uma oração passiva extraordinária; de outro modo, tem-se uma oração passiva ordinária, a oração que Santa Teresa chamava de oração de quietude ou de simples recolhimento, citando São João da Cruz e Baltasar Álvares como autoridades a respeito[113].

O tema é retomado na segunda série de diálogos das *Instructions* que correspondem ao *Traité sur l'oraison du coeur*[114]. Nela explicita ainda mais a oração de repouso:

> Portanto, é nessa oração que Deus é verdadeiramente adorado e amado de coração, em espírito e verdade, como diz Jesus Cristo. Por isso, todos os místicos afirmam que esse modo de orar não é senão um puro exercício de verdadeira caridade; consequentemente, ela contém tudo o que é preciso fazer para agradar a Deus e para progredir nos caminhos da perfeição[115].

4.2.11. Da supressão da Companhia a Auguste Poulain (1773-1919)[116]

Pouco mais de vinte anos após a morte de De Caussade, inaugura-se uma nova era na Europa, com o estouro da Revolução francesa, precedida pela supressão da Companhia. Depois desses acontecimentos, o tema da contemplação entra em letargia, para despertar timidamente com a restauração da Companhia.

---

113. Cf. DE CAUSSADE, J.-P., *Bossuet maître d'oraison*, 61-62.
114. Para uma maior explicação sobre a correspondência das duas obras, cf. a introdução de M. Olphe-Galliard, in: CAUSSADE, J.-P., *Traité sur l'oraison du coeur. Instructions spirituelles*, 9-22.
115. DE CAUSSADE, J.-P., *Bossuet maître d'oraison*, 228.
116. Cf. ZAS FRIZ DE COL, R., La tradición mística ignaciana (II): Autores franceses de los XVI al XX, 333-338.

Entre os jesuítas que vivem a supressão e, em alguns casos, sobrevivem a ela, têm particular importância por sua perspectiva contemplativa e sua produção literária os franceses Jean Nicolas Grou (1731-1803) e Pierre de Clorivière (1735-1820)[117]. Ambos se inspiram na mesma fonte: Lallemant e Surin. As obras de Grou são publicadas postumamente e, entre elas, temos de mencionar *L'école de Jésus-Christ* (1885), *Manuel des âmes intérieurs* 1909) e *Méditations en forme de retraite sur l'amour de Dieu* (1918). De Clorivière é um contemplativo por experiência, pois gozava da graça da contemplação infusa, e é conhecido por suas *Considérations sur la prière et l'oraison* (178) e *Notes intimes de 1763 à 1773* (1935).

O trabalho dos Gerais da Companhia imediatamente depois da restauração pode ser comparado ao dos primeiros Gerais após Santo Inácio: eles concentram sua preocupação em estabelecer e promover *a autêntica tradição espiritual* da Companhia, na figura do pe. Brzozowski (1814-1820), antes, e do pe. Fortis (1820-1829), depois. No que diz respeito aos autores espirituais, De Guibert observa: "Um traço comum entre os primeiros cinquenta anos da Companhia, de 1540 a 1590, e os cinquenta ou sessenta anos após a restauração é o exíguo número de importantes obras de espiritualidade compostas por jesuítas durante esse tempo"[118].

A partir dos anos 60 e 70 do século XIX, começa-se a publicar novamente autores importantes anteriores à supressão, mas as obras originais são poucas[119].

Durante o generalato do pe. Roothaan, sucessor de Fortis, de 1829 a 1853, realiza-se uma tradução latina do livro dos *Exercícios* (1835, revista várias vezes até 1852), com a qual se estabelecem as bases para

---

117. Cf. DE GUIBERT, J., *La Spiritualité de la Compagnie de Jésus*, 452-454 e 445-448, respectivamente.
118. Ibid., 503.
119. Cf. ibid.

um estudo e uma prática renovados dos *Exercícios*, pois, segundo parecer de Roothaan, a ineficácia na aplicação do método e na obtenção dos frutos dos *Exercícios* derivava da falta de conhecimento e de aprofundamento do próprio texto. Nessa situação institucional situa-se a sua carta de 27 de dezembro de 1834 sobre *Lo studio e l'uso degli Esercizi spirituali*, no qual se exprime a ideia ainda hoje difundida segundo a qual a tradição inaciana é ascética e não mística, ou seja, centrada na abnegação voluntarista e na oração da meditação das três potências. Da afirmação do pe. Roothaan, que vê como fonte maior e eficácia de crescimento no espírito e na santidade o fazer e dar bem os *Exercícios* ensinados por Santo Inácio, segue-se que é preciso incentivá-los, principalmente pelo fato de que são fáceis e vantajosos:

> Sabemos que muitíssimos dos Nossos [...] costumavam passar horas inteiras na meditação, sem o mínimo enfado e com grandíssimo fruto. Com efeito, o que há de mais fácil do que aplicar com certa ordem à verdade da fé as potências da alma, a memória, o intelecto e a vontade? Que exercício é mais agradável do que meditar os mistérios da vida e da paixão de Jesus Cristo Senhor nosso, contemplando as pessoas e considerando distintamente os ditos e fatos como se apresentam neste ou naquele mistério? Que outro meio conduz melhor ao conhecimento de si mesmo e a se emendar dos próprios vícios e defeitos do que os dois exames propostos pelo Santo Pai com tanta simplicidade de palavras e que podem ser postos em prática com facilidade por qualquer um, desde que não lhe falte a boa vontade?[120]

A valorização dos métodos de oração e dos outros exercícios propostos nos *Exercícios*, que Roothaan estende por várias páginas, conclui-se ao dizer que:

---

120. *Lettere dei Prepositi Generali della Compagnia di Gesù*, 55.

> *é necessário advertir e ter continuamente diante dos olhos que toda a doutrina dos Exercícios espirituais se resume no estudo de uma verdadeira e perfeita abnegação de nós mesmos.* [...] Portanto, tudo, enfim, se resolve com a própria abnegação, que se manifesta em tudo e em cada uma das suas partes naquele maravilhoso trabalho que é o livro dos *Exercícios*. Aqui, o nosso bem-aventurado Pai não nos prescreve nem nos dá preceitos de alta e sublime contemplação e de extraordinária união com Deus. Ensina, antes, a dispor a alma; mas essa disposição consiste toda ela pincipalmente no que eu dizia, a abnegação de nós mesmos. Com que finalidade se fazem os *Exercícios*? Demos ouvidos a ele próprio, que assim se expressa no título do seu livro: *a fim de que o homem vença a si mesmo e ordene a sua vida sem nenhuma afeição desordenada, que não seja bem ordenada.* [...] Por essa via, digo, e não por outra, a maior parte dos nossos primeiros padres, que ordinariamente naqueles primeiros tempos não aprendiam em outro lugar senão nos *Exercícios espirituais* a forma e o espírito da vida religiosa que levavam na Companhia, cultivando entusiasmo e coragem e se dando a uma generosa e constante abnegação de si mesmo, conseguiram em breve espaço de tempo uma insigne perfeição e colheram na Igreja de Deus aquele copiosíssimo fruto do qual também nós, depois de três séculos, participamos e gozamos[121].

Será preciso esperar os inícios do século XX para ver renascer a discussão sobre a oração, a contemplação e a mística, em continuidade com a tradição anterior da qual De Caussade fora uma das últimas testemunhas. Entre os primeiros que emergem, recordamos René de Maumigny e Auguste Poulain.

René de Maumigny (1837-1918), com a sua *Practique de l'oraison mentale* (I: *Oraison ordinaire*; e II: *Oraison extraordinaire*), de 1905, é

---

121. Ibid., 57. Itálicos do autor.

um dos primeiros a retomar o tema da mística/contemplação. No primeiro volume trata da oração mental, a meditação, a oração afetiva e as dificuldades que se encontram na oração, bem como as virtudes e a devoção, para concluir com um capítulo em que explica pormenorizadamente os métodos de oração contidos nos *Exercícios espirituais*. Nas primeiras linhas do capítulo final, afirma: "como eu disse no prefácio, esta sexta parte não é a completude necessária das partes anteriores, porque se pode muito bem fazer oração mental sem conhecer os vários métodos ensinados por Santo Inácio no livro dos *Exercícios*"[122].

No segundo volume trata da oração mental extraordinária. Enquanto a oração mental ordinária se chama meditação e é ativa, porque a luz e o amor se adquirem mediante atos mais ou menos trabalhosos do intelecto e da vontade, a extraordinária se diz oração contemplativa passiva porque se recebem a luz e o amor diretamente de Deus. Se a meditação é natural, no sentido de que a graça eleva o intelecto e a vontade, conservando suas operações, a contemplação é sobrenatural, porque a graça eleva a natureza de modo que o intelecto conhece e a vontade ama de modo superior à via ordinária. Somente a oração extraordinária se chama *mística*. Continuando, o autor faz uma observação importante: "A contemplação passiva ou extraordinária não deve absolutamente ser confundida com a contemplação ativa ordinária, da qual se falou no primeiro tratado"[123]. Desse modo, é claro que, para o autor, os métodos de oração inacianos contidos nos *Exercícios* correspondem à oração mental ordinária, chamada de meditação ativa, e são distintos da contemplação passiva.

Se nesse contexto se recorda a controvérsia sobre a contemplação surgida entre Antonio Cordeses e Baltasar Álvarez, de um lado, e o Geral da Companhia na época, Everardo Mercuriano, de outro, e se recorda a *solução* no seu sucessor, Claudio Acquaviva, então a clareza da

---

122. DE MAUMIGNY, R., *Oraison ordinaire*, 187.
123. Id., *Oraison extraordinaire*, 10.

exposição de Maumigny, que nos inícios do século XX pode parecer uma obviedade, representa, na verdade, uma conquista histórica no desenvolvimento da tradição inaciana, por dois motivos: em primeiro lugar, porque apresenta os métodos inacianos de oração como métodos ordinários entre tantos outros; em segundo lugar, porque considera aqueles métodos não *contemplativos*, ou seja, *passivos*, e não mais apropriados para aqueles que estão progredindo na vida de ração, tendo superado a primeira etapa dos principiantes.

No que diz respeito à obra de Auguste Poulain (1836-1919), *Des grâces de oraison: Traité de Théologie Mystique*[124] (com dez edições de 1901 a 1923), o autor distingue na primeira parte vários graus de oração, divididos em duas grandes categorias: a oração ordinária e a extraordinária (ou contemplativa). A diferença fundamental entre as duas é que o orante não pode pronunciar uma oração extraordinária por sua vontade, diferentemente da ordinária para a qual concorrem a vontade, o intelecto ou a memória. Assim, ordinariamente, podem ser feitos atos de fé, esperança e amor, mas não se pode induzir uma aparição do Senhor ou profetizar em seu nome, a menos que Deus intervenha de modo especial. A teologia mística estuda esses modos extraordinários, que podem ser considerados *místicos*, no sentido de que diferem dos normais atos produzidos voluntariamente apenas por sua intensidade e duração[125].

Os graus da oração ordinária são: a oração vocal, a meditação (chamada também de metódica ou discursiva), a oração afetiva e a oração de simplicidade. Poulain trata diretamente das últimas duas. Segundo

---

124. Para ter uma ideia do significado desse livro, em termos de recuperação não só da memória da tradição mística inaciana, mas também de própria tradição mística da Igreja, basta percorrer os títulos das seis partes em que Poulain divide a sua obra: 1. Questões preliminares da mística; 2. Noções gerais sobre a união mística; 3. Estudo de cada grau da união mística; 4. Revelações e visões; 5. Provas enviadas aos contemplativos; 6. Questões complementares à mística.
125. Cf. POULAIN, A., *Des grâces de oraison*, 2.

o autor, a *oração afetiva* define-se como uma oração mental na qual a afetividade tem maior espaço e intensidade com relação às considerações e aos raciocínios, sem que, por isso, estejam ausentes; em geral, há uma ideia dominante, em torno da qual se alimentam os afetos. Na realidade, não se diferencia da meditação senão pela sua intensidade afetiva e o menor número de ideias: a intuição substitui a dedução, produzindo uma simplificação intelectual[126].

Quando essa simplicidade passa do intelecto à vontade produz-se a oração de simplicidade ou de simples olhar: a intuição toma o lugar dos raciocínios, e os afetos e as decisões são frequentemente os mesmos e encontram expressão em poucas palavras. Trata-se de um pensamento/sentimento que se manifesta com muita facilidade, prevalecendo sobre outros, sem ser contínuo, pois é de grau mais intenso que a oração afetiva e indica uma maior ação de Deus[127].

A décima edição da obra *Des grâces de oraison*, póstuma, de 1923, tem uma introdução de J.V. Bainvel, que retoma as distinções feitas com o acréscimo de algumas observações. Assim, por exemplo, indica que Poulain evita o termo *passivo*, porquanto equívoco, que, segundo Bainvel, seria necessário resgatar pelo seu uso na tradição e porque especifica melhor a distinção entre a oração ordinária (ascética) e a extraordinária (mística)[128]. Bainvel explica também que o termo *contemplação*, como é usado por Santo Inácio nos *Exercícios*, indica uma oração ordinária e ativa, diferente da meditação, porque não se concentra no meditar, mas no olhar, no escutar e, sobretudo, no refletir para dela tirar proveito. De outra parte, não é preciso ver na meditação simplesmente um discorrer da razão, pois nela também se observa, se reflete, se gosta e se dá uma aplicação às verdades contempladas[129].

---

126. Cf. ibid., 8-9.
127. Cf. ibid., 9-10.
128. Cf. BAINVEL, J. V., *Introduction a la 10ᵉ édition Des Grâces de Oraison du R. Père Poulain*, XVI, nota 1.
129. Cf. ibid., nota 2.

Particular importância assumem os trabalhos de Jerónimo Seisdedos (1847-1923) – como os seus *Estudios sobre las obras de S. Teresa* (Madri, 1886) e os seus cinco volumes dos *Principios fundamentales de la mística* (Madri, 1913-1919) – pela recuperação e a reavaliação da investigação da mística no âmbito espanhol; de grande importância também é a revista *Manresa* (fundada em 1925) pela qualidade e a continuidade do seu trabalho ao longo dos anos, em torno do qual giram ilustres estudiosos da tradição inaciana, muitos dos quais estabeleceram os fundamentos dos *Monumenta Historica Societatis Iesu*. Para citar somente alguns deles: C. M. Abad, J. Calveras, I. Casanovas, A. Codina, P. Leturia, M. Nicolau, J. Rovira, E. Hernández, J. M. Granero, T. Arellano, R. García Villoslada, J. Iturrioz, C. Dalmases, I. Iparraguirre e A.M. de Aldama[130].

4.2.12. Joseph de Guibert (1877-1942)[131]

A segunda edição da tradução italiana da obra de Poulain é acompanhada por uma introdução de Joseph de Guibert. Nela, Guibert estabelece uma relação entre a problemática mística daqueles anos (conhecida como a *questão mística*) e as discussões do fim do século XVII, "aquele tempo magnífico, tão apaixonado quanto o nosso pela 'vida interior'"[132].

---

130. Para este item, cf. Zas Friz de Col, R., La tradición mística ignaciana (II): Autores franceses de los XVI al XX, 341.
131. Cf. ibid., 338-341.
132. De Guibert, J., Introduzione, in: Poulain, A., *Delle Grazie d'Orazione*, XIX. Em síntese, para ter uma ideia da problemática mística daqueles anos, a maior parte dos autores afirma que a contemplação mística está *simplificada* com relação à oração mental discursiva (meditação). Todavia, De Guibert insiste em perguntar: "Mas qual é o elemento original e característico que distingue tal contemplação das orações puramente ascéticas? Que, entre aquelas e estas, haja ou não haja *continuidade*, pois todos admitem uma distinção, uma *passagem*, o que é que identifica essencialmente essa passagem?" (ibid., XXI, itálicos do autor). E mais adiante (ibid., XXIV, itálico do

De Guibert fundou em 1918 a *Revue d'Ascétique et de Mystique* e foi um dos primeiros diretores do *Dictionnaire de Spiritualité* (1932). Escritor prolífico, além de ser um renomado teólogo, renovou, graças a seu trabalho como docente, a *teologia ascética e mística* numa nova síntese: a teologia espiritual. Ocupou essa cátedra na Universidade Gregoriana de 1922 até sua morte[133]. É lembrado principalmente pela sua obra monumental *La Spiritualité de la Compagnie de Jésus* (Roma, 1953). O seu livro é uma espécie de balanço da tradição inaciana desde a sua fundação até a Segunda Guerra Mundial.

Na última parte da citada obra, De Guibert sistematiza alguns dos pontos mais importantes da sua pesquisa. Afirma que, embora os *Exercícios não cubram toda* a tradição inaciana, são, todavia, sua *raiz*: representam uma escola de oração que introduz à vida espiritual, que deve ser acompanhada sempre pela abnegação pessoal. Não é possível se unir a Deus, à sua vontade, se não há renúncia aos próprios interesses, junto com uma dedicação sistemática à vida de oração, consideradas ambas não como fins da vida cristã, mas como meios para garantir o serviço divino.

Quanto à prática da oração, De Guibert considera grave o erro muito frequente de considerar o método das três potências como um modo de orar típico de Inácio, porque é um dos tantos e nem é o mais utilizado[134]. Reconhece que autores importantes consideraram a oração mental quase exclusivamente como meditação das três potências, identificando-as e, assim, influenciando muitos outros jesuítas, que, por sua

---

autor): "Dada a distinção admitida por todos entre a contemplação mística e as orações mentais inferiores ou, pelo menos, diferentes, em que momento a alma supera os *umbrais* daquele modo novo? Entre as formas de oração, descritas pelos autores espirituais, quais são as que devem figurar sob essa denominação geral de orações contemplativas, místicas?".

133. Cf. DE GENEC, H.; DUCLOS, P., Guibert, Joseph de, 1839-1840; MUCCI, G., Bibliografia del P. De Guibert, in: *La Spiritualità de la Compagnia di Gesù*, *15-*17.
134. Cf. DE GUIBERT, J., *La Spiritualité de la Compagnie de Jésus*, 548-549.

vez, divulgaram essa ideia. Todavia, a contemplação infusa, bem como a contemplação adquirida e a oração afetiva ou de simplicidade foram experimentadas e praticadas frequentemente pelos jesuítas e não são estranhas à tradição espiritual inaciana[135].

No que diz respeito à contemplação infusa, De Guibert atribui sua origem à tradição jesuítica, em particular ao próprio Santo Inácio, o qual conhecia as ilusões que podem haver na vida de oração. Para evitá-las, é preciso manter certa *reserva crítica*, a qual assumiu um ar familiar. Essa atitude, porém, deve ser circunstanciada aos fenômenos extraordinários e não deve ser estendida com facilidade à oração afetiva, de simplicidade e, em geral, a toda a gama intermédia, que vai da meditação à contemplação infusa. O autor ressalta que não há nenhuma militância anticontemplativa na vida da Companhia e que a acusação de Henri Bremond de assumir um estilo ascético[136] *não tem fundamento*[137].

4.2.13. Depois do Vaticano II

A partir do Vaticano II, emergem vários autores que tratam de temas contemplativos ou místicos, entre os quais Pierre Teilhard de Chardin (1881-1955), o qual, embora tenha falecido alguns anos antes do Concílio, pode ser incluído aqui por sua produção póstuma. Delas se mencionam alguns títulos: *Le milieu divin. Essai de vie intérieure* (1957), *Science et Christ* (1965), *Comment je crois* (1969), *Le coeur de la matière* (1976). Imediatamente antes do Concílio, temos de nos lembrar de Hugo Rahner (1900-1968), com os seus estudos sobre Inácio e a tradição inaciana (*Ignatius von Loyola und das geschichtliche Werden seiner Frömmigkeit*,

---

135. Cf. ibid., 549.
136. Cf. ibid., 560-561.
137. Sobre o pormenor, cf. também Zas Friz de Col, R., L'autentica spiritualità ignaziana, 392-402.

1947; *Ignatius von Loyola. Briefwechsel mit Frauen*, 1956; *Ignatius von Loyola als Mensch und Theologe*, 1964).

Karl Rahner (1904-1984) é considerado hoje não só como teólogo sistemático, mas também como crente que pensou a fé a partir da experiência inaciana, integrando reflexão teológica e experiência espiritual (*Grundkurs Des Glaubens*)[138]. Michel de Certeau (1925-1986) comenta místicos jesuítas como Fabro e Surin, e interpreta a história mística da Companhia: *La posesion de Loudun* (1970); "La réforme de l'intérieur au temps d'Acquaviva" e "Le 17ᵉ siècle français" no verbete "Jésuites" do *Dictionnaire de Spiritualité* (1971); *La fable mystique, XVIᵉ e XVIIᵉ siècle* (1982). Por sua vez, Gaston Fessard (1987-1978) publica *Dialectique des Exercices Spirituels de S. Ignace de Loyola* (3 volumes, 1956-1984).

Anthony de Mello (1931-1987) dedica-se, a partir do ano 1972, a um amplo trabalho com a fundação do instituto *Sadhana*. No ano de 1978, publica em inglês seu primeiro livro, *Sadhana: a way to God*, depois traduzido para diversas línguas, ao qual seguem outras publicações que o tornam muito requisitado para retiros e encontros, contribuindo não pouco para estabelecer uma ponte entre a tradição cristã do Ocidente e a não cristã do Oriente, um dos seus principais objetivos pastorais.

Franz Jalics (1927-2021), falecido há pouco tempo, foi um jesuíta húngaro. Terminada a sua formação, transferiu-se para a Argentina, onde se dedicou à vida acadêmica e, num segundo momento, ao serviço pastoral num bairro popular de Buenos Aires. Depois dessa experiência rica e difícil, concomitante com a ditadura argentina dos anos 1970, transferiu-se, em 1978, para a Alemanha. Desenvolveu e ensinou lá os seus exercícios contemplativos, dados como síntese da sua experiência cristã e inaciana, quer pessoal, quer como diretor espiritual. Sem sombra de dúvida, pode ser considerado um mestre da oração contemplativa inaciana. Escreveu muitas obras, traduzidas para várias línguas. Em italiano podem ser consultadas: *Il cammino nella fede*; *Come pregare oggi*;

---

138. Cf. GAN, H. D., Karl Rahner (1904-84) and His Mystical Theology, 310-334.

Impariamo a pregare; *Preghiera silenziosa e accompagnamento spirituale*. *Radici evangeliche*; *Esercizi di contemplazione*.

Henri de Lubac (1896-1991) estuda a mística (*Mystique et Mystère chrétien*)[139] e H. U. von Balthasar (1905-1988) se dedica também a estudos sobre temas espirituais (por exemplo: *Verbum Caro*, de 1968). Charles-André Bernard (1923-2001) dá impulso aos estudos místicos, como demonstram a sua trilogia – *Il Dio dei mistici*: I. *Le vie dell'interiorità* (1996), II. *La conformazione a Cristo* (2000), III. *Mistica e azione* (2004) – e a sua *Teologia mistica* (2005), junto com a última edição de 2001 da sua *Teologia spirituale*.

Com o novo milênio, desenvolve-se um novo interesse pela contemplação/mística na tradição inaciana. No ano de 2000, o centro Sèvres das faculdades jesuítas de Paris dedica um encontro à atualidade da mística inaciana[140] e, em 2004, publica um livro na coleção fora de série da revista *Christus*, dedicado à mística inaciana[141]. Em 2011, Dominique Salin publica uma nova edição da *Doctrine spirituelle*, de Louis Lallemant e, em 2016, Tibor Bartók prossegue um estudo sobre o mesmo autor[142]. O *Grupo de Espiritualidad Ignaciana* (GEI), criado no ano 2000, reúne teólogos espirituais jesuítas da Espanha e da Itália e publica, além do *Diccionario de Espiritualidad Ignaciana*, dois números da revista *Manresa* dedicados à mística: "A mística ignaciana (I): tradición de una novedad", n. 4 (2004) e "La mística ignaciana (II): novedad de una tradición", n. 4 (2005). Do mesmo grupo publicou-se recentemente o livro *Escritos esenciales de los primeros jesuitas. De Ignacio a Ribadeneira*,

---

139. Cf. Prevot, A., Henri de Lubac (1896-1991) and Contemporary Mystical Theology, 278-309.
140. *Actualité de la mystique ignacienne. Colloque 20 & 21 octobre 2000*.
141. *La mystique ignacienne. Une tradition vivante*. Esse livro apresenta um panorama antológico da mística inaciana, de santo Inácio a Clorivière, com breves introduções a diferentes autores, muitos dos quais coincidem com os já mencionados nas páginas anteriores.
142. Bartók, T., *Un interprète et une interprétation de l'identité jésuite: le père Louis Lallemant et sa "Doctrine spirituelle" au Carrefour de l'histoire, de l'analyse institutionnelle et de la pensée d'auteurs jésuites antérieurs et contemporains*.

uma antologia de textos espirituais, cujos autores são citados em grande parte nesse trabalho[143].

No âmbito anglófono, convém mencionar *A Companion to Jesuit Mysticism*, editado por Robert A. Maryks em 2017, e as publicações da revista editada pelos jesuítas ingleses, *The Way*, que dedica um suplemento ao tema em 2002[144].

Enfim, temos de nomear a revista on-line *Ignaziana* (ignaziana.org), editada atualmente pelo Centro di Spiritualità Ignaziana, da Pontifícia Universidade Gregoriana, na qual foram publicados também artigos ligados a personagens e temas contemplativos[145].

4.3. Síntese conclusiva

Para De Guibert é claro que "os jesuítas não foram chamados em função da própria vocação, como os carmelitas, a se tornarem na Igreja

---

143. GRUPO DE ESPIRITUALIDAD IGNACIANA (GEI), *Escritos esenciales de los primeros jesuitas. De Ignacio a Ribadeneira*, Huarte (Navarra), Grupo de Comunicación Loyola/Universidad de Comillas, ²2017.
144. No suplemento encontram-se os seguintes artigos: VAN CAMPEN, A., The Mystical Way of Images and Choice; DEMOUSTIER, A., Ignatian Contemplation and the Contemplative; JALICS, F., The Contemplative Phase of the Ignatian Exercises; ÁLVAREZ B., Beyond the Train of Ideas, 43-54; MELLONI, J., The Spiritual Exercises and the Spirituality of the East; SALIN, D., Methods for Sancho Panza: Henri Bremond and the Interpretation of the Ignatian Exercises; ENDEAN, PH., The Concept of Ignatian Mysticism: Beyond Rahner and De Guibert; SUDBRACK, J,. Finding God in All Things: Christian Contemplation and the Ignatian Exercises; ROBERT, S., Union with God in the Ignatian Election. Bibliografia anglófona sobre o tema: CAROL, P., Moving Mysticism to the Centre: Karl Rahner (1904-1984); COUTINHO, P., *An Ignatian pathway: experiencing the mystical dimension of the spiritual exercises*; EGAN, H., *The Spiritual Exercises and the Ignatian Mystical Horizon. Foreword by Karl Rahner*, Id., *Ignatius Loyola The Mystic*; Id., *Karl Rahner: Mystic of Everyday Life*; Id., The Mystical Theology of Karl Rahner; SACHS, J. R., Ignatian Mysticism; SHANON, PH., Mysticism and Ecology: Ignatian Contemplation and Participation.
145. Pode-se consultar em <www.ignaziana.org> e baixar gratuitamente os números ou os artigos da revista.

doutores da contemplação infusa e a concentrarem nela toda a sua espiritualidade"[146]. Todavia,

> tendo como fundador um grande místico, favorecidos amplamente eles próprios pelos dons da contemplação infusa, chamados por sua vocação particular a dirigir muitas almas que receberam esses mesmos dons, eles não se mantiveram estranhos à grande corrente da tradição mística católica nem, muito menos, se mostraram hostis a essa corrente[147].

Assim, "é impossível atribuir à Companhia, no todo, uma atitude antimística"[148].

O exercício de memória proposto neste longo número 4 é útil a fim de constatar que, no correr dos séculos, houve sempre uma constante tentativa de diálogo e de compreensão da tradição contemplativa cristã por parte dos inacianos, pressuposto necessário para as considerações que seguem.

5. A Companhia de Jesus e o problema contemplativo do fim do século XVI e dos inícios do século XXI

Segundo Melquíades Andrés, Santo Inácio e a Companhia nascem para a vida eclesial oficial em 1540, quando o século de ouro da mística espanhola é ainda jovem e está em crise[149]. De fato, a "democratização da perfeição cristã"[150] iniciada nos anos oitenta do século anterior, com

---

146. DE GUIBERT, J., *La Spiritualité de la Compagnie de Jésus*, 564.
147. Ibid.
148. Ibid., 559.
149. Cf. ANDRÉS, M., *Historia de la mística*, 66-72.
150. Ibid., 67.

a chamada mística do *recogimiento*, comporta a aparição de grupos de leigos espirituais (*alumbrados*, erasmianos, luteranos, *recogidos*) que produzem uma forte crise de identidade espiritual em todos os níveis da Igreja, especialmente nas ordens religiosas, entre as quais a nascente Companhia.

Assim, por exemplo, durante o generalato de Francisco de Borja (1565-1572), iniciado apenas nove anos depois da morte de Inácio, ocorrida em 1556, surge o problema da formação dos jovens estudantes jesuítas e, em especial, de como e quanto devam orar os escolásticos durante seu período de formação. A resposta é agora simples – uma hora ao dia de oração, seguindo os métodos propostos no livro dos *Exercícios* –, mas para chegar a esse tempo foi preciso enfrentar uma situação delicada levantada por dois jesuítas, como já indicado antes (cf. supra, 4.2.3. e 4.2.4.).

In primis, discutiu-se sobre o modo de orar contemplativo do pe. Antonio Cordeses (1518-1601), como atesta a carta do pe. Borja, de 1570, à qual se segue uma segunda, do seu sucessor, Mercuriano, quatro anos mais tarde (1574). Nessas cartas, Cordeses foi chamado à atenção, porque difundia entre os jesuítas modos e métodos de oração diferentes dos indicados nos *Exercícios espirituais*[151]. Com efeito, para Mercuriano, segundo De Guibert,

> corre-se o risco de induzir as almas a se desviarem do que pode perturbar esse repouso, ou seja, as obras de zelo, fim próprio da Companhia. [...] Portanto, não se deve ensinar essa oração contemplativa: se Deus quer elevar alguém, ele é senhor para o fazer;

---

151. "E, portanto, aqui se julga conveniente que, ainda que algumas coisas das que V. R. [o pe. Cordeses] trata em seu modo da oração sejam boas, nem o modo nem alguns termos que usa convêm a nosso Instituto e, portanto, não deverão ser ensinadas aos nossos" (Carta al P. A. Cordeses, S.J., in: ASTRAIN, A., *Historia de la Compañía de Jesús en la Asistencia de España*, III, 186-189, apud GEI, *Escritos esenciales de los primeros jesuitas*, 821).

mas não devemos antecipar a sua ação; temos de nos limitar a ensinar as formas de oração contidas nos *Exercícios*[152].

Em segundo lugar, durante o generalato do pe. Mercuriano, contestam-se os métodos de oração do pe. Baltasar Álvarez (1535-1580), chegando-se a proibir seu uso[153]. Para conservar, segundo a sua intepretação, uma autêntica fidelidade *espiritual* ao fundador, Mercuriano envia a toda a Companhia uma carta que indica o próprio futuro da comunidade, estabelecendo que

> entre os autores espirituais há alguns que, apesar de sua piedade, parecem menos adequados ao espírito do nosso Instituto; não se deve, portanto, permitir a leitura deles sem regra e sem discernimento (*passim e sine delectu*): os autores mencionados são João Taulero, Ruusbroec, Henrique Suso, o *Rosetum* [Juan Mombaer], Enrique Herp, Raimundo Lúlio, o *Arte de servir a Dios* [Alonso de Madri], as obras de Gertrudes e de Matilde, e outras do mesmo gênero[154].

---

152. DE GUIBERT, J., *La Spiritualité de la Compagnie de Jésus*, 213.
153. "Finalmente, a vontade da obediência é que não somente V. R. [o pe. Álvarez] mostra mais estima e afeição ao modo de oração dos *Exercícios* do nosso pe. Inácio, mas que a prefere a qualquer outra diferente, seguindo em tudo a de nosso Instituto para si e para os outros com quem lida; e, também, é vontade de nosso pe. Geral, de acordo com a ordem da providência divina, que, se alguma orientação, com o tempo, tivesse de ser dada aos exercícios espirituais e ao modo de oração, isso deveria ser enviado de Roma às províncias, e não ao contrário, segundo a regra de que ninguém deve querer se guiar por sua própria cabeça, mas pela de quem consideram em lugar de nosso Senhor; portanto, sem ordem expressa de nosso Padre, nem V. R. nem para si nem para outro pode usar de modo diferente o escrito e contido em nosso Instituto, no qual não só se inclui a meditação, mas também se ensina como se deve exercitar a contemplação para a maior glória divina e conseguir o fim de nossa Companhia e vocação" (Avisos del P. Avellaneda, visitador en España, al P. B. Álvarez, aprobados por el P. Mercuriano, in: ASTRAIN, A., *Historia de la Compañía de Jesús en la Asistencia de España*, III, 194 ss., apud GEI, *Escritos esenciales de los primeros jesuitas*, 822-823.)
154. Ibid., 207. Itálico e parêntesis do autor.

Para uma mudança de rota será preciso esperar o sucessor de Mercuriano, o padre Acquaviva.

Para suavizar a severidade do pe. Mercuriano ao tratar dos métodos contemplativos (cf. supra, 4.2.3. e 4.2.4.), intervém o seu sucessor, pe. Claudio Acquaviva (1543-1615, Geral de 1581 a 1615), eleito Geral no ano seguinte à morte de Álvarez. Ele adota uma atitude muito mais conciliadora do que a do pe. Mercuriano e concede maior liberdade a respeito do ponto em questão. Decerto, não promove oficialmente na Companhia métodos diferentes dos inacianos, do livreto dos *Exercícios*, mas tampouco os impede. Escreve assim no dia 8 de maio de 1590, na sua carta sobre a oração e a penitência, dirigida a toda a Companhia:

> Com relação ao modo e à matéria da oração, não parece necessário prescrever um ou outro tema, esta ou aquela maneira de meditar a homens que fizeram tantas vezes os *Exercícios espirituais* e que, pela prática, adquiriram facilidades de se unirem a Deus na oração. Por isso, o Espírito do Senhor, que se difunde com grandíssima liberalidade e tem vias e modos infinitos para iluminar as mentes e os corações, unindo-os estreitamente a si, não deve estar vinculado e quase obrigado aos limites de certas restrições: "e nós temos de cooperar, mas não ir além do magistério divino", como dizia a esse propósito, com não menos espírito do que prudência aquele homem de venerável memória, o pe. Nadal. Seria uma coisa inconveniente e contrária às leis da prudência obrigar os da Companhia à contemplação dos mistérios da unidade trinitária e da natureza divina e dos atributos desse ser sumo e perfeitíssimo; igualmente, seria sumamente absurdo proibi-la a alguém, como se isso suscitasse aversão a nosso Instituto[155].

---

155. *Lettere dei Prepositi Generali della Compagnia di Gesù*, I, 92-93. Para uma avaliação histórica do seu generalato, cf. FOIS, M., Acquaviva, Claudio, 1614-1621.

E embora reconheça a possibilidade de abusos na oração contemplativa,

> Não é por esse motivo, porém, contra a verdade e a experiência de todos os santos, que tenhamos de desprezar a contemplação ou de a proibir aos nossos. Pois é coisa certa e comprovada pelo sentimento e desejo de muitíssimos Padres que a verdadeira e perfeita contemplação tem uma virtude muito mais eficaz do que qualquer outro gênero de meditação para dobrar a soberba do homem, para o tornar disponível às indicações da obediência, se fosse indolente, e para entusiasmá-lo, se fosse tíbio, no zelo para promover a salvação das almas[156].

Não obstante a abertura da posição oficial, todavia, não se promovem na Companhia modos de oração diferentes dos contemplados nos *Exercícios espirituais*. Essa atitude é compreensível no contexto histórico da segunda metade do século XVI, correspondente às primeiras décadas de vida da nova instituição, depois da morte do Fundador[157]. Procura-se, então, uma identidade eclesial própria da Companhia, um estilo presbiteral, religioso e apostólico novo na Igreja, em contraste com a tradição religiosa dominante, na qual a vida contemplativa estava solidamente enraizada. Por esse motivo, impõe-se cautela em eliminar os obstáculos à vocação apostólica do jesuíta: de fato, uma vida dedicada à união com Deus, à introspecção e ao afastamento do que é exterior e sensível não reflete o ideal na vida apostólica do jesuíta[158].

---

156. Ibid., 93.
157. Philip Endean quebra lanças por Mercuriano de modo muito profissional, procurando equilibrar um juízo sobre o Geral muito crítico na tradição inaciana sobre o modo como reagiu sobre o assunto da oração contemplativa (cf. The Strange Style of Prayer, 351-387). Todavia, não se pode negar que as consequências de sua atitude marcaram profundamente o futuro da orientação *contemplativa* da Companhia de Jesus e sobre o modo de interpretar *ortodoxamente* a *autêntica* espiritualidade inaciana.
158. Cf. ASTRAIN, A., *Historia de la Compañía de Jesús en la Asistencia de España*, III, 207-208.

Esses fatos, especialmente a orientação interna da Companhia, explicam a herança transmitida às gerações posteriores dos jesuítas e favoreceram sua fama anticontemplativa. A respeito, temos de pôr em destaque o peso da atitude de Santo Inácio na contemplação: "Estima profunda pelos 'santíssimos dons' de Deus, mas uma estima que não chegue até fazer dos estados místicos a condição necessária da perfeição; grande limitação no falar a respeito; temor das ilusões"[159]. A tradição inaciana, com efeito, não rejeita a oração contemplativa, mas com relação a ela manteve *por formação* e *por tradição* uma atitude de tal modo cautelosa a ponto de se tornar ela uma característica do estilo inaciano.

Nesse sentido, é útil aprofundar o tema para esclarecer a influência da situação descrita sobre a vida da Companhia no contexto pós-cristão moderno.

5.1. As duas grandes correntes inacianas do século XVI e a reflexão da questão hoje

A problemática do século XVI está focada na fidelidade aos métodos de oração presentes nos *Exercícios*, nos quais se espelha a fidelidade ao Fundador, tomando uma necessária distância dos métodos contemplativos de oração. Em certo sentido, porém, essa problemática se reapresenta hoje ao tentar recuperar a dimensão contemplativa da vida cristã na tradição inaciana, como se verá a seguir.

5.1.1. Abordagem histórica às duas correntes

A famosa obra do pe. Afonso Rodríguez (1538-1616), *Ejercicio de perfección y virtudes cristianas*, conta com mais de trezentas edições e

---

159. BROU, A., La Spiritualité de la Compagnie de Jésus, apud DE GUIBERT, J., *La Spiritualité de la Compagnie de Jésus*, 551; aspas do autor.

foi traduzida para vinte e três línguas. Exceto o livro dos *Exercícios*, é, certamente, o livro de maior divulgação escrito por um jesuíta. Pio XI o incluiu entre os clássicos da tradição cristã, comparando-o com São Bernardo e São Boaventura[160].

Pe. Rodríguez reconhece dois modos de fazer oração mental: a primeira, comum a todos; a segunda, extraordinária[161]. A diferença entre as duas é que a primeira pode ser ensinada, a segunda, não, porque nem mesmo quem a experimenta compreende o que lhe sucede. Na segunda, o orante se *perde*, porque a ela está sujeito, passivamente:

> Essas duas maneiras de oração são tais que uma é procurada com esforço e com ajuda de Deus; a outra se encontra pronta. Para a primeira, sois vós que estais trabalhando e mendigando e comendo dessa mendicidade; a segunda vos apresenta uma mesa posta, que Deus vos preparou para saciar a vossa fome, mesa rica e abundante[162].

Essa oração extraordinária é um dom de Deus, que ele dá a quem ele deseja. E Rodríguez conclui, afirmando: "Enfim, ela não é algo que nós possamos ensinar. Por isso, são criticados e interditados alguns autores por terem querido ensinar com arte, ou seja, de modo acima de qualquer arte, como poderia alguém se tornar, infalivelmente, contemplativo"[163].

Mais adiante, explica os dois modos de orar e afirma que, para conseguir o modo de orar e de contemplar *alto*, é necessária a abnegação e ter bases sólidas nas virtudes morais, afastando-se do amor pelas criaturas e dos vícios. Consequentemente, os mestres espirituais devem

---

160. Pio XI, *Unigenitus Dei Filius*, n. 142.
161. Cf. RODRÍGUEZ, A., *Ejercicio de perfección y virtudes cristianas*, 286 ss.
162. Ibid., 287-288.
163. Ibid., 289.

antes tratar da mortificação das paixões, especialmente a humildade e a obediência e, depois, da contemplação:

> porque, por haver essa falta, muitos que não deram esses passos, mas que quiseram subir à contemplação sem ordem, encontram-se, depois de muitos anos de oração, privados de virtude, impacientes, irascíveis, soberbos; tanto que, ao se tocar nesse ponto, chegam a explodir com impaciência em palavras desordenadas, tornando claras a imperfeição e falta de mortificação deles[164].

No entanto – uma vez que, na verdade, desta oração "não podemos declarar o que é, nem da maneira como é, nem está em nosso poder tê-la, nem Deus nos ordena que a tenhamos, não seremos cobrados sobre isso" –, Rodríguez trata simplesmente da oração mental ordinária e comum, "que se pode, de algum modo, ensinar e chegar a ela com atividades e conselhos, ajudados pela graça do Senhor"[165]. É esse o caso dos modos de orar dos *Exercícios*, que, segundo Rodríguez, nosso Senhor comunicou a Inácio e ele, a nós:

> E assim temos de ter grande confiança em Deus, o qual, mediante esse caminho e sentido que ele nos deu, nos ajudará e recompensará; com efeito, com isso ganhou nosso pai e os seus companheiros e, depois, aqui, muitos outros e, lá, lhes comunicou o modo e o aspecto da Companhia, como ele disse; e não temos de procurar outros caminhos nem outros modos extraordinários de oração, a não ser procurar nos modelar ao que sobre isso temos, como verdadeiros e bons filhos[166].

---

164. Ibid.
165. Ibid., 299.
166. Ibid.

Rodríguez defende a oração mental ordinária, identificada com os modos de orar dos *Exercícios*. Ele considera, não de maneira explícita, a dimensão contemplativa da oração como *extraordinária*, afirmando com vigor a necessidade de uma preparação ascética rigorosa, antes, durante e depois da meditação.

A linha oficial da Companhia vê nesse autor o melhor advogado: a grande difusão editorial dos seus escritos não faz mais do que confirmar indiretamente essa preferência.

A atitude de Rodríguez a respeito da oração contemplativa, reflexo de um comportamento defensivo da ortodoxia espiritual da Companhia, deu lugar, sem que se discuta a retidão do julgamento, a uma reavaliação *ascética* da tradição inaciana. Por isso, pode-se afirmar que, desde os primeiros anos de vida da tradição, tal concepção se consolidou, sufragada no tempo pela ideia de alguns autores de que só os modos de oração dos *Exercícios* é que são autenticamente inacianos.

Todavia, como se viu no número anterior, a existência de uma tradição contemplativa inaciana mostra que, no desenvolvimento da vida cristã como tal, não é possível ignorar a oração contemplativa. O problema não consiste em saber se os métodos de oração contemplativa sejam inacianos ou não, mas, antes, se se pode excluir do desenvolvimento da tradição inaciana a passagem da oração meditativa à contemplativa, com as implicações do caso.

O progresso na vida cristã *in itinere* transforma o crente, qualitativamente, na passagem da meditação à contemplação. Essa distinção, fruto da experiência, vem, geralmente, renegada na identificação da tradição inaciana como *ativa* e não contemplativa, com base numa equivocada interpretação do ser *contemplativo na ação*, obliterando, precisamente, a passagem da meditação à contemplação. Identifica-se, ingenuamente, a *contemplação* com o *discernimento* e o contemplativo com aquele que discerne na ação. Desse modo, confunde-se o meio com o fim. O dado implícito é que, na prática, a vida cristã se reduz a mero discernir, enquadrando nos limites da razão a experiência do encontro com o mistério da vontade de Deus. A finalidade da vida cristã não é o discernir, mas a união com Deus por amor.

A união de vontade entre o crente e Deus difere, qualitativamente, conforme se realiza no nível da meditação ou da contemplação. O principiante ora e contempla na dinâmica dos *Exercícios* para optar por uma condição de vida ou reformar a própria, usando conscientemente as suas faculdades naturais; o orante experiente na vida cristã procura a união com Deus por si mesma na contemplação passiva, para além do uso das suas faculdades. Basta pensar no Inácio principiante, que sai da casa paterna, depois da convalescência, para procurar Deus, mas não sabe bem o que fazer, porque não tem experiência das coisas interiores, e no Inácio maduro do *Diário espiritual*, que procura meticulosamente na intimidade da união com o Pai, o Verbo, a Virgem, uma resposta para agir segundo a vontade divina. A distinção qualitativa entre as duas situações é evidente, fruto de um normal desenvolvimento da relação com Deus.

A identificação espontânea dos *Exercícios* como sendo *a* tradição inaciana é consequência do fato de que, durante os séculos, a imagem de Santo Inácio se consolidou, como já se disse (cf. supra, 4.1.), de um lado, como mestre espiritual dos *Exercícios* e, de outro, como fundador do governo espiritual, com a *Constituições* e as cartas, superando o homem da experiência espiritual, o da *Autobiografia* e do *Diário espiritual*. A mesma constante se repetiu no governo espiritual da Companhia, que indicou os métodos de oração dos *Exercícios* como característicos do modo de proceder inaciano, levantando, paradoxalmente, uma cortina de dúvida e de desconfiança em relação a outros métodos de oração, como os contemplativos, não considerados, na prática cotidiana, como autenticamente inacianos.

Na hipótese de se admitir que a vida de oração se desenvolva normalmente na passagem da meditação à contemplação, não é essa a passagem que se dá nos *Exercícios*, das meditações da primeira semana às contemplações da segunda, terceira e quarta semanas. São duas coisas diferentes.

As contemplações inacianas, pelo simples fato de serem chamadas de contemplações, não equivalem à etapa contemplativa no desenvolvimento da vida cristã. Essa última implica uma mudança qualitativa no modo de orar, o que não é exigido para o normal desdobramento do processo dos *Exercícios*. A confirmação da existência de uma tradição *contemplativa inaciana* baseia-se, simplesmente, na ideia de alguns autores jesuítas terem enfatizado a etapa sucessiva à passagem da meditação à contemplação, para a qual os métodos de oração dos *Exercícios não se mostram apropriados e, por isso, recorremos a outras modalidades de oração.*

Em síntese, se a oração contemplativa é parte do desenvolvimento normal da vida cristã, a tradição inaciana deve incorporá-la também como normal momento do seu desenvolvimento, como o é para o desenvolvimento da vida cristã. Por essa razão não é possível identificar a prática dos *Exercícios* com *a* tradição inaciana.

5.1.2. A reflexão atual

Se se entende a *contemplação* como evolução normal na vida cristã, temos de considerar, de um lado, que também Santo Inácio passou da meditação à contemplação e, de outro lado, que essa passagem é avaliada pela tradição dos jesuítas contemplativos. Nesse sentido, não há razão para banir da tradição inaciana a oração contemplativa. Com efeito, considerar a oração mental ordinária, junto com a aquisição das virtudes sólidas, como a via ordinária do desenvolvimento da vida cristã no serviço da Companhia não é motivo para comprometer a validade da oração contemplativa. Essa última, na verdade, jamais foi considerada um fim em si mesma, mas um meio diferente e adequado para atualizar e realizar o fim da vida cristã, que é a união com Deus por amor, num estilo de vida apostólico como o da Companhia.

A tensão que se percebe na tradição inaciana do século XVI entre os conceitos de oração meditativa e oração contemplativa é transladada hoje para os conceitos de espiritualidade e contemplação. De fato, a *espiritualidade inaciana não especifica a passagem da meditação à contemplação, uma vez que se concentra no discernimento e nos métodos de oração dos Exercícios*. Por esse motivo, essa *espiritualidade inaciana* alinha-se com o pe. Afonso Rodríguez e não com a da tradição contemplativa. Resgatar essa última com a tradição inaciana responde à necessidade de reafirmar, no modo inaciano de compreender a vida cristã, a importância da dimensão contemplativa em função da evolução normal da vida divina e de uma visão mais fiel à vida do Santo Fundador.

Todavia, a fim de que na atual situação sociorreligiosa o resgate seja efetivo não basta recuperar a dimensão contemplativa no significado tradicional da chamada *espiritualidade inaciana*. Decerto, ao enfatizar, por parte do contexto contemporâneo, a tensão entre espiritualidade, como *transcendência frágil* – quando o sentido se completa, por assim dizer, no horizonte do tempo de vida de uma pessoa, sem uma perspectiva meta-histórica –, e contemplação, como *transcendência forte* – quando a escolha do sentido da vida recai sobre um horizonte meta-histórico de referência, como é o das religiões abraâmicas –, *não há clareza de termos e de conteúdos, tornando assim* difícil a compreensão da vida cristã num contexto secularizado. É preciso, na verdade, superar a distinção entre espiritualidade e contemplação na tradição inaciana e a distinção entre *transcendência frágil* e *transcendência forte* no imaginário social atual, orientando a investigação para uma unidade superior que compreenda ambas.

6. Mística, contemplação e experiência cristã

A perspectiva de pensamento – antropológica, filosófica e teológica – de Karl Rahner prevê a existência de uma dinâmica na própria condição humana que é estímulo à transcendência da própria condição. Graças a essa capacidade, o homem pode receber não só a autocomunicação divina na revelação cristã, mas também estabelecer uma relação pessoal com o Deus que se revela[167].

A possibilidade de uma relação pessoal com o Mistério de Deus encontra uma explicação ao se afirmar que a capacidade humana de transcendência aumenta mediante os efeitos do evento da revelação de Deus Pai, que Jesus oferece nas suas palavras e nos seus gestos, na sua morte e ressurreição interpretados à luz do Espírito Santo. Um fortalecimento que implica uma iluminação cognitiva que estimula, com nova clareza, a dimensão afetiva da pessoa, obrigando-a a tomar uma decisão diante dessa experiência surpreendente. Deve decidir se confia ou não *naquela* novidade que percebeu. Em todo caso, confiando-se ou não, deve tomar uma decisão radical, vital, pois o objeto revelado à sua percepção se apresenta nada menos do que como o fundamento do seu ser pessoal. Se a decisão é positiva, essa experiência desencadeia um tríplice efeito: implica uma mudança de mentalidade, pois *o que* foi percebido impõe uma reestruturação cognitiva da orientação fundamental da vida levada até aquele momento; exige uma reordenação radical da percepção afetiva da realidade e da história pessoal e coletiva; e, graças à mudança cognitiva e afetiva, as decisões futuras serão avaliadas de um modo diferente do habitual.

Nesse sentido, são exemplares as histórias dos Apóstolos Pedro e Paulo. Elas contêm duas dinâmicas distintas de transcendência, fundamentadas na relação com Jesus. Pedro e Paulo seguem o próprio caminho pessoal que os obriga a uma mudança no modo de pensar, de sentir e de agir. O processo de Pedro é mais lento e está vinculado ao Jesus histórico; a sintonia de Paulo com o Jesus ressuscitado é rápida, fulgurante. Todavia, ambos são arrastados pelo Mistério da revelação de Jesus Cristo.

O processo de transformação dos dois Apóstolos não é fruto apenas de uma tomada de consciência pessoal do que estavam vivendo; a ação interior do Espírito Santo é indispensável, pois ilumina e confere suporte afetivo às decisões deles. O contato com o Mistério revelado

---

167. Cf. RAHNER, K., *Corso fondamentale sulla fede*, os dois primeiros níveis.

historicamente por Jesus produz a mudança interior e exterior, ou seja, cria uma nova mentalidade, uma nova afetividade e um novo comportamento, no respeito aos pressupostos biopsicológicos de cada um dos dois Apóstolos.

A experiência de Pedro e de Paulo é paradigmática para o crente de todos os tempos: a experiência cristã nasce de uma revelação externa, o encontro com o Ressuscitado, revelada interiormente, escandida pelas próprias decisões e iluminada e sustentada pela ação interior do Espírito Santo. Somente assim é possível falar de contemplação cristã. Com efeito, a experiência da manifestação da Presença do Mistério de Jesus Cristo revelado na vivência histórica de um fiel cria as condições para estabelecer uma relação pessoal com tal Presença, independentemente das condições antropológicas anteriores. Enfim, por definição, um vaso é feito para ser enchido e não se enche sozinho. Obviamente, estamos diante de uma visão teológica da pessoa humana criada à imagem e semelhança do seu Criador.

6.1. Mistério e contemplação

As reflexões feitas permitem afirmar que é contemplativo aquele que contempla o Mistério de Cristo. É justamente a percepção, a personalização e a interiorização desse Mistério que convertem o fiel em contemplativo, pois a relação orante com Deus se transforma. Na contemplação não há nada a ser compreendido nem a ser discernido: é suficiente não ceder às distrações dos pensamentos ou dos sentimentos. Esse modo de *estar*, sem a mediação dos pensamentos, emoções ou sentimentos, é precisamente o que confere à contemplação cristã a sua característica mais íntima e afetiva. Como diz Santa Teresa:

> Não é pouco o proveito que se tem ao fazer bem a oração vocal. Ademais, pode acontecer que, ao recitar o pai-nosso ou alguma

outra oração vocal, o Senhor nos ponha em perfeita contemplação [...]. A alma reconhece que o divino Mestre a está instruindo sem estrépito de palavras. Suspendeu-lhe as atividades da faculdade, para impedir que a operação delas lhe seja mais danosa que vantajosa. Mas elas, contudo, têm desfrute, sem saber como. A alma vai ardendo de amor, mas não sabe como ama; sente que goza do objeto do seu amor, mas não sabe como tem esse gozo. Compreende apenas que um bem tão grande o seu intelecto jamais poderia ter desejado. Aceita-o com plena vontade, mas sem saber de que modo. Quando chega a entender alguma coisa, vê que é um bem que não pode ser merecido nem mesmo com todos os esforços terrenos, pois não são senão um dom do Senhor da terra e do céu, que sempre dá conforme as qualidades suas; isso, filhas, é contemplação perfeita. Compreendeis, com isso, a diferença que há entre contemplação e oração mental, porque essa última, repito, consiste em pensar e compreender o que dizemos, a quem nos dirigimos e quem somos nós para falar a um Deus tão grande. Ocupar-nos com esses pensamentos e com outros semelhantes, como a respeito do pouco que temos feito por ele ou da obrigação que temos de servi-lo, é oração mental [...]. Oração vocal, porém, é recitar o pai-nosso, a ave-maria ou alguma outra oração [...]. Com a ajuda de Deus nessas duas espécies de oração, alguma coisa podemos fazer também nós; mas nada, absolutamente, quanto à contemplação. Aqui é Deus que faz tudo; aqui é obra dele, superior a todas nossas faculdades[168].

Por sua vez, Martín Velasco afirma que a contemplação é uma atenção particular e mais intensa que causa um saboroso conhecimento sapiencial, favorece a unificação pessoal e simplifica o olhar, produzindo

---

168. SANTA TERESA DE JESUS, *Camino* 25, 1-3, apud MARTÍN VELASCO, J., *Il fenomeno mistico*, II, 121.

um movimento para o Contemplado. Nela o contemplativo se abandona, com a admiração e o enlevo próprio da beleza. É uma experiência que se recebe, que ilumina passivamente e, por isso, transforma o fiel em contemplativo. É uma vivência totalmente diferente do modo habitual de conhecer e de estar no mundo. Trata-se de uma contemplação obscura, que ilumina sem conteúdo conceitual:

> Ato único, simples, do espírito, no qual coincidem a consciência, a notícia e o amor infuso pelo próprio objeto da contemplação, por Deus, na alma e, portanto, passivo, que ocorre na noite, ou seja, na obscuridade dos sentidos e da inteligência lógica; que se desenvolve, portanto, no bojo da fé e que libera na pessoa um dinamismo espiritual novo[169].

É claro, conforme tudo o que foi dito, que experiência contemplativa e experiência do Mistério se identificam com a experiência de uma Presença:

> A atenção a todas as características e aos momentos da experiência e da contemplação mística demonstra que a presença da qual a pessoa toma consciência durante a contemplação – experiência que desenvolve e aprofunda a experiência que a fé ativa já tem em si – faz-se presente precisamente como insondável, transcendente, elusiva e, portanto, se dá a conhecer como experiência obscura, que, como demonstra São Gregório de Nissa, progride

---

169. Martín Velasco, J., *Il fenomeno mistico*, II, 126. "A experiência mística como contemplação, ou seja, como 'advertência e notícia amorosa', podemos esclarecer que ela tem valor noético, é cognoscitiva, mas o conhecimento que dela deriva é 'obscuro e confuso na sua linha essencial; [...] é um conhecimento afetivo geral. Não é tanto a contemplação de uma verdade quanto a experiência de uma realidade obtida mediante a união de amor'" (De Saint Joseph, L. M., *L'expérience de Dieu. Actualité du message de saint Jean de la Croix*, 54-57, apud Martín Velasco, J., *Il fenomeno mistico*, II, 127).

não enquanto alguém a explica ou a domina, mas enquanto penetra e se deixa cair na sua condição misteriosa. Por essa razão, deve-se falar da experiência de uma presença, como faz Alston, mas a presença é de tal natureza que transforma o tipo de experiência feita pela pessoa, orientando-a numa direção diferente da direção da consciência imaginativa, abstrativa, dedutiva, mas também numa direção completamente diferente daquela em que operam as percepções dos sentidos[170].

6.2. Atitude contemplativa

A vida cristã evolui para a contemplação do Mistério Santo revelado por Jesus Cristo. Essa atitude não se reduz somente à oração. É, antes, uma atitude vital, um estilo que deixa transparecer a experiência interior do Mistério, tanto na oração litúrgica quanto na vida cotidiana: é vida cristã. A atitude contemplativa é ponte que faz ligação com a margem oculta da realidade, visível somente aos olhos que veem com fé, esperança e amor teologais.

O cristão contempla o Mistério revelado em Jesus Cristo, convicto de que essa revelação seja testemunha interior da ação do Espírito Santo. Uma Presença que empodera a mente, iluminando-a, porque revela o sentido oculto do mistério de Jesus, da sua vida, morte e ressurreição; e, ao mesmo tempo, se abre numa força interior nova que dinamiza e orienta as decisões pessoais pela ação do Espírito. Progressivamente, configura-se uma atitude teologal cada vez mais contemplativa, novo fundamento da cosmovisão do fiel e das suas decisões vitais.

O cristão é um contemplativo, porque contempla o Mistério Santo no Espírito, transcendendo a sua condição humana, consciente da sua absoluta incapacidade de o abraçar racionalmente, mas confortado por podê-lo abraçar afetivamente no amor. Um amor que se concretiza nas

---

170. Ibid., 135.

decisões tomadas pelo impulso a amar Deus por si mesmo, a fim de agir no mundo. Assim, o fiel contribui para a obra de Deus no mundo, com um modo transformado de pensar, sentir e decidir.

6.3. Espiritualidade, mística, vida cristã?[171]

Por ocasião da publicação do *Diccionario de Espiritualidad Ignaciana*, foi organizada uma jornada de estudo na Universidade Gregoriana para apresentar o livro. Naquela ocasião, ofereci uma releitura dos artigos sobre a espiritualidade inaciana e sobre a mística inaciana que eu tinha escrito para o *Diccionario*. Mencionei a necessidade de preparar uma *teologia espiritual inaciana*, de caráter interdisciplinar, para estudar a vivência[172] da revelação cristã de Santo Inácio. Do mesmo modo, propus uma *tradição espiritual inaciana* como expressão de um *patrimônio experiencial inaciano* que se transmite de geração em geração, mediante a experiência partilhada de um estilo de vida. Daí a importância dos termos *tradição* e *patrimônio experiencial*, dada, já então, a dificuldade de continuar a utilizar a palavra *espiritualidade*.

Por exemplo, quando se fala de *espiritualidade inaciana*, pensa-se, espontaneamente, uma espécie de corpo doutrinal prático que, dificilmente, leva em consideração o papel da contemplação no processo de transformação interior e no modo como essa transformação se produz. Falta uma visão dinâmica dos conteúdos. Esse aspecto da reflexão sobre a experiência de Santo Inácio, com as devidas implicações, não recebeu até agora especial atenção por parte dos estudiosos, levando-os a se

---

171. Este número reproduz, com algumas modificações, o artigo proposto durante a apresentação do *Diccionario de Espiritualidad Ignaciana* (DEI), no ato acadêmico organizado pela Instituto de Espiritualidade da Pontifícia Universidade Gregoriana no dia 23 de maio de 2007. Cf. Zas Friz De Col, R., ¿Espiritualidad ignaciana y/o mística ignaciana?
172. O termo italiano *vissuto* é traduzido em espanhol por *vivencia*: palavra, esta última, que, todavia, não traduz o sentido de uma experiência continuada no tempo, como o faz o termo italiano.

concentrarem mais no conteúdo dos *Exercícios* do que na dinâmica que produzem. É necessário, com efeito, distinguir entre a reflexão sobre a dinâmica da vida cristã, como aparece nas Escritura e na experiência, e a reflexão sobre a vivência concreta da transformação interior como testemunhada pelos fiéis; do mesmo modo, é preciso distinguir entre a reflexão sobre a dinâmica do método dos *Exercícios* e a reflexão sobre a transformação interior dos fiéis que o método produz.

A *espiritualidade cristã* está vinculada, tradicionalmente, a um método de estudo indutivo, o da teologia espiritual, porque parte da experiência. Todavia, parece estar ligada ainda, na sua prática, a um método dedutivo, ou seja, ao fato de deduzir da experiência os conteúdos clássicos da teologia sistemática, como cristologia, eclesiologia, mariologia etc., ou, no máximo, *espirituais*, como a oração, o discernimento, a contemplação etc., ocupando-se dos seus conteúdos cristãos, mais do que da vivência e da experiência. Assim, tanto a *espiritualidade cristã*, a *teologia espiritual*, quanto a *espiritualidade inaciana* ficam ligadas à visão tradicional que, ao contrário, deveriam ser revistas, fazendo parte ainda do paradigma da *cristandade*. E a mesma coisa vale a respeito da *teologia espiritual inaciana*.

De fato, ao comentar a proposta de uma *teologia espiritual inaciana* por parte do *Grupo de Espiritualidad Ignaciana* (GEI)[173], eu tinha a ideia de que não estava clara a distinção entre a reflexão sobre o texto e o método dos *Exercícios* e a reflexão sobre a experiência dos *Exercícios*, que é como identificar a reflexão com a experiência.

Por ocasião da apresentação do *Diccionario*, fiz referência à *mística*. Naquele momento, eu me interrogava sobre sua relação com a espiritualidade. Como afirmado naquela circunstância, a relação é problemática, embora indicasse como hipótese de trabalho que a *mística* poderia tomar o lugar da *espiritualidade*. Hoje, anos depois da jornada de estudo e da publicação do *Diccionario*, o panorama mudou, como se esclarece no número conclusivo.

---

173. Cf. Zas Friz De Col, R., ¿Espiritualidad ignaciana y/o mística ignaciana?, 115-121.

7. Conclusão

As considerações sobre a tradição cristã e inaciana levaram à pergunta de como inserir, a partir da tradição inaciana, a experiência cristã *forte* no contexto secularizado da espiritualidade líquida e de consumo que privilegia a experiência *frágil* do mistério. A resposta reside na recuperação da dimensão contemplativa da vida cristã na tradição inaciana. Por esse motivo, foi revalorizada a memória de Santo Inácio como contemplativo e a existência de uma corrente contemplativa inaciana, com base na normal passagem da vida de oração meditativa à contemplativa, como afirmado por São João da Cruz.

Essa abordagem levou a constatar, de um lado, que a tensão originada entre os dois tipos de oração na nascente Companhia do século XVI está ainda viva, de alguma maneira, na atual Companhia do século XXI, com a única diferença de que, agora, não se trata mais de tensão entre oração meditativa e contemplativa, mas entre espiritualidade e mística/ contemplação, pois não se reconhece como plenamente *inaciana* a dimensão contemplativa da vida cristã. De outro lado, no plano sociorreligioso, devido ao processo de secularização, produz-se uma tensão semelhante entre a concepção da espiritualidade/*transcendência-frágil* e a da contemplação/*transcendência-forte*.

A superação das velhas e das novas tensões verifica-se mediante uma renovada concepção da contemplação e do contemplativo, como mostrado na visão de Martín Velasco. Segue-se daí que o contemplativo, no *sentido forte*, é o que contempla o mistério de Cristo, ou seja, que percebe, personaliza e interioriza a relação real e pessoal de mútuo amor com o Deus da revelação cristã. Todavia, com o termo *espiritualidade inaciana* alude-se, ainda hoje, espontaneamente, ao desenvolvimento *normal* da vida cristã, que não inclui explicitamente a vivência e a prática da *contemplação*.

Sob o ponto de vista acadêmico, os manuais de *espiritualidade* depois do Vaticano II situam a mística ou a oração contemplativa no ápice da vida espiritual e lhes reservam, geralmente, um capítulo no fim do tratado. Essa concepção acaba sendo a feliz maturação do desenvolvimento da vida cristã e, nesse sentido, parte integrante do seu progresso. O que não está claro é a relação entre a parte final *contemplativa* e a anterior *espiritual*. Daí a necessidade de reformular a visão tradicional da *espiritualidade inaciana* por três razões.

A primeira é que, ao recuperar a dimensão contemplativa como dimensão autenticamente inaciana, demonstra-se claramente que a sua finalidade coincide com a finalidade da vida cristã, que é a união com o Mistério. Isso leva a pôr o acento não no processo de decisão (discernimento), mas na sua finalidade (união por amor). Assim – eis a segunda razão –, a partir da tradição inaciana se dá à procura antropológica do sentido da vida um explícito horizonte de referência, que a abre mais explicitamente à sua finalidade, ou seja, à procura e encontro com o m(M)istério, inserindo-a no diálogo com a secularidade pós-cristã, que, da comum base antropológica da procura de sentido aspira à experiência do m(M)istério no qual opera, mais ou menos conscientemente, a abertura transcendental. Essa é a razão fundamental pela qual é tão importante para a sensibilidade pós-cristã *fazer experiência*, porque atualiza assim, num contexto secularizado, a abertura transcendental ao m(M)istério, que continua a desdobrar as suas influências a partir da perspectiva do Espírito, embora explicitamente ignorada. A terceira razão, em virtude dos dois pontos precedentes, é que se compreende claramente que discernimento e contemplação não podem se contrapor, assim como não se podem contrapor meditação e contemplação, e que é necessário, portanto, estabelecer uma continuidade entre elas, com base em um paradigma que ponha a tradição inaciana em condição de dialogar com os desafios atuais. Os pressupostos para tal paradigma são tratados no próximo capítulo.

CAPÍTULO III

UMA PERSPECTIVA INTERDISCIPLINAR PARA SUPERAR AS DICOTOMIAS

Adequar a tradição inaciana, mas também cristã, a um novo paradigma implica reconciliar, em ambos os casos, espiritualidade e contemplação numa unidade superior. A intenção do presente capítulo é estabelecer as bases para tal unidade. O objetivo aspira a pôr a tradição inaciana em comunhão com a grande tradição contemplativa cristã e em condição de dialogar com a pós-cristandade, ampliando desse modo as suas fronteiras. Com efeito, um primeiro obstáculo a ser superado é a implícita identificação dos *Exercícios espirituais* com *a espiritualidade* inaciana; e um segundo é, também, a implícita identificação *daquela* espiritualidade como cristã, *tout court*.

Um caminho a ser percorrido para superar tal dicotomia é reconciliar a relação entre experiência (mística/contemplação) e reflexão (espiritualidade/meditação), de modo a evitar também a diferenciação atual entre *espiritualidade* e *mística*, entre *meditação* e *contemplação*, entre

Inácio espiritual/normal e Inácio contemplativo/extraordinário. O paradigma, portanto, deveria apresentar, perfeitamente, o progressivo desenvolvimento da vida cristã, dos inícios à maturidade. Por isso, é preciso superar as dicotomias, mas considerando o atual contexto sociorreligioso pós-cristão secularizado. Em outras palavras: como valorizar as abordagens da espiritualidade pós-cristã secularizada que permite ver semelhança entre Inácio e Freud numa mesma estrutura antropológica, para elaborar um novo paradigma da tradição cristã e inaciana?

O presente capítulo tem o propósito de responder a essa pergunta. Na primeira parte se apresenta o problema a partir da noção de experiência e de experiência transcendente; na segunda, se apresenta um método para superar a citada dicotomia; enfim, na terceira, se apresenta o novo paradigma.

A terminologia aqui utilizada varia pouco em relação à dos capítulos anteriores, com a única diferença de que o termo contemplação, aqui, dá espaço à palavra mística. Com o objetivo de não desorientar o leitor, considere contemplação e mística como sinônimos, como já foi sugerido antes, embora lá se preferisse usar contemplativo a místico (cf. supra, cap. II, 4.).

1. Pressuposto para um novo paradigma

Antes de teorizar um novo modelo, é preciso observar que o paradigma da vida cristã se fundamenta numa experiência a partir da qual se teoriza uma cosmovisão num determinado contexto sociorreligioso. Santo Inácio faz experiências (Cardoner, Manresa, Terra Santa, Barcelona, Alcalá, Salamanca, Paris, Veneza, Roma), exprime-as (*Autobiografia*, *Diário espiritual*) e as formula (*Exercícios espirituais*, *Constituições*). Aqueles que seguem uma forma de vida cristã e inaciana não se limitam a reproduzir as experiências de Inácio: partem da própria experiência e, seguindo as indicações de Inácio, refletem a respeito, chegando a formular uma teoria ou um corpo doutrinal, a chamada *espiritualidade inaciana*. Inácio, ao contrário, como fundador de uma particular tradição cristã, não tem experiência da *espiritualidade inaciana*: a sua experiência é a amadurecida experiência *fundadora* do Cardoner/Manresa, levedura que produz seus escritos: *Exercícios, Diário espiritual, Autobiografia, Constituições.*

Para *atualizar* a tradição inaciana num novo paradigma, não temos de refletir unicamente sobre os textos de Inácio, mas também sobre a experiência pessoal dos *inacianos*. Isso porque nela se dá a graça original do Cardoner, no sentido de que a experiência deles – conceitualizada até agora como *espiritualidade inaciana* – reformula a experiência do Cardoner que Inácio teve, do mesmo modo como se atualiza a Encarnação nas meditações da segunda semana. Desse modo, a problemática pessoal e sociorreligiosa do próprio momento histórico coloca-se em continuidade com a tradição inaciana e, em especial, com a graça recebida às margens do Cardoner, origem da própria tradição. Se os *Exercícios* e a Companhia são o fruto dessa graça, a mesma graça é oferecida a todos aqueles que seguem Jesus, segundo o estilo de Inácio. Por esse motivo, portanto, é importante refletir sobre a experiência da própria graça e não somente sobre o que o texto e o método dos *Exercícios* podem oferecer hoje. A *inculturação* dos *Exercícios*, como a do Evangelho, nasce da vivência e da reflexão sobre ela, sem, por isso, desprezar a exegese de ambos os escritos e a reflexão teológico-sistemática sobre eles. Não é a mesma coisa refletir sobre a dinâmica de uma vivência e sobre o seu conteúdo cognitivo. São dois momentos distintos que exigem um tratamento metodológico diferente.

Para propor um novo paradigma na tradição inaciana, é preciso considerar, em primeiro lugar, a noção de experiência no âmbito teológico pré e pós-conciliar, e os seus nexos com outas dimensões similares da vida cristã. Em segundo lugar, é preciso recorrer à experiência transcendental de Karl Rahner e à reflexão de David Chalmers, integrando-as com as considerações sobre a mística de Juan Martín Velasco, Bernard McGinn e Elmar Salmann.

1.1. Abordagem ao problema a partir da noção de experiência

Jean Mouroux, em seu livro *L'expérience chrétienne* (1952), afirma que o grande erro no estudo da experiência religiosa foi o de despersonalizá-la, desvinculando-a da sua natural rede de relações pessoais com o mundo, consigo mesmo e com Deus[1]. Todavia, por se tratar de uma experiência dinâmica e transcendente, que se dá entre os polos da imanência e da transcendência, ela estimula não só a dimensão intelectual da pessoa, mas também a volitiva, afetiva, comportamental e social, ascendendo à experiência holística.

A partir dessa perspectiva, para colocá-la novamente num contexto personalizado, Mouroux distingue três níveis de experiência: o nível empírico, ou seja, a experiência vivida, mas não refletida; o nível experimental, pelo qual se verificam cientificamente as hipóteses; e o nível experiencial, ou seja, a experiência vivida e refletida[2]. A experiência religiosa, cristã, de fé, só se dá no terceiro, mediante o ato religioso[3]. Por isso, quando se fala de experiência cristã, pode-se falar dela somente no nível experiencial, porque abraça todas as dimensões da pessoa. A mística, ao contrário, segundo Mouroux, fica circunscrita ao nível empírico. Psicologicamente, a experiência mística é passividade consciente, mediante a qual se percebe *alguma coisa* imediatamente na consciência, ao contrário da experiência cristã, que percebe como liberdade operante e dinâmica. Assim, Mouroux afirma que a experiência cristã corresponde a uma normal vida de fé fervorosa, enquanto a experiência mística exprime uma modalidade da experiência de fé iluminada, ardente, perfeita, desvinculada do conceito e do discurso. Todavia, é graças à fé que se

---

1. Cf. Mouroux, J., *L'expérience chrétienne*, 19-21.
2. Cf. ibid., 24.
3. Cf. ibid., 31. Mouroux afirma que "la expérience religieuse est exactement *la conscience de la médiation* que réalise l'acte, *la conscience de la relation* qu'il noue entre l'homme et Dieu, par suite *la conscience de Dieu comme terme posé, si posant, de la relation*" (ibid., 31-32. Itálicos do autor).

estabelece uma relação entre as duas. Não obstante a descontinuidade entre elas, dá-se uma continuidade, uma homogeneidade e uma identidade do impulso para Deus, que se manifesta de dois modos diferentes[4]. A experiência mística coroa a experiência cristã e a experiência cristã continua a experiência mística.

Mouroux distingue a experiência cristã da experiência mística, para evitar, de um lado, que a inefabilidade da mística ponha sob risco a normal experiência racional da fé; de outro, para evitar que, identificando-as, se assumam as características da experiência mística como próprias da experiência cristã. O problema para Mouroux é que, até mesmo neste caso, a fé como experiência-experiencial não se torna totalmente clara:

> Nós pensamos que alguns pontos importantes da mística – a sua natureza profunda, os seus limites inferiores, o seu valor próprio – não serão resolvidos totalmente enquanto não se tenha esclarecido a sua infraestrutura (*substructure*), ou seja, aquela experiência cristã integral, que está, contemporaneamente, em continuidade e em descontinuidade com a mística, que é uma experiência de tipo definido e que é necessário analisar por si mesma[5].

Mouroux procura a citada *substructure* no ato de fé. Esse último, exigido litúrgica e canonicamente do catecúmeno, quando é batizado, é o momento da *experiência experiencial* da fé, porque a palavra do crente, como palavra exterior, "é o sinal e o penhor de um *verbum interius* conforme o pensamento de Deus transmitido pelo magistério – e, por isso, sobrenaturalmente"[6]. Com efeito, no ato de fé, o crente tem consciência, mais ou menos clara, de afirmar alguma coisa e essa afirmação

---

4. Cf. ibid., 53-55.
5. Ibid., 56.
6. Ibid., 85. Itálicos do autor.

significa que, enquanto crente, põe-se responsavelmente diante do objeto da sua fé e das condições que ele põe, aceitando as suas exigências e se comprometendo com ele[7]. Todavia, e esse é o ponto crucial, fica pouco clara a relação entre o ato consciente da fé e a experiência do *verbum interius*.

De fato, a distinção de Mouroux é aceita por outros autores, embora com diversas nuanças e por outras razões. Assim, por exemplo, segundo Giovanni Moioli, a experiência mística é sempre uma experiência de fé, mas não se pode afirmar o contrário, ou seja, que a experiência de fé seja sempre uma experiência mística. No final dos anos 1970, ele defende a necessidade de dar um fundamento antropológico à mística, retomando a análise da fé e revendo a relação entre as virtudes teologais e as potências da alma, em sintonia com a teologia da revelação[8]. Charles André Bernard é outro exemplo de conservação da dicotomia, uma vez que distingue, por sua vez, entre consciência espiritual e consciência mística[9]. Poder-se-ia harmonizar a sua posição com a de Mouroux, se se identificasse a consciência mística com a consciência empírica e a consciência espiritual com a experiência experiencial. No caso específico da consciência moral, ela poderia ser colocada no nível experiencial de Mouroux, em que a experiência de fé está articulada consciente, livre e responsavelmente[10].

Em síntese, distingue-se, de um lado, a experiência empírica, fenomênica, mística e, de outro, a experiência experiencial cristã, consequência de um ato de fé consciente, estabelecendo-se assim uma diferença

---

7. Em outras palavras, a confissão de fé "implique un engagement définitif et absolu pour la vérité de son objet. Le baptisé peut la réfléchir: il lui suffira d'un éclair de réflexion pour saisir d'un bloc, au sein de son affirmation, l'objet de pensée et sa proposition par l'Église, ainsi que sa volonté de l'affirmer tel que l'Église le propose. Cela, c'est la conscience de la foi, et cette conscience est immédiate, claire et certaine" (ibid., 82-83).
8. Cf. Moioli, G., Mistica cristiana, 985-1001.
9. Cf. Bernard, Ch. A., La conscience spirituelle, 465-466; Id., La conscience mystique, 87-115.
10. Cf. Bastianel, S., *Teologia morale fondamentale*, 145-149.

radical entre a experiência cristã normal de um crente – com a sua dimensão intelectual, espiritual e moral – e a experiência mística, como experiência fora da normalidade da experiência cristã. O problema fundamental é a separação do momento empírico da experiência/vivência do momento da elaboração psicológica, espiritual, teologal e moral. É pouco clara a relação entre a experiência vivida e a articulação reflexiva e comportamental dela.

1.2. Da experiência transcendental à experiência do Ressuscitado

Neste número propõem-se os fundamentos de uma resposta ao problema indicado. A partir de uma disquisição sobre a experiência transcendental, prossegue-se com um a dissertação sobre a perspectiva fenomenológica e histórica da mística, para propor, enfim, a experiência pascal como arquétipo da experiência mística cristã.

1.2.1. A experiência transcendental. Aspecto metafísico

A estrutura cognitiva humana torna o ser humano capaz de perceber a si mesmo quando conhece alguma coisa, sem que isso comporte o conteúdo concreto dessa *alguma coisa*. Todo ato do conhecimento humano é, ao mesmo tempo, autopossessão do sujeito que conhece e possessão do ato de conhecer, que é distinto do possuir o objeto conhecido. Rahner chama essa estrutura antropológica fundamental de *experiência transcendental*, ou também de *estrutura a priori* do homem[11]. Trata-se de uma estrutura antropológica atemática que é prévia e permanente. Prévia enquanto é dada ao sujeito antes de qualquer objetivação do conhecimento; permanente porque continua inalterada no tempo, mesmo

---

11. Cf. RAHNER, K., *Corso fondamentale sulla fede*, 33-43.

no caso em que o próprio sujeito a negue ou a ignore. O citado aspecto do conhecimento é válido também para a liberdade, para a vontade, pois apresenta o mesmo caráter transcendental: o ser humano se experimenta como responsável e livre previamente ao ato de decidir e, nessa liberdade e responsabilidade, percebe-se entregue a si mesmo na sua decisão, que deve fazer de forma categorial no âmbito da história.

A tese fundamental de Rahner é que todo objeto do conhecimento e da reflexão emerge no espaço infinito do conhecimento do sujeito, numa tensão bipolar entre conhecimento e liberdade, para ser depois levada a uma unidade. Isso se vê de forma especial quando se trata do conhecimento de Deus. Segundo Rahner, é verdade que, como afirma a escolástica, conhecemos Deus de forma *a posteriori*, graças à mediação do mundo, do qual também o sujeito faz parte. Esse conhecimento, porém, é também transcendental "porque a orientação originária do homem ao mistério absoluto, que constitui a experiência fundamental de Deus, é um existencial permanente do homem enquanto sujeito espiritual"[12].

Rahner indica esse conhecimento como *conhecimento originário de Deus*, porque se dá na experiência transcendente que ilumina interiormente o sujeito que (se) conhece. Trata-se de uma estrutura antropológica originária e fundamental. O homem não começa a ser religioso quando pensa no conceito *Deus*, mas quando começa a ser homem, porque é um ser transcendente em virtude da sua própria condição humana. A verdadeira transcendência se dá a partir da experiência transcendental que o sujeito tem de si mesmo e não de um conceito. Conhecer a Deus é conhecer alguma coisa distinta de toda a realidade do mundo, porque é conhecido de forma *a priori*, enquanto a realidade é conhecida somente de forma *a posteriori*. Por essa razão, o mesmo conceito *Deus* é impenetrável e não pode ser alcançado intelectualmente; trata-se, antes, de se deixar alcançar por ele: "esse mistério permanece mistério, até mesmo quando se abre ao homem, e justamente assim é que institui

---

12. Ibid., 81.

permanentemente o homem como sujeito"[13]. Tal experiência faz do homem um sujeito, no sentido forte da palavra. Somente num segundo momento emergirá o conceito *Deus*, o qual, para ser autêntico, deve reorientar sempre o sujeito à sua fonte, ou seja, à mesma experiência transcendental do Mistério, que exigirá dele um constante exercício existencial, ou seja, a livre aceitação dessa orientação no silêncio e na oração, porque implica a aceitação do fato de que o sujeito não pode dispor da própria existência. Uma indisponibilidade que levanta o problema do *de onde* vem a transcendência e *para onde* conduz, o que Rahner chama de Mistério Santo.

O Mistério Santo é o horizonte anônimo, infinito e sem nome da transcendência, diferente originariamente de qualquer coisa finita e, por isso, é a condição de possibilidade do conhecimento e da liberdade. *Mistério* significa fundamento último e irredutível do horizonte da transcendência; e *santo*, enquanto esse horizonte torna possível não apenas o conhecimento, mas também a liberdade e o amor, porque a transcendência constitui o sujeito livre e responsável no amor. A liberdade é liberdade de intercomunicação com outros e significa a autopossessão de si e a possibilidade de autodoação. Ela é liberdade, é amor[14]. Por isso, Rahner não tem dúvida ao afirmar que o Mistério Santo é a *origem amante* da transparência, objeto de adoração.

Por isso, a condição de criatura do ser humano pode ser considerada melhor a partir da experiência do Mistério Santo. Ela não se concebe de modo causal ou funcional, como se concebem as realidades do mundo criado, mas numa relação transcendental com o tempo: não indica um ponto cronológico inicial, mas a criação permanente de um ser que se desdobra com o tempo. *Criatura* significa que é Deus o fundamento, distinto, absoluto e infinito da realidade, e não o homem pensante ou a coisa pensada. Significa que Deus não tem necessidade do mundo,

---

13. Ibid., 84.
14. Cf. ibid., 97.

mas o mundo é que tem uma real necessidade de Deus. Essa radical dependência, porém, precisa ser acompanhada de uma genuína autonomia da criatura; não se dá uma sem a outra, são os dois lados de uma única realidade. Isso é compreensível somente quando o sujeito experimenta a si mesmo como sujeito livre e responsável. Na realidade, o lugar originário da experiência da criaturalidade é a experiência transcendental. Nela o sujeito se percebe como radicalmente dependente do Mistério Santo e, ao mesmo tempo, como radicalmente confiado a si mesmo: é o *lugar* da adoração. Assim, Deus é *demitizado* enquanto é não-mundo, deixando-se encontrar na interioridade do sujeito. Encontrá-lo-á no mundo à medida que o conhece e o domina, a partir da sua livre abertura espiritual ilimitada.

De modo mais conciso, a *transcendência* verdadeira é diferente do conceito de transcendência, pois é uma estrutura *a priori* que acompanha o homem desde sua origem enquanto humano e constitui a sua originária abertura ao ser. Ela se comunica na sua pureza na experiência do mistério, que é o ingrediente antropológico oculto e silencioso da realidade que se apresenta como mistério: "Desse modo, o homem é transformado na pura abertura para esse mistério e posto precisamente como pessoa e sujeito diante de si mesmo"[15]. Por isso, o conhecimento *a posteriori* de Deus remete a um conhecimento original, atemático e não reflexo de Deus, que é o fundamento da orientação humana para Deus, anterior à formulação do conceito humano de D*eus*. Dessa experiência do Mistério Santo emerge o conhecimento temático que se manifesta na atividade religiosa e na reflexão filosófica. Concluindo, poder-se-ia afirmar, levando os termos para além dos limites rahnerianos, que experiência transcendental é a originária experiência humana do Mistério e, portanto, é a experiência mística originária.

---

15. Ibid., 59.

1.2.2. A experiência transcendental. Aspecto psicológico

Um autor que ajuda a dar concretude psicológica à abordagem de Rahner é o filósofo David Chalmers. Ele faz a distinção, em toda experiência consciente, entre uma consciência psicológica e uma fenomênica. A primeira é a consciência de *alguma coisa*, enquanto a segunda é a consciência de que *sou eu* aquele que tem consciência dessa *alguma coisa*. Obviamente, ambas são simultâneas, não se dá uma sem a outra, mas não devem ser identificadas[16].

Com efeito, na consciência fenomênica dá-se o encontro do mistério pessoal, que não é possível conceitualizar, enquanto na consciência psicológica se toma consciência do mundo e de si mesmo e, por isso, se pode conceitualizar o que se percebe[17], em três momentos distintos, segundo o que afirma Chalmers. No primeiro momento, verbalizo simplesmente a minha percepção: vejo uma bicicleta; no segundo, tomo consciência da minha reação cognitiva e afetiva ao que percebi: é uma bicicleta feia e não me agrada; no terceiro, emito um juízo: como terá sido inventada a bicicleta?[18]

Transpondo essa análise para uma experiência do mistério, poder-se-ia dizer que, num primeiro momento, tem-se a percepção de *alguma coisa* que não chega a se identificar, ou seja a Presença do mistério, mas não se pode negar que houve a percepção de *alguma coisa*. Num segundo

---

16. "As propriedades fenomênicas e psicológicas inerentes a essas noções tendem a se apresentar juntas, mas, assim como para os outros conceitos mentais, não deveriam ser comparadas. É preciso também estar atento a não comparar os sentidos fenomênicos desses termos com a consciência fenomênica em geral" (CHALMERS, D., *La mente cosciente*, 27).

17. Cf. ibid., 396.

18. Para Chalmers: "formulamos juízos desse tipo [de segundo nível], quando refletimos sobre o fato de ter experiências conscientes e quando refletimos sobre a natureza delas. [...] Os juízos de terceira ordem são particularmente comuns entre os filósofos e entre aqueles com tendência à especulação sobre os mistérios da existência" (ibid., 181).

momento, toma-se consciência da repercussão cognitiva e afetiva dessa *alguma coisa*, como *algo* que abriu o campo da consciência e deixou uma sensação muito boa, agradável, por exemplo. No terceiro momento, reflexivo, poder-se-ia perguntar: mas o que foi que percebi? Que significado tem? É uma percepção comum ou é extraordinária?

Como se verá mais adiante, falta a essa abordagem a dimensão da tomada de decisão e das consequências, mas, ajuda a compreender como a dimensão acategorial de Rahner se harmoniza com a consciência fenomênica de Chalmers, e a psicológica com a categorial. Desse modo, em toda experiência se dá a dimensão acategorial não consciente, fenomênica (sou eu que faço a experiência, sem necessidade de estar consciente do fato de que sou eu que a faço, a fim de que seja efetivamente consciente), bem como a categorial psicológica, consciente, mediante a qual me dou conta daquilo que percebo, podendo descrever o que percebo e as suas ressonâncias afetivas e fazer todas as possíveis reflexões sobre isso.

1.2.3. A perspectiva fenomenológica e histórica

A reflexão de Rahner e de Chalmers compõe um quadro de referência filosófico-teológico-psicológico que toma forma histórica na investigação de Juan Martín Velasco, uma vez que esse autor procura a estrutura de significado do fenômeno místico como fenômeno humano, como se verificou historicamente nas suas múltiplas formas[19]. Para isso, ele opta pelo método fenomenológico, afirmando que com a palavra *mística/contemplação* englobam-se tanto os aspectos divergentes quanto os convergentes das distintas tradições, sejam elas religiosas ou não, e que a dimensão cultural emerge igualmente em todas essas tradições como expressão das *invariantes humanas*[20].

---

19. Cf. Martín Velasco, J., *Il fenomeno mistico*, I, 35.
20. Cf. ibid., I, 48.

A mística/contemplação, como fenômeno humano, é a experiência íntima de uma realidade sobrenatural, da qual há testemunhos indiretos mediante relatos ou pela presença de fenômenos extraordinários: "o místico é alguém que vive pessoalmente a religião à qual pertence, que teve contato experiencial com a realidade última, o Mistério, Deus, o Divino, a quem remetem todos os elementos da religião"[21]. O citado contato implica, de um lado, a percepção de uma presença que não é redutível a nenhuma realidade mundana, nem mesmo ao sujeito que a experimenta: é transcendente ao mundo; de outro lado, apesar de sua transcendência, é, ao mesmo tempo, experimentada na intimidade do mundo e do sujeito. Por isso, Velasco afirma: "A religião, toda religião, que se apresenta como um sistema organizado de crenças, de ritos, de práticas, de tradições etc., tem seu centro nessa Presença e, mais corretamente, numa determinada forma de resposta a ela"[22]: uma Presença-ausente, não só raiz da religião, mas também, em virtude da sua condição radical, presença invisível que acompanha toda a experiência humana enquanto humana. É uma *Presença acompanhante* oculta, velada, que não é objeto nem de conhecimento nem de reflexão, mas, antes, condição de possibilidade do ser.

> De modo que, quando o homem se interroga sobre Deus, faz-se eco, na realidade, da pergunta que Deus sempre lhe dirigiu; quando acredita conhecê-lo, toma consciência da luz graças à qual o conhece e conhece tudo; e quando o deseja, é atraído, na realidade, pela força de atração que o Bem, que a Presença exerce sobre ele[23].

A autoconsciência humana põe a *autopergunta* radical, que se reflete afetivamente no desejo, a força que leva para além de si, aspirando

---

21. Ibid., II, 17.
22. Ibid., II, 18.
23. Ibid., II, 19.

a alguma coisa de indeterminado, que nenhuma realidade material consegue satisfazer[24].

A partir dessas constatações fenomenológicas, chega-se a uma concepção antropológica fundamental: a experiência humana radical consiste na tomada de consciência da "presença no homem de um 'para além de si mesmo', a sua condição de ser habitado por um transbordante *excessus* que o inunda"[25]. Esse é o dado de fato que se evidencia: "os testemunhos dos místicos são unânimes e podemos afirmar que, para eles, a vida mística se apoia na Presença originária do Mistério na realidade e no centro do homem"[26].

Segundo uma perspectiva histórica, Bernard McGinn desenvolve o ambicioso projeto de uma história da mística cristã no Ocidente[27]. Nela, afirma, em relação à mística, que não pode ser desvinculada da religião e que, na verdade, se deve vincular a um estilo de vida centrado em atingir uma finalidade, na qual se exprime a consciência da presença de Deus. O elemento místico do cristianismo "é representado por aquela parte das suas crenças e práticas que dizem respeito à preparação para a percepção de – e a reação a – aquilo que pode ser descrito como experiência imediata de Deus"[28]. McGinn evita o termo ambíguo *experiência* e propõe, como alternativa, o termo *percepção consciente* da presença

---

24. Cf. ibid., II, 20.
25. Ibid., II, 23; aspas do autor.
26. Ibid., II, 35.
27. Cf. McGinn, B., *The Presence of God: A History of Western Christian Mysticism*. v. I. *The Foundations of Mysticism. Origins to the Fifth Century*; v. II. *The Growth of Mysticism. Gregory the Great Through the 12th. Century*; v. III. *The Flowering of Mysticism: Men and Women in the New Mysticism, 1200-1350*; v. IV. *The Harvest of Mysticism in Medieval Germany*; v. V. *The Varieties of Vernacular Mysticism: (1350-1550)*; v. VI/1. *Mysticism in the Reformation (1500-1650)*; v. VI/2. *Mysticism in the Golden Age of Spain (1500-1650)*; v. VI/3. *The Persistence of Mysticism in Catholic Europe. France, Italy and Germany (1550-1675)*; v. VII. *The Crisis of Mysticism. Quietism in Seventeenth-Century Spain, Italy, and France*.
28. McGinn, B., *The Presence of God*, I, XVII.

de Deus, presença sempre presente, da qual, porém, se tem uma percepção consciente intermitente de presença e de ausência. É claro que se trata de uma presença que não se pode comparar com a experiência normal da consciência religiosa que ora, frequenta ritos e tem devoção: o que se apresenta, sob o ponto de vista quer objetivo, quer subjetivo, como mais direta, até como imediata[29]. É uma experiência *imediata* no sentido de que essa Presença atinge no sujeito níveis da personalidade em que normalmente a vida religiosa comum não toca.

São interessantes as considerações de McGinn sobre a natureza da mística. O historiador é de opinião que a maior parte dos estudiosos da mística tem uma concepção *a priori* que condiciona necessariamente a leitura e a análise do texto místico. Por essa razão, não concorda com a distinção entre mística e teologia mística. Além disso, considera fundamental a relação entre experiência e hermenêutica, dado que é impossível ter acesso direto à experiência do místico sem que ela seja interpretada a partir de um testemunho, geralmente escrito, e, portanto, sem recorrer a uma hermenêutica do texto místico. É necessário, então, ter presente a óbvia relação entre experiência mística, contexto histórico e tradição, para não correr o risco de que surja uma concepção atemporal da mística, a qual limitaria sua própria compreensão.

---

29. Cf. ibid., I, XIX. "When I speak of Mysticism as involving an immediate consciousness of the presence of God I am trying to highlight a central claim that appears in almost all mystical texts. Mystics continue to affirm that their mode of access to God is radically different from that found in ordinary consciousness, even from the awareness of God gained through the usual religious activities of prayer, sacraments, and other rituals. As believers, they affirm that God does become present in these activities, but not in any direct or immediate fashion. Mystical religious texts are those that witness to another form of divine presence, one that can, indeed, sometimes be attained within the context of the ordinary religious observances, but which need not be. What differentiates it from other forms of religious consciousness is its presentation as both subjectively and objectively more direct, even at times as immediate" (ibid.).

1.2.4. A experiência pascal como arquétipo da experiência mística

Elmar Salmann considera a mística como um modo particular de experimentar a realidade, mas que não seja apenas experiência pontual e, sim, um processo no qual a reflexão deve ter um papel para a elaboração da experiência, de modo que seja, ao mesmo tempo, teórica e vital[30]. Segundo o autor, a experiência dos discípulos de Emaús satisfaz essas condições.

Na citada experiência identificam-se quatro características que são paradigmáticas da experiência mística cristã: 1) um fato ou evento *toca* uma pessoa, é a dimensão objetiva:

> implica um impacto imediato, permite uma identificação direta do objeto, o qual é percebido somente de modo mediato, por meio de uma reação visceral, instintiva (o ardor do coração), de uma transformação do centro da autopresença, do órgão da avaliação espontânea[31];

2) o que *toca* faz pensar, trata-se nesse caso da dimensão subjetiva da experiência: "uma experiência com a própria experiência na intimidade do próprio experimentar, que é afetado e invertido, criando uma nova distância entre o sujeito e o mundo"[32]; 3) dos dois pontos anteriores segue-se uma transformação interior, fruto da reflexão que assimila interiormente a experiência vivida, tornando-se ponto de partida de uma nova autocompreensão; 4) essa última leva, como consequência, a uma dimensão de novidade, a um absoluto início assistencial, fundamentado na experiência vivida. É o caso dos discípulos de Emaús, que

---

30. Cf. SALMANN, E., Mistica. Esperienza e teoria. Storia delle figure, 193; Id., Mistica, 1026-1035.
31. SALMANN, E., Mistica. Esperienza e teoria. Storia delle figure, 195.
32. Ibid., 194.

são *tocados* pela experiência de Jesus ressuscitado, o que significa para eles um novo início e não mera continuação.

A mística não é senão a expressão da consciência imediata da presença do Absoluto[33]. Uma consciência situada que tem a experiência de um *toque*, sobretudo afetivo e que, como consequência, deve redefinir a si mesma *"como uma intimidade tocada e iluminada pelo profundo e pelo horizonte do próprio pensar, amar e ser"*[34]. Todavia, para se exprimir e se formular, a mística necessita de uma tradição de pensamento à qual faz referência como *forma mentis*. Por esse motivo, Salmann reformula a velha metáfora dos sentidos espirituais, que atravessa toda a tradição cristã, propondo uma nova compreensão dos sentidos e dos afetos:

> Talvez, a religião cristã esvaeça no hemisfério ocidental porque lhe falta a cultura dos sentidos. Vivendo num sistema pragmático (isso significa somente isso) e virtual (tudo significa tudo, ou melhor, nada), oscilando entre depressão, histerismo e esquizofrenia, falta-nos uma ordem e uma escola dos afetos[35].

Esse vazio deve se encher a partir de uma revisão da relação entre mística, filosofia e teologia.

Com efeito, o ponto de referência desse novo início é a *mística elementar*: a experiência espontânea do conhecimento humano que se apresenta como um processo dinâmico, integrado e finalizado, entre os sentidos e o dar sentido, entre mundo e pensamento. Uma dinâmica *sensual-sensata* que o homem deve levar em consideração para ser ele mesmo, apesar da sua autonomia de pensamento. Assim, a filosofia compreende essa experiência integrada de pensar e sentir *"como* situação transcendental simbólica e *como* passagem metafórica em que o

---

33. Cf. ibid., 197.
34. Ibid., 198; itálicos do autor.
35. SALMANN, E., I sensi del senso – Il senso dei sensi, 103.

sentido e a verdade do destino e do ser se manifestam"[36]. Em compensação, a teologia pensa a filosofia como *locus theologicus*, porque "não é senão a circunstância e a concretização refletida dessa circularidade entre a dinâmica simbólica da realidade, da carne e da razão e a presença reveladora e curativa do divino"[37]. A mística se apresenta nesse contexto como *locus theologicus*, enquanto expressão da vivência de situações transcendentais, em que Deus se deixa pensar, situações refletidas filosoficamente e interpretadas teologicamente.

1.3. Conclusão

A falta de continuidade entre experiência cristã e experiência mística, apresentada por Mouroux e por outros autores, encontra uma solução a partir da experiência transcendental, como fundamento das duas. A experiência mística e, portanto, a possibilidade da contemplação, é o momento antropológico fundante, atemático da experiência cristã, enquanto condição de possibilidade do momento antropológico fundado tematicamente na revelação cristã. A experiência transcendental rahneriana traduz-se psicologicamente nos termos cunhados por Chalmers e se faz história concreta na fenomenologia que Martín Velasco descreve e que McGinn segue como Presença que se torna imediata à consciência humana na história do cristianismo ocidental, uma Presença como homem ressuscitado (Salmann).

Portanto, a experiência cristã tem, simultaneamente, uma dimensão atemática, fenomênica, de pura experiência, a mística/contemplativa, e outra temática, psicológica, reflexiva, teológica, espiritual. A experiência de Jesus Cristo ressuscitado pertence às duas dimensões e, por isso, se converte no paradigma da experiência cristã (Salmann), enquanto

---

36. Ibid., 107. Itálicos do autor.
37. Ibid.

torna presente Deus imediatamente (McGinn), sem forçar a normal fenomenologia humana (Martín Velasco) da experiência transcendental/psicológica (Rahner e Chalmers). Daí a necessidade de não separar o que está unido, sem confundir os níveis nem os desarticular, como se verá a seguir.

2. A superação da dicotomia

No primeiro capítulo (*Um novo ponto de partida*) foi apresentada a procura de sentido como a mediação da abertura ao mistério pessoal e ao mistério da realidade, oferecendo uma visão que tornou possível unir numa mesma interpretação o sentido religioso de Inácio de Loyola e o secular de Sigmund Freud: às duas respostas tão diferentes à pergunta sobre o sentido da vida está subjacente, todavia, uma mesma estrutura antropológica. Por isso, a fenomenologia dessa procura constitui o paradigma antropológico sobre o qual se fundamenta a superação da dicotomia entre espiritualidade e mística/contemplação, entre experiência e reflexão, da qual já tratei em pormenor em outras partes como desenvolvimento do método fenomênico-cognitivo[38]. Consta ele de dois momentos: um sincrônico e o outro diacrônico. No primeiro, preparam-se as experiências que se querem analisar e se passa a fazer isso uma a uma;

---

38. O método foi apresentado e desenvolvido em outros escritos: cf. Zas Friz De Col, R., *Teologia della vita cristiana*, 69-128; Id., *La presenza trasformante del mistero*, 117-157. Quando da publicação deste livro, o método passou por ulteriores desenvolvimentos, chegando a ser renomeado como *método teológico-decisional*: cf. Zas Friz De Col, R., Dall'ascetica e mistica alla vita cristiana. Novant'anni dopo, *Vita Cristiana*, v. 88, n. 1 (2019) 9-32, publicado também in: *Mysterion* (www.mysterion.it), v. 12, n. 1 (2019) 27-42; Pereira de Oliveira, L., Il metodo teologico-decisionale, *Mysterion* (www.mysterion.it), v. 12, n. 2 (2019), 222-241; Zas Friz De Col, R., *Il vissuto cristiano di Santa Teresa di Lisieux alla luce del metodo teologico-decisionale*, Roma, G&B Press, 2021.

no segundo, considera-se cada uma das experiências analisadas em seu conjunto, para estabelecer uma continuidade entre elas.

2.1. Análise sincrônica

No momento sincrônico do método, se escolhe e se analisa uma experiência por vez, distinguindo cinco aspectos. No primeiro, se identifica a modalidade da presença do m(M)istério como se fez no primeiro capítulo, ao tratarmos a fenomenologia do mistério (cf. supra, cap. I. 2. 1). Aqui ocorre o encontro entre a dimensão acategorial (fenomênica) da experiência e a categorial (psicológica): é o *lugar* da experiência mediante a qual a pessoa reconhece simplesmente que experimentou *alguma coisa*. Nesse sentido, se fala de irrupção do *mistério* no campo perceptivo e de momento *fenomênico-mistérico*.

A pessoa se dá conta de que percebeu alguma coisa, tem consciência de que o objeto percebido apareceu independentemente da sua vontade. Justamente esse *dar-se conta* é que corresponde ao segundo momento (*fenomênico-hermenêutico*): *aquilo* que foi percebido deixa um efeito cognitivo, como a ampliação do campo da consciência em relação à percepção sensível, e um efeito afetivo, como a sensação bela e agradável que se atribui inequivocamente à percepção do objeto que irrompeu no campo da consciência. Esses dois primeiros aspectos estão estreitamente conexos, pois a tomada de consciência *daquilo* que é percebido ocorre, seja pelos efeitos cognitivos, seja pelos afetivos liberados.

À tomada de consciência segue-se uma avaliação crítica daquilo que se percebeu mediante a ressonância cognitiva e afetiva, que caracteriza o terceiro aspecto, o *crítico/cultural*. Reflete-se sobre *o que* se percebeu para assimilá-lo criticamente à pessoal cosmovisão de sentido, geralmente a partir da bagagem cultural pessoal, embora se possa recorrer também à tradição cultural de pertencimento. Obviamente, *o que* foi percebido, reconhecido e assimilado é preciso que seja adaptado à pessoal escala de valores, mediante uma decisão que representa o quarto aspecto do método: o *de decisão*. Mediante a reflexão feita, toma-se a decisão de modificar ou não os valores pessoais. Por exemplo, no processo de conversão há uma ou várias experiências fundamentais, das quais se vai tomando consciência progressivamente, graças às ressonâncias cognitivas e afetivas delas e a consequente reflexão sobre o sentido que essas ressonâncias têm para a própria vida; a essa altura, deve-se tomar a decisão de mudar ou não a escala de valores pessoais no horizonte sugerido pelas percepções assumidas e meditadas.

O resultado, o fruto ou o sentido da decisão tomada, constitui o quinto e último aspecto do método de análise, o que reorienta a pessoa de modo cognitivo, afetivo e comportamental sobre o sentido da decisão tomada. No caso da conversão religiosa, ela reorienta a escala de valores pessoais para os valores assumidos, que se tornam os critérios decisivos para tomar futuras decisões. No caso da análise das experiências cristãs, esse último aspecto é o da *atitude teologal*[39], à qual o fiel adere progressivamente à vontade de Deus, mediante o desenvolvimento de uma vida cristã de fé, esperança e amor. Essa atitude se configura nos cinco aspectos anteriores: *experiência* da Presença, *tomada de consciência* daquela Presença, *reflexão* sobre ela e tomada de *decisão* que abre – ou fecha – à atitude teologal.

À medida que a atitude teologal configura a personalidade do fiel, ele dará testemunho da passagem de Deus na sua vida e se tornará assim um transmissor da passagem de Deus na história. Obviamente, não basta uma decisão, pois a vida é um contínuo suceder-se de momentos numa linha

---

39. A atitude se define como "a avaliação global de um objeto" e é composta por três dimensões: cognitiva, afetiva e comportamental. A primeira faz referência às "informações e às crenças que os indivíduos têm a propósito do objeto a que se volta a atitude. O componente afetivo diz respeito à reação emotiva (*affect*) que o objeto suscita, ou a atitude do sistema nervoso simpático. Enfim, a resposta comportamental concerne às ações de aproximação ou de elusão com relação ao próprio objeto" (CAVAZZA, N., *Psicologia degli atteggiamenti e delle opinioni*, 21-22).

temporal incessante. Por isso, a uma decisão segue-se outra, como a uma experiência sucede outra e assim, repetidamente, sem interrupção. Trata-se de um contínuo processo de transformação interior, pois as experiências são refletidas e levam a tomar decisões que mudam a posição pessoal diante de si mesmo e perante os outros. Uma transformação contínua que se prolonga durante toda a existência e mediante a qual o fiel amadurece, graças à sua relação com o Mistério Santo, que o toca interiormente com a sua graça (primeiro aspecto), do qual toma consciência por moções espirituais (segundo) e sobre as quais reflete (terceiro) para tomar decisões (quarto) que o aproximam ou o afastam do próprio Mistério que o visita (quinto).

Uma transformação progressiva que exige também uma moldura de referência para compreender sua evolução, pois, uma vez analisadas individualmente as diferentes experiências, é necessário compreendê-las em sua progressão temporal. Por isso, torna-se necessária a segunda parte do método, a análise diacrônica, que ajuda a organizar as partes num todo.

2.2. Análise diacrônica

Segundo a opinião de Federico Ruiz, o estudo do desenvolvimento da vida cristã converteu-se no ponto de vista do qual se contempla a totalidade do mistério cristão, graças também ao desenvolvimento das ciências humanas[40]. Por essa razão, o autor reinterpretou a visão tradicional da evolução da vida cristã, dividida em três partes (purgativa, iluminativa e unitiva) ou estados (principiante, proficiente, perfeito),

---

40. Cf. Ruiz, F., L'uomo adulto in Cristo, 509. Para uma visão atualizada sobre a problemática do tema, cf. Stercal, C., Gli "itinerari spirituali": senso ed evoluzione di un tema tradizionale; Bertazzo, A., La crescita spirituale nella scuola francescana; Betschart, C., La crescita spirituale nella scuola carmelitana; García, J. M., La crescita umano-spirituale dei giovani nella tradizione salesiana; Touze, L., Come la ricerca contemporanea presenta la crescita spirituale.

com uma nova visão que assume também os resultados das ciências acima mencionadas[41].

O amadurecimento na vida cristã se dá no exercício da liberdade, como resposta à Presença do Mistério e da sua graça divina[42]. Daí a proposta holística de Ruiz, segundo a qual os diferentes aspectos da pessoa devem se integrar em função de um dinamismo centralizador. Por essa razão é necessário formular um novo modelo a fim de recolher os dados, organizá-los e analisá-los para dinamizar a relação do crente com o mistério de Deus. Nesse sentido, Ruiz aplica ao desenvolvimento da vida cristã uma progressão em seis etapas, com base no desenvolvimento da pessoa: iniciação, personalização, interiorização, crise, maturidade relativa e glorificação. De fato:

> Para crescer, o organismo elimina, atravessa fases sucessivas, sofre crises sempre diferentes, permanecendo, todavia, sempre o mesmo. O crescimento não acontece simplesmente por acumulação, mas por um processo de perdas e aquisições. A mesma coisa acontece no processo espiritual que, de fato, não é um processo gradual ou harmônico: é feito de contradições, conflitos, tensões, rupturas de equilíbrio, que abrem o horizonte a sínteses mais ricas[43].

Segue-se uma breve descrição das seis etapas. A iniciação se dá, formalmente, com o batismo e, praticamente, com a conversão, ou seja,

---

41. Para Ruiz, o modelo tradicional foi superado porque não consegue integrar os dados psicológicos da maturidade humana, centrada como está no crescimento da graça por méritos pessoais, boas obras, virtudes etc. Cf. RUIZ, F., L'uomo adulto in Cristo, 526.
42. Ser maduro em sentido cristão "significa assimilação e desenvolvimento coerente da graça e do ensinamento evangélico nas convicções íntimas e nas relações que caracterizam a vida humana e cristã: a) diante de Deus: criatura, filho, servo, sujeito livre e responsável; b) na Igreja comunidade, que vive e dá testemunho; c) como pessoa crente e coerente em toda a existência; d) na vida e diante dos problemas da sociedade" (ibid., 512).
43. Id., Diventare personalmente adulti in Cristo, 292.

mediante o ato com o qual a pessoa decide assumir, responsavelmente, o fato de ser crente. Uma vez tomada essa decisão, segue-se uma segunda etapa, a da personalização da relação com Deus, com quem se começa a orientar, conscientemente, a vida cotidiana, segundo os critérios da fé, esperança e amor cristãos[44]. Ligada a essa etapa, está a seguinte, a interiorização teologal, na qual o crente se torna cada vez mais dócil às moções do Espírito, desenvolvendo uma oração mais contemplativa, distanciando-se da meditação dos principiantes, que o ilumina nas verdades da fé e o fortifica nas contrariedades da vida cristã. Cresce a consciência da Presença de Deus em todos os níveis da realidade. Desenvolve-se uma atitude teologal/contemplativa[45].

Na quarta etapa, ao contrário, pode acontecer de o crente ver interrompido o que considera o normal desenvolvimento positivo da sua relação com Deus, uma vez que pode ocorrer algo inesperado que o desorienta daquilo que considerava a sua *normalidade*: é a crise da purificação[46]. Assim, o que a princípio parecia ser uma desolação passageira, torna-se um estado interior normal, que pode durar muito tempo. São as *noites* dos sentidos e do espírito. Essa instabilidade leva, positivamente, à consolidação da atitude teologal, com que se abrem as portas à etapa seguinte, a da maturidade espiritual, e à qual se segue uma última etapa, a glorificação, na qual se atinge a maturidade plena.

Depois da crise, o crente tem uma visão mais real de si, da realidade e de Deus; assim, a sua relação com ele é mais sólida e verdadeira: a sua humanidade vai se transformando progressivamente, vai se divinizando em vista de uma plenitude que chega apenas depois da morte. Por isso, é importante resgatar a dimensão escatológica da vida cristã e incorporá-la como etapa ulterior do seu desenvolvimento. De outro modo, se

---

44. "O empenho típico dessa fase espiritual consiste em integrar os conteúdos objetivos e subjetivos da vida cristã no processo de afirmação da personalidade humana e no complexo da sua existência individual e social" (id., L'uomo adulto in Cristo, 538).
45. Cf. ibid., 541.
46. Cf. ibid., 441.

perde a continuidade entre tempo e eternidade, entre o *vale de lágrimas* e a *glorificação*.

2.3. Análise sincrônica e diacrônica da vida cristã de Inácio de Loyola

Nesta seção, como exemplificação do método explicado nos números anteriores, analisam-se sete decisões de Inácio, inclusive entre a sua conversão narrada na *Autobiografia* e a experiência do discernimento referida no *Diário espiritual*[47].

2.3.1. Análise sincrônica

Como apoio à análise das decisões de Inácio, proponho um esquema com as abreviações dos cinco momentos:

(P) *Percepção* da p(P)resença do m(M)istério
(R c+a) *Ressonância cognitiva e afetiva* da p(P)resença do m(M)istério
(R) *Reflexão* pessoal sobre a base de (R c+a)
(D) *Decisão tomada*
(C) *Consequências* da decisão tomada, que configura a atitude teologal.

A primeira decisão ocorre enquanto Inácio está convalescente de uma ferida de guerra (Primavera de 1521). A experiência se anuncia com a leitura de dois livros: um da vida de Cristo e o outro da vida dos santos. Enquanto lê, alternam-se nele duas moções: de um lado, entusiasmo

---

47. Cf. Zas Friz De Col, R., Analisi del vissuto cristiano d'Ignazio di Loyola, 140-144 para a análise sincrônica e 144-151 para a análise diacrônica.

crescente pela penitência dos santos, pela qual começa a provar admiração, e, de outro, entusiasmo para conseguir a admiração por parte de uma nobre dama. Esse contraste, do qual Inácio logo se torna consciente, permite que se manifeste a experiência para ele surpreendente:

> Essa alternância de pensamentos tão diferentes durou bastante tempo, e ele se detinha sempre no pensamento que voltava, quer fosse o das façanhas mundanas que desejava fazer, quer o de outras coisas de Deus que se lhe ofereciam à imaginação, até que, cansado, deixava tudo isso e se ocupava de outras coisas. Havia, porém, esta diferença: quando pensava nas coisas do mundo, sentia um grande prazer; mas quando depois, cansado, as deixava, sentia-se árido e descontente; quando, porém, pensava em ir, descalço, a Jerusalém, e não se alimentar senão de ervas, ou em praticar todas as outras austeridades que via terem sido praticadas pelos santos, não só sentia consolação, quando estava nesses pensamentos, mas também, depois de eles o deixarem, ficava contente e alegre. Não reparava nisso, então, nem se detinha a ponderar essa diferença, até que uma vez se lhe abriram um pouco os olhos e começou a se maravilhar com essa diferença e a fazer reflexão sobre isso, percebendo, pela experiência, que, depois de alguns pensamentos, ficava triste e que, depois de outros, ficava alegre. Assim, pouco a pouco, veio a conhecer a diversidade dos espíritos que nele se agitavam: um do demônio e o outro de Deus.
>
> Foi essa a primeira reflexão que fez sobre as coisas de Deus. E depois, quando fez os Exercícios, começou a partir deles a ter mais clareza sobre as coisas que se referem à diversidade dos espíritos.
>
> Recebida não pouca luz dessa experiência, começou a refletir mais a sério sobre sua vida passada e sobre quanta necessidade tinha de fazer penitência a respeito. E a essa altura, se lhe apresentavam os desejos de imitar os santos, sem atentar tanto às circunstâncias quanto a apenas se prometer de, com a graça de Deus,

fazer, também ele, o que eles tinham feito. Mas o que, sobretudo, desejava fazer, logo que estivesse bom, era ir a Jerusalém, como se disse acima, com tantas disciplinas e tantas abstinências quantas uma alma generosa e apaixonada por Deus deseja normalmente fazer (A 7-9).

Interpretando a experiência com o método proposto, a diversidade dos pensamentos é a ocasião que dá a Inácio a oportunidade de se dar conta (R c+a) da diferença de moções que percebe (P); reflete sobre isso (R) e toma a decisão (D) de ir para a Terra Santa, decisão que o inicia na vida teologal (C), embora sem ter ainda consciência disso.

Inácio toma a segunda decisão quando se encontra na Terra Santa. Ele deseja permanecer ali, mas um imprevisto destrói seu plano:

> No dia anterior à partida dos peregrinos, vieram chamá-lo da parte do Provincial – de fato, havia chegado – e do padre Guardião. O Provincial, com boas palavras, lhe disse ter sabido de sua boa intenção de permanecer naqueles lugares santos e de ter considerado bem esse assunto, mas que, por experiência que tinha de outras pessoas, julgava que isso não seria conveniente. Muitos, com efeito, tinham tido o mesmo desejo, mas houve quem ficasse prisioneiro, quem fora morto, e a Ordem ficava depois obrigada a resgatar os prisioneiros. Que se preparasse, portanto, para partir no dia seguinte com os peregrinos... Ele rebateu, dizendo que seu propósito era muito sério e que julgava não poder desistir de o pôr em prática por nada deste mundo, dando a entender, com cortesia, que por nenhum medo teria desistido do seu propósito, mesmo que o Provincial não fosse desse parecer, a menos que se tratasse de coisa que o obrigasse sob pena de pecado. Então o Provincial lhe disse que eles tinham recebido da Sé Apostólica a autoridade de fazer partir dali ou de deixar ficar, a seu parecer, quem quer que fosse e de poder excomungar quem não quisesse

obedecer. Disse também que, no caso específico, eles julgavam que ele, Inácio, não devia permanecer etc. [...] E como lhe quisesse mostrar as bulas, por força das quais poderia excomungá-lo, ele respondeu que não havia necessidade de as ver, que acreditava em Suas Reverências e que, dado que tinham julgado daquele modo, por força da autoridade que tinha, ele lhes prestaria obediência (A 46-47).

Inácio deixa Jerusalém para retornar a Veneza, no inverno de 1524:

> o peregrino, quando entendeu que era vontade de Deus que não ficasse em Jerusalém, estava sempre a matutar sobre *quid agendum*. Afinal, sentia-se mais inclinado a estudar, por algum tempo, para poder ajudar as almas. E decidiu ir a Barcelona e, assim, partiu de Veneza para Gênova (A 50).

Inácio decide abandonar a Terra Santa (D) porque compreende também que é essa a vontade de Deus (R), tendo tomado consciência (R c+a) do fato de que se manifestava no padre Provincial a vontade divina (P), e, por isso, se submeteu à sua vontade como se fora a de Deus (C).

Inácio permanece um ano e meio em Barcelona e se transfere para a universidade de Alcalá de Henares, para continuar os estudos. Sofre ali um processo da Santa Inquisição, que termina, para Inácio e os companheiros que tinham se unido a ele, com a seguinte sentença:

> podiam se considerar livres, mas deviam se vestir como os outros estudantes e não falar de assuntos referentes à fé por quatro anos, que eles deviam ainda se dedicar ao estudo, pois não estavam suficientemente instruídos. A dizer a verdade, o peregrino era quem mais sabia a respeito, mas os seus conhecimentos tinham poucos fundamentos: e essa era a primeira coisa que costumava dizer quando o interrogavam. Depois dessa sentença, ele ficou

com certa dúvida sobre o que faria, porque parecia que lhe tinham fechado as portas para fazer o bem às almas, sem lhe dar nenhum motivo senão o fato de não ter estudado. Afinal, ele decidiu ir encontrar o arcebispo de Toledo, Fonseca, e colocar nas mãos dele essa questão. Partiu de Alcalá e encontrou o arcebispo em Valladolid. Depois de lhe ter contado tudo o que estava acontecendo, disse que, embora não estivesse mais sob sua jurisdição nem fosse obrigado a obedecer à sentença, faria, contudo, tudo o que lhe ordenasse (e o tratava por "vós", como costumava tratar a todos). O arcebispo o acolheu muito bem e, ao saber que ele desejava se transferir para Salamanca, disse-lhe que tinha lá amigos e um colégio em Salamanca e que punha tudo à disposição dele. E quando o peregrino se despediu, fez que lhe dessem quatro escudos (*A* 62-63).

Essa situação torna possível a terceira decisão. Depois da sentença da Inquisição, Inácio está perplexo (R), sem saber o que fazer, e, por isso, decide pedir conselho ao arcebispo de Toledo (D), pois considera (R c+a) que, na situação em que se encontra (P), o melhor a fazer seria render-se à vontade do arcebispo para fazer a de Deus (C). Assim, transfere-se para Salamanca em julho de 1527.

Todavia, tem também lá problemas com as autoridades eclesiásticas. É preso e, depois de vinte e dois dias, é convocado para ouvir a sentença:

> Estabelecia ela que não havia nenhum erro, nem na vida nem na doutrina; que, portanto, poderiam agir como agiam antes, ensinando a doutrina cristã e falando das coisas de Deus, desde que não definissem jamais que isto é pecado mortal ou que aquilo é pecado venial, senão depois de quatro anos, durante os quais deveriam ainda estudar (*A* 70).

A reação de Inácio é clara e decidida:

> ele faria tudo o que a sentença ordenava, mas que não a teria aceitado, porque, sem o condenar em nada, fechavam-lhe a boca para que não ajudasse o próximo na medida de suas possibilidades. E por mais que o doutor Frias, que se mostrava muito devotado, insistisse muito, o peregrino nada disse, senão que faria tudo aquilo que lhe ordenavam, enquanto estivesse na jurisdição de Salamanca (A 70).

Assim, Inácio

> começou a se encomendar a Deus e a considerar o que devia fazer. Encontrava muita dificuldade em ficar em Salamanca, porque, com aquela proibição de definir a respeito de pecado mortal e venial, parecia-lhe ter a porta fechada para fazer bem às almas. Assim, decidiu ir estudar em Paris (A 70-71).

A situação vivida em Salamanca é a ocasião para tomar uma nova decisão: ir estudar em Paris (D), depois de ter tomado consciência (R c+a) da condição na qual se encontrava (P) e de refletir sobre ela (R), procurando fazer a vontade de Deus (C).

Inácio chega a Paris em fevereiro de 1528 e a sua permanência se prolonga por sete anos, até abril de 1535. Deixa a cidade quando tinha avançado nos estudos e por motivos de saúde[48]. Na realidade, é o primeiro passo de um projeto que Inácio elaborara com os companheiros que tinham se unido a ele: reunir-se-iam em Veneza, para irem a Jerusalém, e, se não o conseguissem no prazo de um ano, iriam a Roma para se

---

48. "Tendo já terminado, naquele período, o Curso de Artes, tendo já feito alguns anos de teologia e ganhado os companheiros, a doença progredia sempre, sem poder encontrar remédio algum, embora tivesse experimentado muitos. Os médicos diziam que somente o ar da terra natal é que o podia ajudar. Também os companheiros lhe aconselhavam a mesma coisa e o estimularam muito a respeito" (A 84-85).

porem à disposição do Santo Padre a fim de que os empregasse naquilo que ele considerasse mais conveniente para o serviço da Igreja[49].

Diferentemente das outras, a quinta decisão está vinculada não só à vivência pessoal de Inácio em Paris, mas também à dos seus companheiros. Inácio constituiu um grupo graças à sua grande experiência espiritual e, de modo especial, por ter dado a eles os *Exercícios espirituais*, despertando-os para uma intensa vida cristã (P), a qual os levou a tomar nova consciência da existência (R c+a), graças à qual refletem (R) sobre como empregar suas vidas no futuro, decidindo ir para a Terra Santa ou, se não fosse possível, até o papa (D), para se dedicarem ao serviço de Deus e das almas (C).

Depois de muitos altos e baixos, os companheiros se encontram com Inácio em Veneza, em janeiro de 1537:

> Naquele ano, os navios não zarparam para o Oriente, porque os venezianos tinham rompido com os turcos. E eles, ao verem que se prolongava a espera da embarcação, espalharam-se pelo território veneziano, com a intenção de trabalhar durante aquele ano, para o qual tinham se preparado. E se passado o ano sem possibilidade de embarcar, iriam a Roma (*A* 94).

E como o ano passou sem que pudessem embarcar, decidiram partir para a cidade papal.

Essa decisão, a sexta, depende da anterior: dada a circunstância de não haver navios que zarpassem (P) e ao tomarem consciência desse

---

[49]. "Já naquele período estavam todos decididos sobre o que deviam fazer, ou seja, ir a Veneza e a Jerusalém e empregar a vida deles a serviço das almas. Como não lhes fora dada a permissão de continuar em Jerusalém, tendo voltado a Roma, se apresentariam ao Vigário de Cristo, para que os empregasse onde ele julgasse ser da maior glória de Deus e utilidade das almas. Tinham decidido também esperar por um ano a embarcação em Veneza. E se naquele ano não houvesse embarcação para o Oriente, ficariam livres do voto de Jerusalém e iriam ao encontro do papa etc." (*A* 85).

fato (R c+a), decidiram ir para Roma (D), segundo o que tinham estabelecido em Paris (R), para, assim, obedecerem à vontade de Deus (C).

Inácio e os seus companheiros chegam a Roma em novembro de 1537. Ali, Inácio viverá até sua morte (31 de julho de 1556), pouco menos de dezenove anos mais tarde. Durante esse período é eleito superior pelos seus companheiros e recebe o encargo de escrever o documento que os organiza num corpo apostólico, as *Constituições*. Em fevereiro de 1544, Inácio está discernindo se as casas professas dos jesuítas podem ter rendas ou não. No dia 8 daquele mês, anota no seu *Diário espiritual*:

> Do Nome de Jesus
>
> 7ª sexta-feira [*8 de fevereiro*]. Notável devoção e lágrimas na oração. Depois, a partir da preparação para a missa e durante a celebração, grande abundância de devoção e de lágrimas, contendo, quanto possível, as palavras e persistindo na propensão para o não.
>
> Logo depois da missa, devoção não sem lágrimas ao fazer eleição por uma hora e meia ou até mais e ao oferecer [ao Pai] o que, com base nos argumentos e na inclinação da vontade, me parecia melhor, ou seja, não ter nenhuma renda. Era isso que eu queria oferecer ao Pai com a mediação e as orações da Mãe e do Filho. E enquanto me dirigia com a oração, antes a ela para que me ajudasse junto a seu Filho e junto ao Pai, depois ao Filho para que, junto com a Mãe, me ajudasse junto ao Pai, percebi em mim como que um caminhar, ou ser levado, diante do Pai; e nesse caminhar eu sentia eriçarem-me os cabelos e uma sensação como de grande ardor por todo o corpo; consequentemente, lágrimas e devoção intensíssima.
>
> Depois, relendo o que eu havia escrito e parecendo-me fielmente expresso, sobrevém nova devoção não sem água nos olhos. Também mais tarde, ao lembrar-me dessas graças recebidas, nova devoção (*DE* 7-9).

Inácio deve tomar uma decisão a respeito do sustento das casas professas (D); por isso, antes, durante e depois da celebração da missa fica à espera das suas moções espirituais (P), das quais toma consciência (R c+a) e sobre as quais reflete (R), para cumprir a vontade de Deus (C).

Uma vez estudadas as decisões uma a uma, é possível agora analisá-las diacronicamente, na projeção temporal delas.

2.3.2. Análise diacrônica

A iniciação de Inácio na vida espiritual produz-se na primeira experiência considerada, quando está convalescente de uma ferida, e se prolonga até ele ter negada a permanência na Terra Santa, frustrando o desejo que fora o motivo de ele deixar a casa paterna e os cuidados familiares. Também o período intermediário em Manresa é importante para Inácio, porque vive experiências extraordinárias, enquanto é ainda inexperiente sobre as coisas de Deus; isso indica que essas experiências não são sinal de maturidade, mas, sim, dom gratuito de uma implicação consciente e responsável, que irá se desenvolvendo nas etapas seguintes. A decisão de ir estudar em Barcelona põe fim à sua iniciação e marca o início da etapa da personalização. A renúncia a permanecer na Terra Santa representa um duro golpe para ele: o princípio da realidade se impõe a seus desejos. Está desconcertado, tem de pensar no que fazer, mas não tem ainda experiência nas coisas do Espírito, que, todavia, ele vai adquirindo, como estudante peregrino, com os eventos de Alcalá e Salamanca, na tentativa de se adequar à vontade de Deus. Em Alcalá, por exemplo, já redige uma versão inicial dos *Exercícios espirituais*, o que demonstra seu progresso.

A decisão de ir a Paris marca o fim da etapa de personalização e o início da de interiorização. Lá, embora não faltem tribulações exteriores, Inácio encontra estabilidade interior, graças a um grupo de estudantes que se unem a ele, dos quais se torna mestre espiritual e aos quais dá os *Exercícios*, partilhando a vontade de um futuro como apóstolos em Jerusalém. Isso demonstra que já é um homem de experiência nas coisas interiores do Espírito, bem como nas eclesiais, emergindo como organizador, como se pode observar no episódio dos votos em Montmartre, em 15 de agosto de 1535:

> Já naquele período estavam todos decididos sobre o que fazer, ou seja, ir a Veneza e a Jerusalém e empregar a vida a serviço das almas. Mas se não lhes fosse dada a permissão de permanecer em Jerusalém, ao voltar a Roma, iriam se apresentar ao Vigário de Cristo, para que os colocasse onde ele julgasse ser da maior glória de Deus e proveito das almas. Tinham também decidido esperar por um ano embarcar em Veneza. Se naquele ano não houvesse viagens para o Oriente, estariam livres do voto de Jerusalém e iriam encontrar o papa etc. (*A* 85).

Na proposta de Ruiz do desenvolvimento das etapas da vida espiritual, à personalização segue-se a crise, difícil, a ser identificada, todavia, no processo de Inácio. De fato, não se descobre nele um longo período de crise de purificação, a *noite escura*, como ocorre em alguns espirituais. Temos de entender que a purificação das suas motivações e que o pôr ordem na sua humanidade desordenada, mesmo em dimensões que lhe eram desconhecidas, realizam-se progressivamente, por meio do discernimento das moções e das decisões tomadas, mediante o uso de recursos de que se vale, por exemplo, nas regras de discernimento dos *Exercícios*.

As decisões estudadas podem ser consideradas também como decisões tomadas diante de uma *crise*, as quais purificaram progressivamente Inácio dos seus planos, para aceitar os de Deus. Assim, o desejo duas vezes frustrado de ir para a Terra Santa, no início da sua aventura e em plena maturidade, deve ter significado para ele uma laceração progressiva no que ele considerava o maior serviço à Divina Majestade. Teve de reorientar a sua afetividade, para aceitar viver numa cidade na qual, provavelmente, não teria aceitado viver se dele dependesse. Além disso, os incidentes com a Igreja institucional em Alcalá, em Salamanca, em Paris e em Roma devem ter significado para ele uma verdadeira purificação interior; também seu estado de saúde, constantemente ameaçado por doenças e enfermidades, deve ter representado para ele uma purificação nada insignificante. Nas palavras de Arzubialde:

> Porque, definitivamente, o que Deus realizou, mas não como resultado exclusivo da enfermidade, foi uma verdadeira conversão à gratuidade, ou seja, a passagem do universo ególatra do desejo não integrado pelo amor e a partir do amor à relação gratuita de quem tudo espera somente de Deus (ou experiência espiritual da justificação); à humilde e grata aceitação da iniciativa livre e salvífica como puro dom imerecido e daí um novo modo de relação com Deus e com os outros; a confiar humildemente na realidade, até mesmo empobrecida, e, a partir dela, dar a Deus no serviço aos outros a maior glória, aqui e agora, possível e circunstanciada[50].

A etapa do amadurecimento de Inácio pode ser situada no período da vida romana, desde a chegada à Cidade Eterna, em novembro de 1537, até sua morte. Anos de maturidade dedicados, sobretudo, à organização, não só do grupo inicial de companheiros, mas também, progressivamente, dos novos jesuítas, que iam aumentando a fileira da nascente Companhia que tinha necessidade de formação e de atenção, que Inácio quer dar pessoalmente, o quanto possível.

As decisões tomadas durante a sua vida, consideradas retrospectivamente a partir das memórias autobiográficas, de 1553 e de 1554, levaram Inácio, com a mão da Providência, do castelo de Loyola a Roma e não à Terra Santa. Para ter uma ideia de como amadureceu a sua relação com

---

50. ARZUBIALDE, S., Enfermedad, 753.

Deus durante esse lapso de tempo, pode-se comparar o período do discernimento, nos inícios da conversão, e de quando é Geral, em Roma.

O próprio Inácio confessa, fazendo retrospectiva, que ao tomar a decisão de ir para a Terra Santa, embora tivesse grande desejo de servir a Deus, segundo o que ele era capaz de entender, estava ainda cego:

> Durante essa viagem sobreveio-lhe um fato[51] que será útil referir, para compreender de que modo Nosso Senhor agia com essa alma ainda cega, não obstante tivesse grandes desejos de o servir em tudo o que conseguia entender; com efeito, decidia-se a fazer grandes penitências, não se importando tanto, então, em pagar os próprios

---

51. "Andando, pois, pela sua estrada, aproximou-se-lhe um mouro que montava um jumento. Conversando, os dois vieram a falar de Nossa Senhora; o mouro dizia que também lhe parecia verdade ter a Virgem concebido sem intervenção de homem, mas não podia acreditar ter dado à luz e continuar virgem, dando os motivos naturais que lhe vinham à mente. O peregrino, embora lhe tivesse apresentado numerosas argumentações para provar o contrário, não conseguiu demovê-lo daquela opinião. E o mouro se adiantou com tanta pressa que o perdeu de vista, ficando ele a pensar na conversa com aquele mouro. A essa altura, sentiu algumas moções interiores que produziam descontentamento na sua alma, porque lhe parecia não ter cumprido o seu dever. Elas lhe causavam sentimento de indignação contra o mouro, parecendo-lhe que tinha feito mal em consentir que um mouro dissesse tais coisas de Nossa Senhora, e que tinha obrigação de voltar ao assunto para defender a sua honra. Por isso, vinham-lhe desejos de ir atrás do mouro e dar-lhe punhaladas por aquilo que tinha dito. E continuando por muito a combater esses desejos, acabou ficando na dúvida, sem saber o que era obrigado a fazer. O mouro, que se tinha adiantado, tinha-lhe dito que ia a um lugar que estava um pouco adiante no mesmo caminho, muito próximo da estrada principal, sem que ela o atravessasse.

E assim, cansado de examinar o que seria bom fazer e não encontrando solução certa para se determinar, tomou a seguinte decisão, ou seja, deixar a mula caminhar com as rédeas soltas até o lugar onde se dividiam os caminhos; se a mula fosse pelo caminho da vila, ele procuraria o mouro e lhe daria punhaladas; se não fosse em direção à vila, mas pelo caminho principal, não lhe faria nada. Fez como tinha pensado e quis Nosso Senhor que a mula tomasse a estrada principal, ainda que a vila estivesse a pouco mais de trinta ou quarenta passos e o caminho que levava a ela fosse muito largo e muito bom" (A 15-16).

pecados, mas, antes, em fazer o que fosse do agrado de Deus e em contentá-lo. Detestava de tal modo os pecados passados e tinha um desejo tão vivo de fazer grandes coisas por amor de Deus que, sem avaliar se os seus pecados já tivessem sido perdoados, não os tinha muito em conta nas penitências que se impunha (*A* 14).

Inácio era um principiante na vida do Espírito porque não sabia discernir nem raciocinar ou decidir. Era ainda interiormente cego, embora nutrisse *santos* desejos e tivesse experiências extraordinárias durante a permanência em Manresa. Ao contrário, no texto da carta que se apresenta a seguir, Inácio se mostra um homem que sabe ler e interpretar as moções interiores, para poder tomar decisões de grande importância. Agora é um homem entendido nas coisas de Deus.

O imperador Carlos V tinha pedido ao papa Júlio III o chapéu cardinalício para Francisco de Borja e isso fora concedido. Inácio procura impedir que isso ocorra, movendo as suas influências entre os cardeais e apelando até mesmo ao próprio papa. Trinta anos depois da iniciação espiritual, entre Loyola e Manresa, o Santo expõe numa carta ao interessado as suas motivações a respeito:

> Roma, 5 de junho de 1552[52]
>
> IHS. A suma graça e o amor eterno de Cristo nosso Senhor estejam sempre e continuamente a nos favorecer e ajudar.
>
> Quanto ao chapéu cardinalício, pareceu-me bem expor-lhe, como o farei por mim mesmo, o que se passou em mim, para maior glória divina. Desde quando me foi comunicado, com certeza, que o imperador Carlos V tinha proposto o seu nome e que o papa Júlio III teria prazer em o fazer cardeal, senti, imediatamente, uma inclinação ou moção a me opor a isso, com todas as minhas forças. Todavia, eu não estava seguro da vontade divina,

---

52. Santo Inácio de Loyola, *Gli Scritti*, 1207-1208.

por muitas razões pró e contra que me vinham à mente. Ordenei, portanto, que em casa, por três dias, todos os sacerdotes celebrassem a missa e os irmãos orassem, para que eu fosse guiado em tudo segundo a maior glória de Deus. Durante esses três dias, em determinadas horas, refletindo interiormente, eu sentia certos temores, e não aquela liberdade de espírito para falar e impedir o fato. Dizia para mim mesmo: "Que sei eu sobre o que deseja fazer Deus nosso Senhor?", e não me via com plena segurança para me opor. Em outros momentos, ao retomar minhas orações costumeiras, eu sentia esses temores se afastarem. Depois de passar por essa perplexidade várias vezes, quer com esse temor, quer com o sentimento contrário, finalmente, no terceiro dia, na minha oração costumeira, vi-me – sempre, a partir de então – com um pensamento tão decidido e com uma vontade tão suave e livre para me opor, quanto possível, diante do papa e dos cardeais, que, se não o fizesse, estaria e estou ainda certo de que não apresentaria uma boa conduta minha a Deus, mas que ela seria totalmente má.

Pensei, pois, e penso ainda que, dado que foi vontade de Deus que eu adotasse essa posição, se outros têm uma posição contrária e lhe conferem essa dignidade, não há nisso contradição alguma, pois pode o mesmo Espírito divino mover a mim a essa decisão por certas razões e aos outros, ao contrário, por outras razões, realizando-se, afinal, o desejo do imperador. Que Deus nosso Senhor aja em tudo para que se realize a seu maior louvor e glória.

Como se pode observar, com o passar do tempo, Inácio transformou-se interiormente e, por isso, consegue discernir com maior acuidade e detalhe, atestando, desse modo, a maturidade que atingiu. A essa etapa segue-se a glorificação, ou seja, o ingresso na Glória, que dá cumprimento às promessas escatológicas da atitude teologal. Tudo parece indicar que, por volta de 1553, Inácio se encontra aberto e disponível para o encontro definitivo com o Senhor, como reflete o pe. Nadal no prólogo da *Autobiografia* (n. 1-2):

> Eu e outros padres tínhamos ouvido dizer da parte de nosso padre Inácio que ele havia pedido a Deus para obter três graças antes de deixar esta vida: a primeira, que o Instituto da Companhia fosse aprovado pela Sé Apostólica; a segunda, que o fossem também os *Exercícios espirituais*; a terceira, que tivesse a possibilidade de redigir as *Constituições*.
>
> Lembrando-me disso e vendo que ele já havia conseguido as três, eu temia que já estivesse para ser chamado de nosso meio para uma vida melhor. E sabendo que os santos Padres Fundadores de um Instituto monástico costumavam deixar aos pósteros, como num testamento, algumas recomendações, confiando que eles poderiam ser ajudados na conquista da perfeição na virtude, eu procurava o momento em que pudesse pedir oportunamente a mesma coisa ao padre Inácio.

Com a morte de Inácio conclui-se a sua peregrinação, deixando uma herança que marcou de modo significativo a vida da Igreja, graças à sua experiência interior e à sua habilidade em exprimi-la e formulá-la em favor de outros.

3. Da *espiritualidade inaciana* à *vida cristã inaciana*, o novo paradigma

A superação da dicotomia entre espiritualidade e mística/contemplação realiza-se mediante um método, cuja unidade reside no ato teologal. Consta ele de uma fonte de experiência (a Presença do Mistério e a sua graça) que se traduz humanamente numa ressonância cognitiva e afetiva, que leva, primeiro, a uma reflexão de sentido em função de uma tomada de decisão; depois, a uma definição da atitude pessoal de aceitação, ignorância ou recusa da Presença do Mistério percebida pela fonte da experiência.

Na análise de Mouroux, não é clara a relação entre o ato consciente da fé e a experiência do *verbum interius*. Com o método desenvolvido, esclarece-se essa relação, ao se pôr junto, num *unicum*, a experiência, a tomada de consciência, a reflexão e a decisão, como partes imprescindíveis do ato teologal, que vai além do ato de fé. O seja, não se trata somente do ato de fé, mas do ato de todas as virtudes teologais, porque com ele se pretende a adesão do crente à Presença do Mistério, o qual requer a atenção sobre todas as suas dimensões, não apenas sobre a cognitiva. Uma consideração de tipo holístico do ato teologal é possível hoje pela aumentada relação entre fenomenologia, ciências humanas e vida cristã.

A análise da vivência cristã de Santo Inácio demonstrou precisamente como o método em questão permite abraçar dimensões diferentes da pessoa numa unidade não apenas estática (sincrônica), mas também dinâmica (diacrônica), cujo centro é a tomada de decisões. Nela se incorporam diferentes planos da pessoa, comportando, desse modo, uma relação viva com o Deus da revelação cristã, com o qual se recebe e se escolhe, a partir da vida humana e mortal, a vida divina e eterna, mediante a mútua união escatológica de vontade no amor. Nesse sentido, privilegia-se a palavra *vida* para *batizar* o novo paradigma inaciano, pois dá unidade à dimensão cognitiva, afetiva e comportamental da pessoa. Além disso, à palavra *vida* se incorporam os diversos planos implicados no processo decisional que tem como referência a revelação *cristã*, interpretada a partir da tradição *inaciana* e, por isso, *vida cristã inaciana*[53].

---

53. Convém deixar clara aqui a vantagem de utilizar a palavra *vida* em vez de *espiritualidade*. Se a decisão e o ato de decidir implicam – como o demonstra a análise sincrônica – a tomada de consciência de *alguma coisa* mediante as ressonâncias cognitivas e afetivas que essa *alguma coisa* produz para, depois, refletir sobre seu significado particular para a existência – o que leva sempre a tomar uma decisão e a assumir pessoalmente a responsabilidade das suas consequências –, então é claro que com o termo *vida*

O novo paradigma, *vida cristã inaciana*, supera as palavras *espiritualidade* e *teologia espiritual inaciana*, porque, além das razões já adotadas, essas últimas não apresentam adequadamente a relação entre experiência e reflexão. A expressão *o nosso modo de proceder* integra melhor a relação experiência-reflexão, mas se usa exclusivamente em referência à vivência inaciana, encontrando, genericamente, difícil aplicação à experiência cristã. Entende-se naturalmente *nosso modo de proceder inaciano*, embora se entenda, implicitamente, *cristão*, do mesmo modo como se entende que a *espiritualidade inaciana é cristã*. Já se fez referência ao fato de *o cristão da espiritualidade inaciana não considerar adequadamente a tradição contemplativa*.

Chamar a atenção sobre a experiência, a partir da perspectiva do método proposto, significa ver o desenvolvimento da vida cristã e as suas transformações, assim como a passagem da meditação à contemplação, numa perspectiva de continuidade experiencial, reflexiva e de decisão. Pelo contrário, o mesmo método ajuda a entender a dinâmica da procura de sentido como experiência humana fundamental.

Com efeito, a experiência do mistério do sentido da vida segue a mesma dinâmica da experiência da vivência cristã: a ausência de sentido (P) produz o vazio existencial, que se manifesta com conteúdo cognitivo e ressonâncias afetivas (R c+a), que fazem refletir sobre o sentido da vida (R), reflexão que normalmente leva à procura e à escolha de sentido (D), assumindo responsavelmente as consequências dessa escolha (C).

Além disso, ao analisar as experiências do *mistério* referidas no número 2.1 do primeiro capítulo, identificam-se também nelas os primeiros três momentos: percepção de uma *presença* (P) que irrompe, produzindo um conteúdo cognitivo e uma ressonância afetiva (R c+a), fazendo refletir sobre seu significado (R). Em ambos os casos, porém,

---

se abraçam muitas outras características humanas mais (percepção, reflexão, decisão, responsabilidade) do que com a palavra *espiritualidade*. Essa última alude, decerto, a uma dimensão humana, mas sem explicitar uma relação direta com a vida cotidiana. Vantagem que dá a *vida* sobre a *espiritualidade*.

não se toma nenhuma decisão diante *daquilo* que se percebeu. Desse modo, evidencia-se que, se não se reflete sobre a experiência do m(M)istério em função de uma decisão pessoal, ela se perde, esvaece, permanece uma experiência empírica e não existencial (Mouroux); ou, como diria Bernard, permanece *consciência mística* e não *espiritual*.

Portanto, mediante a análise sincrônica da vivência, recupera-se *suavemente* a dimensão do mistério na vida humana, em continuidade com a experiência do mistério cristão, nas suas modalidades-tipo, meditativa e contemplativa, dimensões próprias também da experiência cristã inaciana, como se demonstrou.

Que benefícios traz a análise metodológica como base do novo paradigma em relação ao anterior? A resposta está na interpretação do fenômeno global da secularização, mediante a análise da dinâmica da transcendência e da tomada de decisão. Com efeito, no contexto sociorreligioso atual, em que se deseja ser espiritual e não religioso, a análise do ato de decidir mostra a continuidade fenomenológica da p(P)resença do m(M)istério – nas suas duas versões: *forte* e *frágil* –, estabelecendo uma continuidade entre a experiência humana da transcendência, a cristã e a inaciana.

O método desenvolvido não ajuda somente a pensar a experiência cristã de modo holístico e em relação à dinâmica antropológica da transcendência, em resposta à procura sobre o sentido da vida, que mostra a raiz profundamente humana, transcultural e atemporal, partilhada pelos homens e mulheres de todas as culturas e de todos os tempos. O método ajuda também a recuperar a dimensão imprescindível da fenomenologia e da experiência do encontro com o Mistério cristão em virtude de uma formulação do ato teologal, contribuindo, desse modo, para reivindicar para o cristianismo a preeminência da experiência sobre a formulação teológica e a reivindicar no âmbito mais restrito da assim chamada espiritualidade inaciana – ou melhor, da vida cristã inaciana – a continuidade entre a meditação e a contemplação como entendidas na grande tradição cristã.

Além disso, superando com o método proposto a separação entre experiência-reflexão-decisão, dá-se vida à infraestrutura (*substructure*) que Mouroux procurava para uma interpretação integral da experiência cristã. Todavia, para uma análise mais profunda dessa infraestrutura, é necessário desenvolver mais no próximo capítulo o aspecto antropológico, bíblico e teológico do método, oferecendo assim uma base mais ampla e sólida ao novo paradigma.

4. Conclusão

Este capítulo, como anunciado na introdução, estabelece como objetivo adaptar a tradição inaciana a um novo paradigma que sintetize meditação e contemplação, reflexão e experiência sob a sombra da *vida cristã inaciana*. A proposta é útil por estabelecer estreita relação entre a tradição inaciana e a tradição mística latina, abrindo-a ao diálogo com as posições sociorreligiosas da pós-cristandade. À primeira vista, poderia não ser evidente a relação, mas a intenção é recuperar meditação e contemplação, reflexão e experiência como ponte para a atual tendência secularizada, que privilegia a *espiritualidade* como experiência, em detrimento da religião enquanto pensamento reflexo da experiência. Desse modo, se com o novo paradigma se apreendem as posições da espiritualidade pós-cristã secularizada – o que permite assemelhar Inácio e Freud numa mesma estrutura antropológica – é precisamente para indicar a ponte *antropológica* como a via de acesso inaciana à condição pós-cristã.

CAPÍTULO IV

DA *ESPIRITUALIDADE INACIANA* À *VIDA CRISTÃ INACIANA*. FUNDAMENTOS BÍBLICOS E TEOLÓGICOS

Antes de nos aprofundarmos nas reflexões do capítulo final, convém recordar a conclusão à qual chega Charles Taylor depois de ter estudado o processo de secularização dos últimos cinquenta anos: desapareceu do imaginário social atual do mundo ocidental, de antiga tradição cristã, o sentido cristão da transcendência meta-histórica e o sentido da transformação interior como fruto da relação pessoal com Deus, a partir de um horizonte escatológico de interpretação da existência individual e social (cf. cap. I, 1). Nesse imaginário social, impregnado de consumismo, Zygmunt Bauman defende a necessidade urgente de educar as pessoas a se libertarem do sistema consumista, promovendo a autonomia e a independência, a fim de que sejam capazes de tomar, responsavelmente, decisões contra a corrente. Isso implica promover uma atitude crítica em relação ao presente, para resgatar as promessas do passado e realizá-las no futuro[1], uma receita *laica*, que é também a receita sobre a qual o novo paradigma da tradição inaciana centraliza a sua atenção.

O método proposto no capítulo anterior, como meio para compreender uma experiência e a sucessão de experiências no tempo – quer das experiências de procura de sentido, quer as da transcendência/mistério e as propriamente cristãs/Mistério –, além de superar a dicotomia entre experiência e reflexão, mostra a importância e o significado da tomada de decisão. Na decisão condensam-se três momentos que a precedem (percepção, ressonâncias cognitivas e afetivas, reflexão) e as consequências que deles derivam. Por isso, parafraseando Bauman, é preciso educar os fiéis a tomarem decisões, a fim de que assumam responsavelmente suas consequências, diante de si mesmos e diante de Deus e, desse modo, possam influenciar responsavelmente também a sociedade, se se quer uma identidade cristã e inaciana forte numa *sociedade frágil*, líquida e de consumo[2].

Bauman chama esse tipo de educação de *empowerment*, o empoderamento e o crescimento da pessoa. Com efeito, o objetivo ao qual ele visa é não somente chegar a uma harmonia na relação entre liberdade e segurança, mas também manter aberta a esperança em relação a uma meta-esperança: uma esperança que torna possível o próprio ato de esperar[3]. Trata-se de educar para tornar possível a esperança, ou seja, para tornar possível o próprio ato de esperar de modo realista num mundo melhor. Se isso é o que Bauman propõe num contexto secularizado, o

---

1. Cf. BAUMAN, Z., *Paura liquida*, 219.
2. Uma sociedade "*líquida*, porque, sob a perspectiva cristã, não se trata de uma verdadeira transcendência da condição humana diante do Mistério da realidade, mas é centrada nas necessidades pessoais de autorrealização; e de *consumo* porque se aspira a satisfazer essas necessidades mediante técnicas e dinâmicas oferecidas pelo mercado do bem-estar, sem levar em consideração a ação transformadora da graça divina e da relação pessoal com o Deus da revelação cristã" (ZAS FRIZ DE COL, R., *La búsqueda de sentido y de espiritualidad*, 129).
3. Cf. BAUMAN, Z., *Paura liquida*, 219.

que é que se precisa potenciar cristã e inacianamente no atual contexto sociorreligioso que apresenta as características da secularização indicadas por Taylor? Obviamente, a capacidade de escolher, de discernir cristãmente, em função do fim da vida cristã.

Que relação há entre a procura pós-cristã de sentido e de espiritualidade e a contemplação cristã? A união com o Mistério, que se atinge na contemplação, realiza-se mediante as decisões que se tomam progressivamente a partir dos inícios da vida explicitamente cristã. Como união progressiva no amor, a contemplação depende também das decisões mediante as quais se realiza tal união e, por isso, não pode ser desvinculada da vida concreta do crente. Não há amor sem decisão; daí a centralidade e integridade do ato teologal. Não há sentido, se não se escolhe um. Ao tomar uma decisão é que se cresce na relação com o Mistério, e esse crescimento comporta, geralmente, a contemplação, ou seja, a união saborosa com ele, Deus – como diria João da Cruz –, que é o fim da vida cristã.

A proeminência e a preferência que o imaginário social atual tem por *fazer experiência* (que traduz familiarmente o desejo pós-cristão de *espiritualidade*) responde à dinâmica antropológica da abertura secularizada à transcendência cristã. Se a tradição inaciana continua a acentuar somente o processo de tomar decisões próprio dos *Exercícios*, sem o colocar em relação com a finalidade desse processo, que é a união com o Mistério na contemplação, perde-se a finalidade à qual visa, que é precisamente o que ignora a abertura secularizada à transcendência na *sociedade líquida e de consumo*.

A secularização da abertura à transcendência é a secularização do tradicional *desejo de Deus*. Todavia, o fato de o desejo de Deus ter se secularizado no imaginário social não significa que tenha cessado cristãmente de ser ativo. Por esse motivo, é necessário resgatar a dinâmica cristã do existencial secularizado, recuperando a dinâmica da procura de sentido e das experiências da transcendência, para as relacionar com a experiência da vida cristã.

Neste capítulo, portanto, começamos por indicar o que implica decidir por uma transcendência *forte*, em contraposição a uma *frágil*, para depois tratar da experiência da revelação cristã sob uma perspectiva bíblica e teológica. Desse modo, adquire-se uma compreensão cristã favorável a juntar a procura e a resposta antropológica de sentido da vida e de espiritualidade, as experiências da transcendência e a experiência da revelação cristã, em virtude de uma intepretação global da experiência humana e cristã, evitando antigas rupturas. Enfim, conclui-se com o estudo do discernimento e da decisão no Novo Testamento e na terminologia inaciana.

1. Escolher um sentido a partir de uma experiência de transcendência *forte*

O verbo *escolher* abraça uma vasta gama de sinônimos: decidir, selecionar, optar, preferir, em sentido mais estrito; mas, em sentido mais amplo, podem ser incluídos também verbos, como: votar, concluir, deliberar, discernir, avaliar, dirimir, julgar, sentenciar, resolver, dispor, separar, estabelecer, determinar, ordenar, reordenar, antepor, pospor. Para poder *escolher*, requer-se que se tenha chegado a uma clareza, a fim de tomar uma decisão, à qual se opõe o que é confuso, vago, impreciso, indefinido, indeterminado, ambíguo, equívoco[4].

Efetivamente, para fazer uma escolha é preciso optar por alguma coisa ou por alguém que se prefere a outro. Com ela, se conclui um processo deliberativo no qual se reflete e se discerne, se avaliam e se sopesam as variáveis, para resolver *alguma coisa* e, assim, obter um resultado que abra a novas possibilidades. Escolher implica decidir para estabelecer ordem, ou para reordenar uma ordem anterior e estabelecer outra nova. Trata-se de um processo interior para assumir responsavelmente

---

4. Cf. Zas Friz De Col, *Iniziazione alla vita eterna*, 115-117.

uma posição diante de alguma coisa ou de alguém, que exige uma tomada de posição, uma definição, até pessoal, para assumir as consequências da escolha feita e lhe dar continuidade no tempo.

Nesse sentido, a identidade cristã, como qualquer identidade, constrói-se com base em decisões tomadas ao longo das diferentes experiências da vida. E a principal decisão, como se viu antes, é a de escolher um sentido para a existência pessoal, dado que desse sentido assumido dependem os critérios com os quais se tomam decisões sucessivas.

1.1. Transcendência forte

Ao assumir essa perspectiva a partir do contexto secularizado atual, estudamos no terceiro capítulo o aspecto metafísico da experiência transcendental que, segundo Karl Rahner (cf. supra, cap. III, 1.2.1), responde a uma constituição antropológica fundamental do ser humano, mediante a qual se pode transcender, ou seja, pode-se ir além de si mesmo, graças ao que ele chama de *a pré-compreensão atemática* do ser e do amor. Trata-se de uma orientação dinâmica inscrita na mesma constituição psico-ontológica do ser humano enquanto humano, que se apresenta à sua interioridade como uma tendência unitária para o conhecer e o amar, que é referida intrinsecamente a um horizonte alheio ao ser humano enquanto tal e que, por isso, se chama *transcendental*.

O ser humano não se encontra diante de um fato consumado de ter de fazer escolhas. Isso *é possível porque descobre em si uma capacidade que ele não se deu, mas que o leva a tomar decisões existenciais diante de alguma coisa* que se lhe apresenta como algo desconhecido: ele próprio e a realidade. É essa, como se viu, a dimensão antropológica fundamental do mistério ponto de partida da aventura espiritual humana. Descobrir-se mistério supõe descobrir-se, ao mesmo tempo, como ser transcendente, capaz de ir além de si mesmo, encontrar uma resposta dada e assumir uma decisão. E é a escolha do que assume como resposta a seu viver no mistério que torna humana a pessoa.

Procurar o sentido da vida é procurar uma resposta ao mistério da existência, que se apresenta como um vazio consciente de si mesmo. Não há procura possível de sentido sem transcendência e descentralização; mas a resposta é alguma coisa que se escolhe, nunca alguma coisa que se impõe. Por isso, a maior ou menor satisfação à condição transcendental humana depende do que se escolhe como sentido; depende daquilo com que se sacia *a fome de infinito*. Incidentemente, só a experiência do mistério *infinito* é que facilita, paradoxalmente, a experiência do ser *finito*.

Já se viu que a experiência de dar sentido à vida é, na realidade, uma experiência de transcendência, porque é o acolhimento de *alguma coisa* que é mistério. Já se observou que uma transcendência é forte quando o seu horizonte de referência é meta-histórico, e frágil, quando não o é. Trata-se agora de compreender as implicações do sentido forte da transcendência a partir da revelação cristã. Por isso, antes de tratar do tema da escolha no Novo Testamento e na tradição inaciana, começo por esclarecer alguns pressupostos bíblicos e teológicos, pois escolher cristãmente implica uma relação histórica pessoal com esse *algo* revelado. Desse modo, fecha-se a moldura de referência teórica para enquadrar e dar fundamento ao novo paradigma.

1.2. Transcendência e Presença/revelação do Mistério Santo

Para Karl Rahner, em seu ensaio sobre o conceito de *mistério* na teologia católica[5], pode-se falar de mistério, em sentido estrito, somente ao se fazer referência à Trindade, à Encarnação do Verbo e à Graça santificante. A relação *ad intra* da Trindade é incognoscível, absolutamente transcendente à condição humana, e, por isso, se afirma que é o Mistério

---

5. RAHNER, K., Sul concetto di mistero nella teologia cattolica, 391-465. Para todo o número, cf. ZAS FRIZ DE COL, *La presenza trasformante del mistero*, 9-13.

radical. A sua ação *ad extra*, porém, o revela, pois se torna visível numa dupla dimensão: objetiva, na Encarnação do Filho (que pressupõe a criação), e subjetiva, na ação santificadora interior do Espírito Santo. E, dado que há continuidade entre a relação *ad intra* e a *ad extra*, a experiência da proximidade de Jesus é a experiência da proximidade do Mistério Santo. A Trindade está presente no encontro com Jesus, Verbo do Pai, porque o revela, graças à ação interior do Espírito Santo. Assim, fazer experiência de Jesus é fazer experiência do Deus uno-trino, porque cada pessoa trinitária tem uma relação particular com o fiel que o acolhe; graças a ela o fiel pode se relacionar distintamente com ele. Mediante a união hipostática, o Filho torna visível o mistério do Deus Trino e torna possível acolhê-lo pela efusão do Espírito. Esse é o mistério cristão, em sentido estrito.

Como se viu na dimensão antropológica, a constituição do ser humano enquanto tal é o que permite se transcender, descobrindo-se como mistério por si mesmo em meio a uma realidade que se apresenta, também ela, como mistério. Pois bem, se, de um lado, a possibilidade de o ser humano tomar decisões se deve à capacidade de conhecer e amar, o que o pré-constitui transcendentalmente como humano e como mistério por si mesmo, e se, de outro lado, o seu mistério está em relação com a realidade que se lhe apresenta igualmente como mistério indisponível e inapreensível, então esse mistério não pode ser senão a Presença do Mistério Santo, como constituição radical da realidade pessoal-histórica e cósmica. Uma Presença que se revela a fim de ser descoberta e reconhecida como origem e destino da realidade toda e, por isso, para ser escolhida e amada conscientemente como tal, porque ela própria é sujeito de conhecimento, de escolha e de amor. Essa dinâmica se realiza no encontro com Jesus.

A experiência da transcendência cristã leva o crente a reconhecer a dinâmica antropológica da transcendência na experiência da pessoa de Jesus, porque entrando em relação com ele revela-se – nele e por meio dele – o mistério transcendente de Deus como Trindade, revelando-se como resposta à dimensão humana de ser mistério no mistério da realidade. Assim, o crente se redescobre como um ser que tem a sua origem no Mistério da Trindade e que está orientado transcendentalmente para ele. Origem e destino coincidem.

Com efeito, se a experiência da transcendência é uma percepção sensível do infinito, é precisamente isso o que ocorre quando se dá o encontro com Jesus, e ele é reconhecido e aceito como o Transcendente encarnado, como o Infinito/finito. Porém, a fim de que isso ocorra, é preciso entrar em contato com Jesus, em sintonia com o seu Espírito.

2. Revelação bíblica

A estrutura antropológica que permite associar Inácio a Freud como espirituais, no sentido de que ambos decidem dar um sentido às suas vidas a partir de algumas experiências em que *aquele* sentido se torna presente e, por isso, pode ser escolhido, tem o seu fundamento teológico na constatação de que o Deus trinitário escolhe, decide e se revela na história humana[6]. Por isso, não há fratura entre a experiência de sentido antropológica e cristã, porque a segunda se dá nos elementos essenciais da primeira.

A revelação a Abraão dá início à história da salvação e prossegue quando Deus estabelece uma aliança com ele e com o seu povo. Nesse contexto, surge a experiência da criação, que explica a pré-constituição transcendental humana e a sua orientação para a manifestação do seu ápice, a Encarnação do Verbo divino. Na manifestação histórica de Jesus revela-se a vontade salvífica da Trindade para cada ser humano, como realização escatológica da capacidade transcendental que o constitui, como se viu.

---

6. Para todo o número, cf. Zas Friz De Col, *Iniziazione alla vita eterna*, 59-89.

O Novo Testamento narra como se dá a atualização da capacidade transcendental mediante o encontro com Jesus, antecipada na relação de Deus com o povo de Israel. Em ambos os casos, se dá uma revelação histórica de Deus, obviamente de diferente grau, mas com o mesmo efeito: salvar o ser humano mediante a sua pré-constituição transcendental. Se a revelação histórica é o aspecto objetivo dessa oferta de salvação, a transformação interior pela ação da graça divina, do Espírito Santo, é o aspecto subjetivo.

A fonte e a origem da pré-constituição transcendental humana encontram-se, biblicamente, no ato mediante o qual Deus insufla o seu Espírito no ser humano, quando o cria. Segundo o relato do Gênesis (2,7), Deus *plasma* o homem a partir do pó, soprando-lhe nas narinas: é um hálito com o qual Deus lhe comunica o dom da vida, a fim de que respire vida. O sopro divino de vida, a *rûah* divina, é o vínculo entre o Criador e o homem, pois nenhuma outra criatura recebeu tal dom: é a única criação à imagem e semelhança do seu Criador[7].

Interpretado antropologicamente, esse dom significa que a pré-constituição transcendental gozava da plenitude da presença do Mistério Santo, pois, subjetivamente, se vivia a plenitude dos dons do Espírito santo e, objetivamente, se vivia conscientemente a Presença de Deus, dado que a relação com ele era transparente mediante a criação.

Essa situação *original* muda drasticamente com o relato do pecado no livro do Gênesis. Entre Deus e o homem, apesar do vínculo do sopro divino, há uma diferença que os torna radicalmente diferentes. A desobediência original reflete o desejo e o ato de suprimir essa diferença, razão pela qual se rompe o vínculo que unia o Criador à sua criatura: o Espírito Santo abandona a pré-constituição transcendental (perda da semelhança com o Criador); porém, mantém-se a sua estrutura, mas que agora está vazia, sem a Presença originária (conservação da imagem do

---

7. Cf. WENHAM, G. J., *Genesis 1-15*, 41-49; WESTERMANN, CL., *Genesis 1-11*, 178-278; KEHL, M., *E Dio vide che era cosa buona*, 135-151.

Criador); ou seja, a estrutura antropológica permanece intacta; por isso, todos procuram alguma coisa/Deus/sentido. De fato, a ausência do Espírito Santo é o que determina a vivência do Mistério como ausência de uma presença, como vazio. Daí a necessidade antropológica de procurar e encontrar, de preencher a ausência com uma Presença.

Com efeito, pode-se interpretar a promessa que Deus faz a seu povo no exílio por meio do oráculo e a visão de Ezequiel (36,16-38 e 37,1-14, respectivamente)[8]. O povo israelita, com o seu modo de agir, contaminou a terra prometida, tornando-a impura (cf. Ez 36); por essa razão, Deus os purificará com água e lhes dará um espírito novo, que terá como efeito a *criação* de um coração novo, que os fará retornar à sua terra e viver na obediência à Aliança divina. Na visão do capítulo seguinte (cf. Ez 37,1-14), há uma clara referência ao ato criador do homem no sopro divino sobre os ossos inertes, embora não seja o próprio Deus quem sopre. Todavia, pode-se supor que somente quem cria é que pode recriar: somente quem deu a vida pode dá-la novamente. O sopro divino é um dom íntimo ao homem que o torna capaz de obedecer a seu Criador.

Embora se possa afirmar, numa perspectiva literal, que se trata somente da restauração de Israel, pode-se propor, numa perspectiva cristã, a interpretação de que Deus promete o seu Espírito à humanidade que o perdeu, ausência que se verifica novamente na história do exílio. Assim como Deus insuflou o *seu* Espírito no ato criador, assim pode reinsuflá-lo no coração do homem. É a promessa de uma Presença plena na pré-construção transcendental humana.

Nessa mesma linha, pode-se interpretar o Salmo 51[9], no qual o pedido de um coração puro e de um espírito firme alude a uma nova criação, mas em referência ao ato criador divino original (*bara'*) do Gênesis 1,1. Também o livro da Sabedoria, no capítulo 9[10], apresenta

---

8. Cf. ALLEN, L. C., *Ezekiel 20-48*, 175-188; GREENBERG, M., *Ezekiel 21-37*, 726-751.
9. Cf. RAVASI, G., *Il libro dei salmi*, 50-53.
10. WINSTON, D., *The Wisdom of Salomon*, 9-25.

Salomão que se volta para o Senhor da Misericórdia para lhe pedir sabedoria (v. 4) e saber o que é agradável a Deus (v. 10), pois com a sua palavra criara tudo e com a sua sabedoria formara o homem. Essa sabedoria identifica-se com o Espírito Santo, que, ao se revelar, torna-se acessível ao homem, pois mostra a vontade de Deus:

> Que teria conhecido tua vontade, se tu mesmo não concedesses a Sabedoria e das alturas não enviasses teu santo Espírito? Assim endireitaram-se as veredas dos habitantes da terra, os homens foram instruídos no que te agrada e pela Sabedoria foram salvos (vv. 17-18).

O pedido davídico de um coração puro e de um espírito firme bem como o pedido salomônico da sabedoria chegam a uma primeira realização histórica no caso de Maria. A harmonia entre o pedido do arcanjo Gabriel e a resposta da virgem de Nazaré é possível porque nela se realizaram as condições adequadas para cumprir o desejo divino: a encarnação do Verbo no seio virginal de Maria[11]. Maria *sabe*, porque está plena do Espírito; portanto, o seu *saber* é sabedoria divina. Além disso, que diferença há entre o sopro sobre o barro original e sobre os ossos secos do profeta e Maria, que é recoberta com a sombra do Espírito?[12] A plenitude que Maria recebe é a restituição a uma criatura do estado original no qual Deus a tinha criado[13].

Jesus, o filho de Maria, recebe o Espírito que pousa sobre ele (Jo 1,32-33). Suas palavras são espírito e vida (Jo 6,63). No diálogo com Nicodemos, nascer da água e do Espírito significa nascer do alto, nascer de novo, do Espírito (Jo 3,5-8). A revelação à Samaritana prenuncia a

---

11. Cf. FITZMYER, J. A., *The Gospel According to Luke (I-IX)*, 334-352; HOLLAND, J., *Luke 1-9:20*, 36-59.
12. Em relação a Maria e ao Espírito Santo, cf. LANGELLA, A., Spirito Santo, 1134-1146; para a relação com a Sabedoria, cf. CALDUCH-BENAGES, N., Sapienza, 1059-1072.
13. Cf. LAMY, M., Immacolata Concezione, 612-628.

atitude com que os discípulos receberão a saudação da partida de Jesus durante a última ceia: "Deus é espírito e, por isso, os que o adoram devem adorar em espírito e verdade" (Jo 4,24). Com efeito, Jesus vai preparar um lugar para os seus na casa do Pai, com a intenção de voltar e os tomar (Jo 14,1-4; 16,16-22). Nesse meio-tempo, deixa o Espírito Santo Paráclito (Jo 14,16; 16,7), que dará testemunho dele (Jo 15,26), guiando os discípulos à verdade (Jo 16,13). Ele está com eles (Jo 14,17) e lhes recorda o que Jesus disse (Jo 14,26), em contraste com o mundo, que não vê nem conhece o Espírito da verdade (Jo 14,17) ou que, pior, odeia Jesus (Jo 15,18).

Depois da Páscoa, Jesus doa o seu Espírito, como tinha anunciado: "Recebei o Espírito Santo. A quem perdoardes os pecados, ser-lhes-ão perdoados. A quem os retiverdes, ser-lhes-ão retidos" (Jo 20,22-23). Esse sopro é comparável ao sopro criador do Gênesis (2,7): é como se João proclamasse simbolicamente que, assim como na primeira criação Deus soprou no homem um espírito vital, assim, agora, Jesus sopra o próprio Espírito nos discípulos, dando-lhes a vida eterna; na visão de Ezequiel (37,3-5), o profeta deve anunciar que um espírito entrará nos israelitas para lhes dar vida, mas agora Jesus, apenas saído do sepulcro e como primícias da nova criação, dá um Espírito de vida eterna aos que escutam a sua palavra[14].

A ausência do Espírito santo do coração humano é agora preenchida por uma renovada Presença, graças ao sopro de Jesus. Assim, é possível aspirar a voltar ao Jardim eterno, que não tem mais o anjo com a espada de fogo à porta, mas, sim, a Igreja, que convida todos a entrarem nele.

O Espírito que Jesus sopra no coração de seus discípulos é o vento impetuoso que entra na casa dos discípulos (At 2,1-13), enviado do céu (1Pd 1,12) e difundido por Jesus (At 2,3), que derrama também o amor no coração dos seus fiéis (Rm 5,5), fazendo-os se tornarem, se

---

14. Cf. BROWN, R. E., *Giovanni. Commento al Vangelo spirituale cap. 13-21*, 1307-1308.

acolhido, filhos de Deus (Rm 6,15-17), fortes e sábios para serem testemunhas de Jesus até os confins da terra (At 1,8)[15]. Eles não estão mais sob o domínio da carne; antes, são habitados pelo Espírito (Rm 8,9.11), que os faz se tornarem seu templo (1Cor 7,19).

No sacramento do batismo infunde-se o Espírito, que cria a condição para uma relação paterno-filial com Deus. Quem se batiza vê-se, mantendo-se as distâncias, numa situação semelhantes à de Maria para realizar obras de salvação, mediante o amor, que é o primeiro fruto do Espírito (Gl 5,22) e plenitude da Lei (Rm 13,8-10). Um amor que encontra o seu símbolo no amor recíproco entre um homem e uma mulher, como o manifesta o *Cântico dos cânticos*. O amor dos amantes bíblicos é orientado na Escritura à história da revelação divina e da sua salvação: uma história de união (criação e eleição), de separação (desobediência e pecado) e de reunião (história e escatologia)[16].

Se o *Cântico* é amor e o Espírito é amor, o *Cântico* é Espírito. Um Espírito que se apresenta na forma e na força do amor humano, sendo forte como a morte. Jesus venceu a morte porque é força do amor trinitário; por isso, o fiel vive desse Espírito (Rm 8,9) de liberdade (2Cor 3,17), que dá vida em Cristo e liberta da lei do pecado e da morte (Rm 8,2). É um selo que marca o fiel para uma vida nova: "Aquele que nos consolida convosco em Cristo e nos dá a unção e Deus, ele que nos marcou com o seu sinete e depôs em nossos corações o penhor do Espírito" (2Cor 1,21-22; cf. Ef 1,13-14).

Concluindo, a fusão entre o horizonte antropológico-transcendental e o bíblico-cristão constitui o fundamento para um anúncio pessoal e universal de salvação como plenitude do ser humano, graças ao qual o Espírito cumpre as promessas inerentes à condição humana, como se viu de Abraão até São Paulo. A ação subjetiva do Espírito é o fruto do acolhimento do dom objetivo que se faz presente em Jesus: só o Espírito pode

---

15. Cf. FITZMYER, J. A., *The Acts of the Apostles*, 236-237.
16. Cf. RAVASI, G., *Il Cantico dei Cantici*, 133.

responder ao Verbo encarnado. No número seguinte, torna-se necessário aprofundar a união dos dois horizontes mencionados.

3. Reflexão teológica

Neste número, desenvolve-se uma interpretação teológica do que foi explicado sob um ponto de vista antropológico e bíblico, numa tentativa de síntese[17]. Juan Alfaro afirma que a constituição antropológica fundamental, como pré-compreensão transcendental, realiza-se no mesmo ato de viver, porque viver significa precisamente "a pré-compreensão vital de si mesmo nos próprios atos de conhecer, decidir, operar"[18]. Essa pré-compreensão é a base do *saber não saber*, sobre a qual se constrói a identidade pessoal como ato constitutivo de sentido. O *saber não saber* é a Presença do Mistério como presença da ausência de sentido; uma presença por ausência que, por isso, comporta a sensação psicológica do vazio e da perda. Por esse motivo, a definição de religião dada por Martín Velasco é pertinente: "é, na sua raiz, relegação ao poder do real atualizado em cada pessoa humana. Essa relegação faz com que, antes de ter ou fazer experiência de Deus, o homem seja experiência de Deus"[19]. Se o ser humano, pelo fato de o ser e de se reconhecer como tal, é experimentar-se como mistério, então essa experiência é experiência do mistério de Deus. A autopresença de si a si mesmo é Presença do Mistério na Presença do Mistério do mundo, ou seja, é saber-se finito diante da presença de *algo* infinito. Em outras palavras,

> é tomar consciência da Transcendência que nos habita como origem e fundamento do nosso próprio ser. É fazer a experiência do

---

17. Cf. Zas Friz De Col, *Iniziazione alla vita eterna*, 91-115.
18. Alfaro, J., El hombre abierto a la revelación de Dios, 17.
19. Martín Velasco, J., *La experiencia cristiana de Dios*, 28.

que, com categorias religiosas, chamamos de dimensão teologal da existência, a condição de imagem de Deus que nos define[20].

Assim, a procura de sentido se manifesta como necessidade subjetiva de encontrar sentido para a objetividade da própria existência percebida como mistério. É um pedir que se dirige a um horizonte aberto e indeterminado e, por isso, é um pedir que transcende o sujeito e a própria realidade. É desse horizonte que se espera uma resposta vitral, como revelação do mistério que é o próprio ser humano.

Assim, por exemplo, a pergunta sobre o sentido da morte e da história exige uma resposta, mas a própria pergunta se apresenta como abertura ao mistério, do qual, paradoxalmente, se espera uma resposta. Assim, o mistério pergunta ao mistério e não se pode fazer outra coisa senão esperar uma resposta que nasça da Presença mesma do Mistério. Por essa razão, pode-se falar de uma presença implícita de Deus, graças à estrutura do ser humano enquanto ser criado. Tal presença é a capacidade que espera a graça divina e a reabitação do Espírito Santo para se atualizar como filiação divina. É isso que Alfaro chama de uma *espiritualidade finita*, ou seja, uma presença implícita de Deus, constitutiva do homem como capacidade radical de receber a divina graça[21]. Ela se caracteriza como

> disponibilidade e entrega de si mesmo àquele do qual o homem não pode dispor, mas pode apenas esperá-lo com confiança, abandonar-se e dar-se a ele: eis a atitude existencial requerida para a questão de Deus. Essa atitude "prefigura" a atitude própria da fé, da esperança e do amor cristão; ou seja, prefigura a resposta do homem à autorrevelação de Deus em Cristo. Mas se a questão de Deus (implícita na questão do homem) comporta essa "prefiguração"

---

20. Id., *Mística y humanismo*, 168.
21. Cf. ALFARO, J., Fede ed esistenza cristiana, 94.

da resposta à autorrevelação de Deus, quer dizer que o homem está configurado em si mesmo como fundamento aberto à eventualidade da autorrevelação de Deus[22].

O imaginário social atual está impregnado de uma mentalidade que responde, mais ou menos, a essas coordenadas que se concentram

> na pretensão do homem moderno de que só um homem centro da realidade, absolutamente autônomo, senhor absoluto do seu destino, satisfaça a necessidade da liberdade, autonomia e desejo de poder que o constitui; assim como na consequente convicção de que a fé, enquanto reconhecimento de Deus como centro da realidade, ideal e termo do ser humano, deve constituir necessariamente uma limitação indevida que lhe impede a única realização digna de si, a autorrealização[23].

Nesse contexto, como recuperar cristãmente a experiência transcendental enquanto dimensão originária da pessoa? Recuperando a dimensão do desejo de *algo a mais* e, ao mesmo tempo, recuperando como humana a impossibilidade de o realizar. É a experiência da desproporção que se aninha na constituição da pessoa enquanto pessoa: aspirar a realizar alguma coisa irrealizável. Segundo Martín Velasco, essa experiência da desproporção é

> originária de uma dimensão de transcendência na qual se manifesta uma Presença anterior a ela mesma, que, como força de gravidade espiritual, a polariza para a altura. Essa desproporção e essa tensão evidenciam uma natureza humana que leva a marca da transcendência, à qual tende sempre a se assemelhar como única forma de realização plena[24].

---

22. Id., El hombre abierto a la revelación de Dios, 63
23. Martín Velasco, J., *Mística y humanismo*, 153.
24. Ibid., 158.

Ignorar essa tensão interior é renunciar a ser verdadeiramente humano.

Segundo Velasco, são duas as características principais desta desproporção: de um lado, se reconhece uma Presença que é transcendente e imanente ao mesmo tempo, como origem da totalidade; de outro lado, esse reconhecimento produz uma transformação pessoal que tem início com um processo de mudança interior, normalmente chamado de *conversão*:

> Para que esse reconhecimento seja efetivo, é necessário que o sujeito abandone a pretensão de ser sujeito e centro que preside a todas as suas referências com as coisas mundanas e aceite o descentramento radical com o qual o sujeito humano cessa de ser sujeito da realidade transcendente e aceita viver como sujeito passivo. É o aspecto da atitude religiosa, da atitude de fé, ilustrada na necessidade do êxodo, da saída de si, do êxtase, da superação, que caracterizam os autênticos crentes de todas as tradições[25].

A conversão, então, se produz por um descentramento que tem a sua origem na experiência de uma Presença transcendente/imanente que se manifesta como *outra coisa*:

> Reconhecer a Presença que está na nossa origem significa coincidir com o além de nós mesmos, o além que nos faz permanentemente ser e significa, por isso, entrar na única via para a realização de nós mesmos para além de nós mesmos. É, definitivamente, nos salvar[26].

Conversão significa o início de um processo de transformação interior que se vive como *salvação* da condição de finitude, no sentido de

---

25. Martín Velasco, J., *Il fenomeno mistico*, II, 38.
26. Ibid., II, 39.

que o fiel se abre a um caminho de relação responsável com o Mistério Santo, no mistério.

Partindo do pressuposto dessa fundamental condição antropológica e teológica, pode-se dar uma resposta à irrupção da Presença do Mistério, potencializada por ele próprio: as virtudes teologais. Elas tornam possível responder, no Mistério, à autorrevelação do Mistério como ausência de sentido. Trata-se de uma chamada interior que exprime a dimensão mais profunda da vida humana, chamada à qual o homem responde pela fé e pela mediação do Cristo; por isso, ambas, fé e vida cristã, têm seu fundamento e seu ponto de referência no mistério de Cristo[27].

De fato, na fenomenologia bíblica da experiência da transcendência podem-se distinguir dois aspectos, o objetivo e o subjetivo. A autocomunicação de Deus mediante a sua revelação histórica aparece na objetividade dos fatos; esses últimos, porém, têm um efeito interior que transforma quem acolhe essa autocomunicação, porque vivida como iluminação que dá sentido à totalidade da experiência humana. Essa iluminação transformadora é a ação da *graça* divina, efeito subjetivo da ação histórica objetiva da autorrevelação divina. Assim, reconhecer Jesus como Deus é reconhecer, pelo menos implicitamente, que o horizonte humano transcendental se identifica com *aquele* homem. Tal reconhecimento, porém, é impossível se não é assistido pelo Espírito Santo, uma possibilidade que é oferecida a toda pessoa enquanto humana.

O *empowerment* de que falava Bauman para empoderar o homem atual, a fim de que tome decisões em contracorrente, é precisamente o que oferece a graça divina, possível, porém, somente se se torna explícita a revelação histórica.

Dando um passo atrás na análise do desejo de transcendência na maneira como se manifesta no imaginário social atual, centrado no

---

27. Cf. ALFARO, J., Fede ed esistenza cristiana, 94.

desejo de autorrealização sem transcendência *forte*, pode-se considerar esse desejo como o fundamento antropológico para resgatar o desejo cristão de salvação. Autorrealização é sinônimo de transformação pessoal, de acordo com os valores que a inspiram.

A *salvação* cristã, quando se identifica com a realização depois da morte, num contexto que deu as costas a qualquer realização ultraterrena, perde toda eficácia, porque é, desse modo, desistoricizada. Ela oferece, porém, a ação do Espírito para renovar a existência como plenitude de sentido escatológico, uma vez que a experiência de Deus é uma forma de experiência da fé, como encarnação da sua Presença nas faculdades da pessoa, de uma parte, e nas diversas situações da vida, de outra parte[28]. Assim, a graça divina é concebida como

> uma inclinação *a priori* e consciente (consciência propriamente dita, ou seja, experiência interior espiritual), que orienta o homem à comunhão de vida com Deus na fé, como início vital da visão, e lhe permite perceber o valor da fé para a sua salvação. Chamado e atraído internamente por Deus, o homem poderá "crer em Deus", ou seja, fundamentar o seu assentimento à verdade mesma de Deus[29].

Assentir na fé a Deus tem o seu fundamento no próprio Deus, que convida a uma comunhão de amor na liberdade[30].

Pois bem, esse assentimento é autodoação confiada à autorrevelação divina, que se traduz numa autodeterminação da pessoa a se entregar e se confiar à Presença:

> Confiar não é, absolutamente, um ato acrescentado ao ser já realizado [*ya logrado*], é a única forma completa de ser, que se repercute

---

28. Cf. ibid., 35.
29. ALFARO, J., Revelación y fe, 381; aspas do autor.
30. Cf. ALFARO, J., Persona y gracia, in: ID., *Cristología y antropología*, 345-366.

e se exprime na vontade do homem, na sua razão, e transforma todo o exercício da vida. [...] E esse reconhecimento, longe de supor a submissão a um princípio exterior, é a condição para a reconciliação de um ser como o do homem, que se caracteriza pela sua abertura constitutiva a esse além absoluto de si mesmo que é chamado, com razão, *o eterno no homem*[31].

Negar-se diante de tal ato de confiança é se fechar à *salvação* que a autocomunicação divina doa. Confiar-se ao mistério de Deus tem sua origem no próprio Deus, porque ele empodera interiormente esse ato com o seu Espírito, mediante uma *atitude teologal e escatológica* que encoraja a crer no Deus que se revela e crer no que revela, além de o ouvir e amar.

> A *vida eterna*, tanto na sua fase inicial pela fé, como na sua plenitude escatológica, é conhecimento de Deus em Cristo. A fé, centrada e fundada em Cristo (*conhecer em Cristo* e *crer em Cristo*), tem como termo Cristo glorificado; tende, enfim, à união imediata com ele e nele com Deus[32].

Nesse sentido, conhecer Jesus Cristo é a origem de tal atitude:

> A pessoa histórica de Jesus, marcada por sua mensagem, por suas obras e por sua atitude perante Deus e os homens, mostra a sua credibilidade na sua correspondência às dimensões fundamentais da existência humana, ou seja, na plenitude de sentido que lhes confere: o homem pode, assim, entender que a sua salvação está na adesão pessoal e total a Cristo. À fé cristã não se chega mediante um processo reflexivo meramente racional, mas pela

---

31. MARTÍN VELASCO, J., *La experiencia cristiana de Dios*, 41. Itálico do autor.
32. ALFARO, J., Revelación y fe, 397. Itálico do autor.

conversão interior e radical, que se cristaliza na opção fundamental suficientemente motivada e justificada, enquanto decisão autêntica e plenamente livre[33].

Assim, a fé do fiel realiza a sua radicalidade mediante o diálogo pessoal com Cristo[34].

Uma atitude teologal diversificada, mas que tem no ato de se confiar o seu núcleo, porquanto

> reconhecimento da gratuidade absoluta da revelação, promessa e amor de Deus em Cristo, ou seja, da graça como graça. Na sua mútua imanência vital, a fé, esperança e caridade não são senão aspectos diversos de uma só atitude fundamental, enraizada no amor: crer, esperar e amar é, no fundo, confiar-se, abandonar-se, dar-se à graça da autocomunicação de Deus em Cristo. A fé olha para a realidade já completa no evento de Cristo; a esperança olha par a plenitude da salvação que deve vir; o aspecto próprio da caridade é o presente da comunhão de vida com Deus, que se realiza no amor ao próximo[35].

4. Discernir e decidir

A atitude teologal, para que seja possível, deve ser fruto de uma decisão que leve em consideração todas as variáveis implícitas e se conclua na escolha de se autodoar confiantemente ao Mistério de Cristo. Por essa razão, e como último passo teórico para a formulação do novo paradigma, é necessário que nos detenhamos a considerar como se entende

---

33. Id., Perspectivas para una teología sobre la fe, 113.
34. Cf. Id., Fede ed esistenza cristiana, 101.
35. Id., Perspectivas para una teología sobre la fe, 116.

o processo de discernir e de escolher na Escritura e na tradição espiritual inaciana.

4.1. Discernir e escolher no Novo Testamento

Usam-se nos Evangelhos dois verbos para indicar o discernimento: *diakríno* ("Sabeis interpretar [*diakrínein*] o aspecto do céu, mas os sinais dos tempos, não sois capazes!", Mt 16,3); e *dokimázô* ("Ó espíritos pervertidos, sabeis reconhecer [*dokimázein*] o aspecto da terra e do céu, e o tempo presente, como não sabeis reconhecê-lo?", Lc 12,56)[36].

Diakríno (*diá* separar, e *krínein* acusar, julgar, processar, condenar ou absolver) indica a ação de julgar, separando, por exemplo, entre quem acusa e quem defende; investigar para avaliar e determinar alguma coisa. Em 1 Coríntios 12,10, o termo se refere ao dom do discernimento (*diakríseis*) dos espíritos para avaliar a autenticidade dos carismas. *Diakrínein* corresponde ao verbo latino *discernere* (*dis*, também separar, e *cernere*, escolher separando, joeirar, diferenciar, decidir, determinar etc.).

O segundo verbo, *dokimázô*, tem a acepção de provar, no sentido de examinar e avaliar, considerar uma coisa ou situação ou pessoa, para determinar se uma moeda era falsa ou autêntica, a fim de aprovar a sua circulação. Na carta aos Romanos, em 1,28 e em 2,18, São Paulo utiliza *dokimázein* para reconhecer o verdadeiro Deus, a fim de cumprir ou não a sua vontade.

Para indicar a ação humana de escolher, é usado no Novo Testamento o verbo *eklégômai* ("Foi Maria quem escolheu [*exeléxato*] a melhor parte que não lhe será tirada", Lc 10,42; "De acordo com toda a Igreja, os apóstolos e os anciãos decidiram então escolher [*exlexaménous*], dentre os seus, delegados que enviariam a Antioquia com Paulo e Barnabé",

---

36. Esses dois verbos podem ser considerados como sinônimos: cf. NOLLAND, J., *Luke 9:21-18:34*, 712; cf. também ZAS FRIZ DE COL, R., *Iniziazione alla vita eterna*, 117-120.

At 15,22). A ação de escolher não se pode conceber biblicamente como uma simples ação individual de avaliação das possibilidades implicadas para escolher uma delas, pois se está em relação com o Mistério. Com efeito, se a experiência de dar sentido à vida, numa experiência de transcendência, é o acolhimento de *alguma outra coisa* que é mistério, realizar uma escolha no contexto da revelação cristã pressupõe uma relação histórica pessoal com essa *alguma outra coisa*. Efetivamente, escolher no Novo Testamento significa conhecer e optar pelo que Deus quer, para depois realizá-lo, mediante um procedimento que a tradição cristã conhece como *discernimento*. Para aprofundar o tema, é útil a abordagem inaciana.

4.2. A terminologia inaciana

Santo Inácio de Loyola não usa a palavra *discernimiento*; uma só vez aparece o verbo *discernir* (*EE* 366) e duas vezes o substantivo *discreción* (*EE* 176.328)[37]. Usa mais os verbos *elegir* e *escoger* (eleger, escolher), e o substantivo *elección* (eleição, escolha). Com relação ao primeiro, o sujeito que escolhe pode ser Deus ou o exercitante[38]. No caso do exercitante, ou do fiel, uma escolha será boa se o olho da intenção se mantém simples:

> tendo em vista unicamente o fim para o qual sou criado, ou seja, para louvor de Deus nosso Senhor e salvação da minha alma; [...] assim, nenhuma coisa deve me mover a usar tais meios ou a me privar deles, senão apenas o serviço e louvor de Deus nosso Senhor e salvação eterna da minha alma (*EE* 169).

---

37. Cf. ZAS FRIZ DE COL, R., *Iniziazione alla vita eterna*, 120-128.
38. Cf. GARCÍA DE CASTRO, J., ¿*Qué hacemos cuando hacemos ejercicios?*, 16-17.

À pureza de intenção deve-se acrescentar, porém, o uso das próprias potências naturais (cf. *EE* 177). Por isso, recomenda-se

> pedir a Deus nosso Senhor que queira mover a minha vontade e pôr na minha alma o que eu deva fazer, a respeito da coisa proposta, que seja do maior louvor e glória sua, refletindo bem e fielmente com a minha inteligência e escolhendo segundo a sua santíssima e benévola vontade (*EE* 180).

A segurança em escolher deve ser posta no fato de ser o amor de Deus a motivar a escolha: "que aquele amor que me move e me faz eleger tal coisa desça do alto, do amor de Deus; de modo que quem elege sinta primeiro em si que o amor maior ou menor que tem à coisa que elege é unicamente por seu Criador e Senhor" (*EE* 184).

Santo Inácio usa o termo *elección* quase exclusivamente durante a segunda semana dos *Exercícios*[39]. Na dinâmica dos *Exercícios*, o fim que se persegue deve orientar a escolha dos meios, e não o contrário. Trata-se de um fim que se apresenta como um Tu, para o qual se tende dialogicamente, e não de modo autorreferencial. Por isso, é importante escolher o estado de vida no qual se tende para ele, a vocação pessoal, para assumir um determinado estilo de vida como meio para amadurecer no amor para com Deus e para com o próximo.

O sentido inaciano de *elegir* é o de ordenar a vida, ordenar-se seguindo o impulso do Espírito Santo. O fiel, quando tem de tomar uma decisão, deve ter consciência das suas afeições desordenadas, para não se deixar levar por elas no momento de decidir. O ser humano é ordenado previamente para Deus, mas é chamado a personalizar esse

---

39. Assim, por exemplo, para determinar quando iniciar e considerar a escolha do estado de vida (cf. *EE* 163); nos pressupostos e preâmbulos para fazer a escolha (cf. *EE* 164.169); quando trata a matéria sobre a qual escolher (cf. *EE* 170) e as três circunstâncias para fazer uma boa escolha (três tempos, cf. *EE* 175-188).

ordenamento por meio de opções concretas que o reflitam, mediante uma relação pessoal com ele. Santo Inácio pressupõe essa estrutura antropológica e essa dinâmica teologal. Não se trata, propriamente, de escolher Deus, porque ele já está presente, mas de o escolher conscientemente, o que significa encontrar a via pessoal que leva até ele.

O fiel deve se ordenar segundo a ordem do Amor divino, com o qual vai interagindo cada vez mais intensamente, de modo que a sua doação a ele seja cada vez mais lúcida e completa na sua história concreta. Todavia, para isso não há outra via senão conhecer os mistérios da vida de Jesus, a fim de decidir cristãmente. E se o horizonte da escolha é o amor de Deus, conhecer Jesus significa amá-lo cada vez mais, pois quanto mais puro é o amor para com ele, maior será a união com ele e maior será a união de vontade entre os dois. Obedecer à vontade divina é possível somente se se realiza uma comunhão de amor cada vez mais profunda entre as duas partes, em união de vontade: o fiel quer escolher o que Deus quer, porque sabe que assim será feliz, fazendo o que o seu Amado quer; por sua vez, o Amado quer tornar feliz o fiel, fazendo o que esse último quer. Um amor recíproco que exige sempre mais – o *magis* inaciano (a maior glória de Deus) –, pois esse amor, que é capacidade de autodoação, não é nunca um *estado*, mas uma *dinâmica unitiva* que se realiza por meio de escolhas, até cotidianas[40]. O ato de escolher significa penetrar no Mistério da união com Deus, mediante o despojamento de si mesmo[41]. Escolher fazer a vontade de Deus, além do sentido concreto de que possa haver uma escolha concreta, significa participar da vida divina pela união de vontade[42].

A realização da vocação pessoal à autotranscendência no amor, segundo Santo Inácio, deve-se à orientação escatológica da vida humana para uma vida eterna de união com Deus, pois a graça divina orienta

---

40. Cf. MELLONI, J., *Gli Esercizi nella tradizione dell'Occidente*, 50.
41. Ibid., 49.
42. Cf. ibid., 52.

inconscientemente, mas livremente, para essa realização. A uma maior consciência da dinâmica transcendente corresponde uma maior responsabilidade nas escolhas feitas, pois delas depende a progressiva união com Deus. A *perfeição cristã* significa aperfeiçoar-se no amor, nas decisões de um progressivo descentramento subjetivo para a objetividade da vontade de Deus. Nessa dinâmica, o que a pessoa decide sobre si em relação a Deus implica uma autodeterminação escatológica responsável. Converter-se a Deus significa conhecer Jesus na autotranscendência do Amor, que não só é o sentido da vida cristã, mas o sentido da *salvação* cristã.

5. Conclusão

Entende-se a dinâmica da procura e do encontro com o Mistério Santo como o processo mediante o qual se dá um assentimento subjetivo responsável à objetividade da revelação de Jesus Cristo como horizonte transcendental de sentido, no qual se manifesta o mistério do crente no Mistério de tal revelação. Essa dinâmica leva a uma progressiva transformação interior, que responde à satisfação de uma necessidade antropológica de autorrealização na autotranscendência. Explica-se assim, teologicamente, por que se podem assemelhar Inácio e Freud, a partir de uma perspectiva antropológica comum.

Viver cristãmente e ser transformado por essa experiência implica assumir um estilo de vida que é expressão e testemunho de uma opção, a atitude teologal, a qual determina uma escala de valores que orienta os critérios segundo os quais se tomam as decisões. Produz-se assim um processo de transformação pessoal em que a pessoa muda a avaliação que tem de si mesma e da realidade e age diferente, *encarnando* valores que exprimem a nova situação interior que ela assume a partir da sua experiência da transcendência na sua relação com o mistério de Jesus Cristo, expressão viva do m(M)istério. Poder-se-ia resumir o processo de transformação cristã como a passagem do consumismo ao se consumir por Cristo. É evidente que, decidindo, consegue-se o fim da vida cristã, fim esse, porém, que não é decidir, mas a união com o m(M)istério. Daí a necessidade de unir sempre o processo decisional à finalidade a que visa.

Pois bem. Tudo o que foi desenvolvido no capítulo a partir de uma perspectiva cristã apresenta-se como pilar de novo paradigma da vida cristã inaciana. Com efeito, se o cristianismo pode ser sintetizado no amor a Deus sobre todas as coisas e ao próximo como a si mesmo, esse amor se realiza mediante o discernimento das moções espirituais que foram motivadas pela própria Presença para indicar a direção que deve tomar a decisão do fiel. Pela obediência se cumpre a sua vontade. Todavia, tomar decisões não é o fim, é o meio que leva à autodoação desinteressada a Deus por si mesmo. Segue-se que, se o fim do cristianismo é o amor escatológico a Deus, ao próximo e a si mesmo, isso é uma finalidade que abraça toda a vida e toda a pessoa; por isso, o termo *vida* é útil para pôr o foco na nova perspectiva com a qual se reinterpreta o desenvolvimento da relação do fiel com a Presença do Mistério Santo, assim como se realiza na revelação cristã. Trata-se não somente de *vida*, mas de *vida cristã*, uma vida cristã *inaciana* porque vivida sob uma perspectiva especial.

CONCLUSÃO GERAL

Na introdução, eu me pus esta pergunta: "O que ofereço ao leitor inaciano com esta pesquisa?". E a resposta foi: "Uma moldura teórica para repensar o paradigma atual da tradição inaciana a partir do contexto sociorreligioso contemporâneo". Tendo chegado à conclusão, o próprio leitor pode avaliar a solidez da proposta desenvolvida.

O *paradigma* assume um esquema mental fundamentado em pontos de referência partilhados que servem como critérios para tomar decisões; trata-se de uma cosmovisão comum que suporta uma moldura teórica para orientar a procura e decidir seus métodos aceitos por todos como legítimos. A meu ver, a necessidade de um novo paradigma justifica-se pelo fato de que o que era ponto focal no contexto da cristandade, ou seja, a partilha sociológica por meio do imaginário social da fé cristã, mudou drasticamente.

A novidade do paradigma reside, com efeito, em ficar ciente do deslocamento focal da cristandade para a pós-cristandade e da transformação da situação sociorreligiosa atual, concentrada nas consequências do desenvolvimento do plurissecular processo de secularização europeu de caráter global. A passagem da cristandade para a pós-cristandade traduz-se em não reconhecer mais as situações da cristandade partilhada como opção única para dar sentido à vida, mas em considerar a da secularização, que anula as diferenças entre as diversas cosmovisões.

A minha análise tenta demonstrar, na ótica de uma concepção secularizada da *espiritualidade*, como seria possível afirmar que tanto Inácio de Loyola como Sigmund Freud são *espirituais*, porque em ambos se pratica uma mesma capacidade antropológica de procura de sentido para a existência pessoal. De um lado, se descobre a atualização da potencialidade da transcendência em sentido forte (Inácio) e frágil (Freud) que abre ao encontro do m(M)istério; de outro lado, a análise fenomenológica das experiências do ato de decidir mostra a irrupção no campo perceptivo de uma realidade que vai bem além da realidade percebida, revelando um excesso de realidade, a p(P)resença do m(M)istério, que é a referência objetiva que faz que tenha partida a dinâmica da transformação interior, graças ao processo de tomada de decisão.

Essa p(P)resença, em sentido quer secularizado, quer cristão, é o objetivo a que aspira a dimensão antropológica da transcendência, que, todavia, pode se realizar somente mediante o ato de decidir no qual se realiza a comunhão entre a pessoa que escolhe e o sentido escolhido. A progressiva satisfação do desejo de transcendência, inato na condição humana, realiza-se ao se escolher um sentido para o satisfazer. Consequentemente, não é suficiente reconhecer a possibilidade de uma transcendência *forte* ou *frágil*, mas que seja também objeto de uma escolha, e que tal capacidade de escolha seja inata na mesma constituição antropológica, em correspondência com o desejo de sentido. Desse modo, é evidente que a dinâmica da experiência da transcendência e a da decisão estão radicadas na estrutura antropológica fundamental e dependem uma da outra. Por essa razão, não tem mais sentido manter o que Mouroux, Moioli, Bernard e outros mantinham em separado, ou seja, experiência, de uma parte, e reflexão e decisão, de outra.

CONCLUSÃO GERAL

Com efeito, para superar a tradicional contraposição entre a experiência e a reflexão, entre o que se vive e o que se pensa – contraposição que se exemplifica na dicotomia até agora mantida entre mística/contemplação e espiritualidade –, o método de análise das decisões, nas duas modalidades sincrônica e diacrônica, permite estabelecer uma continuidade sem quebras no processo de amadurecimento da experiência humana, cristã e inaciana. Desse modo, se põe numa mesma sequência psicológica a experiência e a sua tomada de consciência, a reflexão sobre ela e a tomada de decisões, permitindo inserir na proposta de Bauman o discernimento inaciano como resposta cristã, tendo como finalidade não só continuar a tornar possível a esperança, mas conduzir o crente à união com Deus na vida eterna.

A análise da secularização evidencia que a contraposição contemporânea entre *espiritualidade* e *religião* responde à secularização da dimensão antropológica da transcendência, embora deixando intacta e operante a capacidade antropológica de decidir. Para uma dialética construtiva, é preciso superar o paradigma da *espiritualidade cristã*, de um lado, e o da *espiritualidade inaciana*, de outro, tomando como ponto de referência não a doutrina *espiritual*, mas a vivência da transcendência e do fato de decidir. Com efeito, a *espiritualidade*, na sua formulação cristã e inaciana, tem seu foco tradicional no conteúdo da experiência, mas não na experiência como tal, que está no centro da espiritualidade secularizada. Por essa razão, é possível superar a *espiritualidade cristã/inaciana* pela *vida cristã inaciana*.

Deriva, logicamente, dessa suposição que, se não há diferenças entre a experiência cristã e a inaciana, uma vez que a segunda se insere como vivência particular da primeira, então a normal continuidade cristã que se produz entre a meditação e a contemplação (São João da Cruz) é uma normal continuidade também na vida cristã inaciana; que os *Exercícios espirituais*, enquanto meditativos, não podem ser considerados como vida cristã inaciana, a qual inclui a tradição contemplativa inaciana, que completa sua visão.

Considerando plausível a experiência de transcendência *forte*, cristã/inaciana, num contexto em que predominam no imaginário social as escolhas *frágeis*, considerada a mesma estrutura antropológica em ambos os casos, recupera-se a dimensão de imediatez da vivência cristã ente Deus e a pessoa, em sintonia com a pós-cristã necessidade de *espiritualidade*. Recentraliza-se, desse modo, a atenção não sobre formulações doutrinais, mas sobre a experiência. Sem as contrapor, ressaltando simplesmente a importância de compreender melhor o que sucede quando se crê, se espera e se ama como dinâmica transformadora na união pessoal a Deus, sem pensar apenas no conteúdo do que se crê, se espera e se ama.

Espero, portanto, que este longo percurso feito seja útil para uma tomada de consciência da necessidade de mudar o paradigma de cristandade radicado na tradição inaciana em favor de um novo que responda de maneira mais adequada ao tempo presente pós-cristão. O que foi aqui afirmado é uma simples tentativa, mas que responde à urgência de mudar o esquema mental com o qual se percebe e se interpreta cristãmente e inacianamente a realidade. Tenho nítida impressão de que é subestimado o processo global de secularização, que, a meu ver, está esvaziando, imperceptivelmente, na Igreja e, em especial, na vida consagrada, o sentido cristão do Mistério e a sua dimensão escatológica, bem como o caráter transformativo e unitivo da vivência cristã. A evidente ambiguidade que adquiriu no imaginário social o termo *espiritualidade* é a prova da transversalidade global do fenômeno. Nascido faz séculos na tradição católica, o termo é agora reconhecido universalmente, mas esvaziado de seu sentido originário. Esse esvaziamento é fruto da secularização. Daí a importância de perceber e pensar o fenômeno para reequacionar a tradição inaciana viva a partir dos seus pressupostos pós-cristãos.

BIBLIOGRAFIA

Actualité de la mystique ignacienne. Colloque 20 & 21 octobre 2000. Centre Sèvres – Facultés jésuites de Paris. Paris: Mediasèvres, Cahiers de Spiritualité 1, 2001.

ALFARO, J. El hombre abierto a la revelación de Dios; Perspectivas para una teología sobre la fe. In: _____. *Revelación cristiana, fe y teología*. Salamanca: Sígueme, 1985, 134-64 e 109-122.

_____. Fede ed esistenza cristiana. In: KÖNIG, F.; ARRUPE, P. *Fede e Mondo Moderno. Otto conferenze tenute nella Aula Magna della Pontificia Università Gregoriana per la celebrazione de "L'anno della fede"*. Roma: Libreria ed. della Pontificia Università Gregoriana, 1969, 91-120.

_____. Persona y gracia; Revelación y fe. In: _____. *Cristología y antropología*. Madrid: Cristiandad, 1973, 345-366 e 367-398.

ALLEAU, R. Tradition. In: *Enciclopaedia Universalis*. v. XVIII, Enciclopaedia Universalis. Paris: Albin Michel, 1985, 136-137.

ALLEN, L. C. *Word Biblical Commentary*. v. XXIX. *Ezekiel 20-48*. Dallas (TX): Word Books, 1990.

ÁLVAREZ, B. Beyond the Train of Ideas. *The Way Supplement*, v. 103 (2002) 43-54.

_____. *Escritos espirituales*. Barcelona: ABAD, C. M.; BOADO, F. (ed. e intr. biogr.). Barcelona: Juan Flors, 1961.

ANDRÉS, M. *Historia de la mística de la Edad de Oro en España y América*. Madrid: BAC, 1994.

ARZUBIALDE, S. Enfermedad. In: GARCIA DE CASTRO, J. (ed.). *Diccionario de Espiritualidad Ignaciana*. Madrid/Bilbao: Mensajero/Sal Terrae, ²2007, 750-759.

ASTRAIN, A. *Historia de la Compañía de Jesús en la Asistencia de España*. Madrid: Razón y fe, 1909.

BAINVEL, J. V. *Introduction a la 10ᵉ édition Des Grâces de Oraison du R. Père Poulain*. Paris: Beauchesne, 1923, édition tiré à part.

BARTÓK, T. Louis Lallemant and his *Doctrine spirituelle*: Myths and Facts. In: MARYKS, R. A. (ed.). *A Companion to Jesuit Mysticism*, Boston: Brill, 2017, 112-138.

_____. *Un interprète et une interprétation de l'identité jésuite: le père Louis Lallemant et sa "Doctrine spirituelle" au Carrefour de l'histoire, de l'analyse institutionnelle et de la pensée d'auteurs jésuites antérieurs et contemporains*. Roma: Gregorian & Biblical Press, 2016.

BASTIANEL, S. *Teologia morale fondamentale. Moralità personale, ethos, etica cristiana. Ad uso degli studenti*. Roma: Editrice PUG, 2001.

BAUMAN, Z. *Vita liquida*. Bari: Laterza, 2009.

_____. *Paura liquida*. Bari: Laterza, 2008.

BERNARD, CH. A. La conscience spirituelle. *Revue d'Ascétique et Mystique*, v. 41 (1965) 465-466.

_____. La conscience mystique. *Studia Missionalia*, v. 26 (1977) 87-115.

_____. *Teologia mistica*. Cinisello Balsamo: San Paolo, 2005.

BERTAZZO, A. La crescita spirituale nella scuola francescana. Atti del VI Forum dei docenti di teologia spirituale in Italia. *Mysterion* (www.mysterion.it), v. 10, n. 2 (2017) 156-170.

BETSCHART, C. La crescita spirituale nella scuola carmelitana. Atti del VI Forum dei docenti di teologia spirituale in Italia. *Mysterion* (www.mysterion.it) v. 10, n. 2 (2017) 171-183.

BOLAND, A. Le Père Jean-Pierre de Caussade auteur mystique. *Nouvelle Revue Théologique*, v. 107 (1985) 238-254.

BROU, A. La Spiritualité de la Compagnie de Jésus. *Revue de Philosophie*, v. 12 (1913) 445-488.

BROWN, R. E. *Giovanni. Commento al Vangelo Spirituale*. Assisi: Cittadella, 1979.

BRUNELLI, G. Gagliardi, Achille. In: *Dizionario Biografico degli Italiani*. v. LI. Roma: Istituto della Enciclopedia Italiana, 1998, 258-264.

CALDUCH-BENAGES, N. Sapienza. In: De FIORES, S. et al. (ed.). *Dizionario di Mariologia*. Cinisello Balsamo: San Paolo, 2009, 1059-1072.

CAROLL, P. Moving Mysticism to the Centre: Karl Rahner (1904-1984). *The Way*, v. 43, n. 4 (2004) 41-52.

CAVAZZA, N. *Psicologia degli atteggiamenti e delle opinioni*. Bologna: Mulino, 2005.

CHALMERS, D. *La mente cosciente*. Milano: McGraw-Hill, 1999, prefácio de DI FRANCESCO, M.

CILVETI, A. *La literatura mística española*. Madrid: Taurus, 1983.

CITRINI, T. Tradizione. In: *Teologia. Dizionario*. Cinisello Balsamo: San Paolo, 2002, 1768-1784.

CONGAR, Y. M.-J. *La Tradizione e la vita della Chiesa*. Catania: Paoline, 1964.

COUTINHO, P. *An Ignatian pathway: experiencing the mystical dimension of the spiritual exercises*. Chicago: 2011.

COZZI, G. Berinzaga, Isabella Cristiana. In: *Dizionario Biografico degli Italiani*. v. IX. Roma: Istituto della Enciclopedia Italiana, 1967.

DE CAUSSADE, J.-P. *Bossuet maître d'oraison. Instructions spirituelles en forme de dialogues sur les divers états d'oraison suivant la doctrine de M. Bossuet*. Paris: Bloud & Gay, 1931. Nova edição conforme a edição original de 1741, com uma introdução e notas por Henri Bremond.

DE CERTEAU, M. Introduction. In: SURIN, J.-J. *Guide spirituel*. Bruges: Desclée de Brouwer, 1963, 7-61.

DE GENEC, H.; DUCLOS, P. Guibert, Joseph de. In: O'NEILL, C. E.; DOMÍNGUEZ, J. M. (ed.). *Diccionario Histórico de la Compañía de Jesús*. v. II. Roma-Madrid: Institutum Historicum S.I./ Universidad Pontificia Comillas, 2001, 1839-1840.

DE GUIBERT, J. *La Spiritualité de la Compagnie de Jésus. Esquisse historique*. Roma: Institutum Historicum S.J., 1953.

_____. Mystique Ignacienne. *Revue d'Ascétique et Mystique*, v. 19 (1938) 3-32.

DE LA PUENTE, L. *Vida del V. P. Baltasar Álvarez*. Madrid: Razón y Fe, 1920.

_____. *Meditaciones de los misterios de nuestra fe*. Madrid: 1950.

DE MAUMIGNY, R. *Pratique de l'oraison mentale*. v. I. *Oraison ordinaire*. v. II. *Oraison extraordinaire*. Paris: Beauchesne, ⁴1907, 1911.

DE SAINT JOSEPH, L. M. *L'expérience de Dieu. Actualité du message de saint Jean de la Croix*. Paris: Cerf, 1968.

DEMOUSTIER, A. Ignatian Contemplation and the Contemplative. *The Way Supplement*, v. 103 (2002) 16-24.

DONNELLY, J. P. Fabro, Pierre. In: O'NEILL, C. E.; DOMÍNGUEZ, J. M. (ed.). *Diccionario Histórico de la Compañía de Jesús*. Roma/Madrid: Institutum Historicum S.I./Universidad Pontificia Comillas, 2002, 1369-1370, III.

_____. Lallemant, Louis. In: O'NEILL, C. E.; DOMÍNGUEZ, J. M. (ed.). *Diccionario Histórico de la Compañía de Jesús*. Roma/Madrid: Institutum Historicum S. I./Universidad Pontificia Comillas, 2001-2267-2268, III.

DUPUY, M. Surin, Jean-Joseph. In: VILLER, M. et al. (ed.). *Dictionnaire de Spiritualité*. v. XIV. Paris: Beauchesne, 1990, col. 1311-1325.

EGAN, H. *The Spiritual Exercises and the Ignatian Mystical Horizon*. St. Louis (MO): Institute of Jesuit Studies, 1976, Prefácio por Karl Rahner.

_____. *Ignatius Loyola The Mystic*. Collegeville (MN): The Liturgical Press, 1991.

_____. *Karl Rahner: Mystic of Everyday Life*. New York: Crossroad, 1998.

_____. The Mystical Theology of Karl Rahner. *The Way*, v. 52, n. 2 (2013) 43-62.

_____. Karl Rahner (1904-84) and His Mystical Theology. In: MARYKS, R. A. (ed.). *A Companion to Jesuit Mysticism*. Boston: Brill, 2017, 310-334.

ENDEAN, PH. The Concept of Ignatian Mysticism: Beyond Rahner and De Guibert. *The Way Supplement*, v. 103 (2002) 77-86.

_____. The Strange Style of Prayer. Mercurian, Cordeses, and Álvarez. In: MCCOOG, Th. (ed.). *The Mercurian Project. Forming Jesuit Culture 1573-1580*. Roma/Saint Louis: Institutum Historicum Societatis Iesu/The Institute of Jesuit Sources, 2004, 351-387.

FAESEN, R. Achille Gagliardi and the Northern Mystics. In: MARYKS, R. A. (ed.). *A Companion to Jesuit Mysticism*. Boston: Brill, 2017, 82-111.

FAVRE, P. *Memorie Spirituali*. MELLINATO, G. (org). Roma: Città Nuova, 1994.

FERNÁNDEZ, G. E. Álvarez de Paz, Diego. In: O'NEILL, C. E.; DOMÍNGUEZ, J. M. (ed.). *Diccionario Histórico de la Compañía de Jesús*. v. I. Comillas/Roma/Madrid: Institutum Historicum S.I., 2001, 94-95.

FITZMYER, J. A. *The Acts of the Apostles*. New York: Doubleday, 1998.

_____. *The Gospel According to Luke (I-IX)*. Garden City (NY): Doubleday, 1981.

FREUD, S. L'uomo Mosè e la religione monoteistica. In: _____. *Opere 1930-1938. L'uomo Mosè e la religione monoteistica e altri scritti*. v. XI. Torino: Paolo Boringhieri, 1979, 357-453.

GAGLIARDI, A. *Direttorio spirituale*. LIBANORI, E. (ed.). Cinisello Balsamo: San Paolo, 2012.

GARCÍA DE CASTRO, J. Semántica y mística: el *Diario Espiritual* de Ignacio de Loyola. *Miscelánea Comillas*, v. 59 (2001) 211-254.

_____. ¿Qué hacemos cuando hacemos ejercicios? *Manresa*, v. 74 (2002) 11-40.

GARCÍA, J. M. La crescita umano-spirituale dei giovani nella tradizione salesiana. Atti del VI Forum dei docenti di teologia spirituale in Italia. *Mysterion* (www.mysterion.it), v. 10, n. 2 (2017) 184-199.

GIOIA, M. Introduzione alla Autobiografia. In: _____. (org.). *Gli Scritti di Ignazio di Loyola*. Torino: 1977.

_____. (ed.). *Per via di annichilazione. Un testo di Isabella Cristiana Berinzaga redatto da Achille Gagliardi S.I.* Roma/Brescia: Morcelliana/Gregorian University Press, 1994. Edição crítica, introdução e notas.

_____. *Breve compendio di perfezione cristiana. Un testo di Achille Gagliardi S.I.* Roma/Brescia: Gregorian University Press/Morcelliana, 1996.

GIOVANNI DELLA CROCE, SAN. *Opere complete*. MACCISE, C. (apr.); BORRIELLO, L.; DELLA CROCE, G. (intr. e note). Cinisello Balsamo: San Paolo, 2001.

GREENBERG, M. *Ezekiel 21-37*. The Anchor Bible. New York: Doubleday, 1997.

GRUPO DE ESPIRITUALIDAD IGNACIANA. *Escritos esenciales de los primeros jesuitas. De Ignacio a Ribadeneira*. Huarte (Navarra): Grupo de Comunicación Loyola/Universidad de Comillas, ²2017.

HOLLAND, J. *Word Biblical Commentary*. v. XXXV. *Luke 1-9,20*. Dallas (TX): Word Books, 1989.

HULIN, M. *Misticismo selvaggio. L'esperienza spontanea dell'estasi*. Como: Red Edizioni, 2000.

IGNAZIO DI LOYOLA, SANT'. *Gli scritti*. Roma: AdP, 2007. Organização dos Jesuítas da Província da Itália.

JALICS, F. The Contemplative Phase of the Ignatian Exercises. *The Way Supplement*, v. 103 (2002) 25-42.

KEHL, M. *"E Dio vide che era cosa buona". Una teologia della creazione*. Brescia: Queriniana, 2009.

KUHN, T. S. *The Structure of Scientific Revolutions*. Chicago: The University of Chicago Press, ²1970.

La dottrina spirituale di Achille Gagliardi s.i.: la vita purgativa ignaziana interpretata da Achille Gagliardi nella Praxis cultus interni. LIBANORI, D. (org.). Napoli: 2000.

La mystique ignacienne. Une tradition vivante. Paris: Christus Hors-Série, 2004, n. 202.

LALLEMANT, L. *Doctrine spirituelle*. In: SALIN, D. (ed.). Paris: Desclée de Brouwer, 2011.

LAMY, M. Immacolata Concezione. In: DE FIORES, S.; FERRARI SCHIEFER, V.; PERRELLA, S. M. (ed.). *Dizionario di Mariologia*. Cinisello Balsamo, San Paolo, 2009, 612-628.

LANGELLA, A. Spirito Santo. In: DE FIORES, S.; FERRARI SCHIEFER, V.; PERRELLA, S. M. (ed.). *Dizionario di Mariologia*. Cinisello Balsamo, San Paolo, 2009, 1134-1146.

LAUDAZI, C. *L'uomo chiamato all'unione con Dio. Temi fondamentali di teologia spirituale*. Roma: OCD, 2006.

Lettere dei Prepositi Generali della Compagnia di Gesù ai padri e fratelli della medesima Compagnia. v. I. Roma: Marini e comp., 1845.

LÓPEZ AZPITARTE, E. *La oración contemplativa. Evolución y sentido en Álvarez de Paz, S.J.* Granada: Facultad de Teología, 1966.

MAIOCCHI, R. Paradigma. In: *Enciclopedia Filosofica*. v. IX. Milano: Bompiani, 2006, 8287-8288.

MARTÍN VELASCO, J. *Il fenomeno mistico*. v. I. *Antropologia, culture e religioni*. SAIBENE, L. (org.). Milano: Jaca Book, 2001.

_____. *Il fenomeno mistico*. v. II. *Struttura del fenomeno e contemporaneità*. SAIBENE, L. (ed.); PANIKKAR, R. (pref.). Milano: Jaca Book, 2003.

_____. *Mística y humanismo*. Madrid: PPC, 2007.

_____. *La experiencia cristiana de Dios*. Madrid: Trotta, ⁴2001.

_____. *Introducción a la fenomenología de la Religión*. Madrid: Trotta, 2017.

MCGINN, B. *The Presence of God: A History of Western Christian Mysticism*. I: *The Foundations of Mysticism. Origins to the Fifth Century*; II: *The Growth of Mysticism. Gregory the Great through the 12th Century*; III: *The Flowering of Mysticism: Men and Women in the New Mysticism, 1200-1350*; IV: *The Harvest of Mysticism in Medieval Germany*; V: *The Varieties of Vernacular Mysticism: 1350-1550*; VI/1: *Mysticism in the Reformation (1500-1650)*; VI/2: *Mysticism in the Golden Age of Spain (1500-1650)*; VI/3: *The Persistence of Mysticism in Catholic Europe. France, Italy and Germany (1550-1675)*; VII: *The Crisis of Mysticism. Quietism in Seventeenth-Century Spain, Italy, and France*. New York: Crossroad, 1999-2021.

MELLONI, J. The Spiritual Exercises and the Spirituality of the East. *The Way Supplement*, v. 103 (2002) 55-65.

――――. *Gli Esercizi nella tradizione dell'Occidente*. Napoli: Centro Ignaziano di Spiritualità (C.I.S.), 2004, Appunti di Spiritualità 57.

MOIOLI, G. Mistica cristiana. In: DE FIORES. S.; GOFFI, T. *Nuovo dizionario di spiritualità*. Cinisello Balsamo: San Paolo, 1999, 985-1001.

MOUROUX, J. *L'expérience chrétienne. Introduction a une théologie*. Paris: Aubier, 1952.

MUCCI, G. Lallemant e De Caussade nella spiritualità della Compagnia di Gesù. *La Civiltà Cattolica*, v. 141, n. 2 (1990) 568-572.

――――. Bibliografia del P. De Guibert. In: DE GUIBERT, J. *La spiritualità de la Compagnia di Gesù. Saggio Storico*. MUCCI, G. (ed.). Roma: Città Nuova, 1992, *15-*17.

――――. Gagliardi, Achille. In: O'NEILL, C. E.; DOMÍNGUEZ, J. M. (ed.). *Diccionario Histórico de la Compañía de Jesús*. v. III. Madrid/Roma: Comillas/Institutum Historicum S.I., 2001, 1547-1548.

――――. Jean-Pierre de Causade. Autenticità critica e valore di una spiritualità. *La Civiltà Cattolica*, v. 156, n. 3 (2005) 32-40.

NICOLAU, M. *Jerónimo Nadal. Obras y doctrinas espirituales*. Madrid: Instituto Francisco Suárez/Consejo Nacional de Investigaciones Científicas, 1946.

NOLLAND, J. *Word Biblical Commentary*. v. XXXVb. *Luke 9:21-18:34*. Dallas (TX): Words Books, 1993.

Obras espirituales del P. Antonio Cordeses S.I. Guía teórico práctica de la perfección cristiana. I. *Tratados de las "Tres Vidas": activa, contemplativa y mixta; de la "Oración mental" e de la "Vida purgativa", compuestos por el P. Antonio Cordeses, de la Compañía de Jesús, preparados, anotados y editados por el P. Aurelio Yanguas, de la misma Compañía*. Madrid: Instituto Francisco Suárez, 1953.

OLPHE-GALLIARD, M. Introduction. In: DE CAUSSADE, J.-P. *Traité sur l'oraison du coeur. Instructions spirituelles*. Condé-sur-Noireau: Desclée de Brouwer-Bellarmin, 1981, 9-22.

_____. *La théologie mystique en France au XVIIIe siècle. Le père de Caussade*. Paris: Beauchesne, 1983.

_____. Surin, Jean-Joseph. In: O'NEILL, C. E.; DOMÍNGUEZ, J. M. (ed.). *Diccionario Histórico de la Compañía de Jesús*. v. IV. Madrid/Roma: Comillas/Institutum Historicum S.I, 2001, 3672.

Opera Iacobi Alvarez de Paz, Toletani, e Societate Jesu, Sacra Theologia ac Litterarum Divinarum in Peruano Regno Professoris. v. I-VI. Paris: Ludovicum Vives, 1875-1876.

PEREIRA DE OLIVEIRA, L. Il metodo teologico-decisionale. *Mysterion* <www.mysterion.it>, v. 12, n. 2 (2019), 222-241.

PIO XI. Unigenitus Dei Filius. In: *Acta Apostolicae Sedis*, XVII (1924) 133-148.

Pláticas espirituales del P. Jerónimo Nadal S.J. en Coimbra (1561). Granada: Facultad Teológica de la Compañía de Jesús, 1965.

POULAIN, A. *Des grâces de oraison. Traité de Théologie Mystique*. Paris: Beauchesne, ^{9}1914.

_____. *Delle Grazie d'Orazione. Trattato di Teologia Mistica*. Torino-Roma: Marietti, 1926. Versão revista pelo Autor sobre a sétima edição francesa, com acréscimo de uma Introdução sobre a atual controvérsia sobre a Contemplação infusa, do P. G. De Guibert S.J., além de um copioso suplemento à Bibliografia do P. Scheuer, S.J.

PREVOT, A. Henri de Lubac (1896-1991) and Contemporary Mystical Theology. In: MARYKS, R. A. (ed.). *A Companion to Jesuit Mysticism*. Boston: Brill, 2017, 278-309.

RAHNER, K. Sul concetto di mistero nella teologia cattolica. *Saggi Teologici*. Roma: Paoline, 1965, 391-465.

_____. *Corso fondamentale sulla fede. Introduzione al concetto di cristianesimo*. Cinisello Balsamo, Paoline, 1990, versão integral do alemão de Carlo Danna.

RAVASI, G. *Il libro dei salmi. Commento e attualizzazione*. Bologna: Dehoniane, 1991.

_____. *Il Cantico dei Cantici*. Bologna: Dehoniane, 1992.

RICOEUR, P. *Le Conflit des Interpretations. Essais d'herméneutique*. Paris: Editions du Seuil, 1969.

ROBERT, S. Union with God in the Ignatian Election. *The Way Supplement*, v. 103 (2002) 100-112.

RODRÍGUEZ, A. *Ejercicio de perfección y virtudes cristianas*. Madrid: Apostolado de la Prensa, ⁶1946.

ROLDÁN-FIGUEROA, R. The Mystical Theology of Luis de la Puente. In: MARYKS, R. A. (ed.). *A Companion to Jesuit Mysticism*. Boston: Brill, 2017, 54-81.

ROUDINESCO, E. *Freud en su tiempo y en el nuestro*. PONS, H. (trad.). Barcelona: Debate, 2015.

ROY, L. *Experiencias de trascendencia. Fenomenología y crítica*. Barcelona: 2006.

RUIZ JURADO, M. Álvarez de Paz, Diego. In: BORRIELLO, L. et al. (ed.). *Dizionario di Mistica*. Città del Vaticano: Libreria Editrice Vaticana, 1998, 77-80.

_____. *A Controversial Mystic: Father Baltazar Álvarez*. Lieden: Brill, 2017.

_____. Ignazio di Loyola (santo). In: BORRIELLO, L. et al. (ed.). *Dizionario di Mistica*. Città del Vaticano: Libreria Editrice Vaticana, 1998, 635-638.

_____. La Puente, Luis de. In: O'NEILL, C. E.; DOMÍNGUEZ, J. M. (ed.). *Diccionario Histórico de la Compañía de Jesús*. v. III. Madrid/Roma: Universidad Pontificia Comillas/Institutum Historicum S.I., 2001, 2244-2245.

_____. Nadal, Jerónimo. In: O'NEILL, C. E.; DOMÍNGUEZ, J. M. (ed.). *Diccionario Histórico de la Compañía de Jesús*. v. III. Madrid-Roma: Universidad Pontificia Comillas/Institutum Historicum S.I., 2001, 2793-2796.

RUIZ, F. Diventare personalmente adulti in Cristo. In: *Problemi e prospettive di spiritualità*. Brescia: Queriniana, 1983, 277-301.

_____. L'uomo adulto in Cristo. In: MORRICONE, B. (ed.). *Antropologia Cristiana*. Roma: Città Nuova, 2001, 509-560.

SACHS, J. R. Ignatian Mysticism. *The Way Supplement*, v. 82 (1995) 73-83.

SALIN, D. Methods for Sancho Panza: Henri Bremond and the Interpretation of the Ignatian Exercises. *The Way Supplement*, v. 103 (2002) 66-76.

_____. La docilité au Saint-Esprit. In: *La mystique ignacienne. Une tradition vivante*. Paris: Christus (Hors-Série 202), 2004, 104-107.

_____. Introduction. In: *L'Abandon à la Providence divine. Autrefois attribué à Jean-Pierre de Caussade*. Paris: Desclée de Brouwer, 2005, 8-20, Nouvelle édition établie et présentée par Dominique Salin s.j.

_____. Introduction. In: LALLEMANT, L. *Doctrine spirituelle*. Paris: Desclée de Brouwer, 2011, 7-43.

SALMANN, E. I sensi del senso – Il senso dei sensi. Una piccola fenomenologia mistico-filosofica. In: *Esperienza mistica e pensiero filosofico*. Atti del Colloquio "Filosofia e Mistica", Roma, 6-7 dez. 2001. Pontificia Università Lateranense e Pontificio Ateneo Sant'Anselmo. Città del Vaticano: LEV, 2003, 87-108.

SCIAMANNINI, R. *La contuizione bonaventuriana*. Firenze: Città di Vita, 1957.

SHANON, P. Mysticism and Ecology: Ignatian Contemplation and Participation. *The Way Supplement*, v. 102 (2001) 107-123.

SLUHOVSKY, M. Mysticism as an Existencial Crisis: Jean-Joseph Surin. In: MARYKS, R. A. (ed.). *A Companion to Jesuit Mysticism*. Boston: Brill, 2017, 139-165.

STERCAL, C. Gli Itinerari spirituali: senso ed evoluzione di un tema tradizionale. Atti del VI Forum dei docenti di teologia spirituale in Italia. *Mysterion* (www.mysterion.it), v. 10, n. 2 (2017) 145-155.

SUDBRACK, J. Finding God in All Things: Christian Contemplation and the Ignatian Exercises. *The Way Supplement*, v. 103 (2002) 87-99.

TACEY, D. *The Spirituality Revolution. The Emergence of Contemporary Spirituality*. Hove-New York: Brunner-Routledge, 2004.

TAYLOR, C. *L'età secolare*. Milano: Feltrinelli, 2009.

TOUZE, L. Come la ricerca contemporanea presenta la crescita spirituale. Atti del VI Forum dei docenti di teologia spirituale in Italia. *Mysterion* (www.mysterion.it), v. 10, n. 2 (2017) 200-219.

Transforming Spirituality. Celebrating the 25th Anniversary of Studies in Spirituality, texts selected and introduced by ZAS FRIZ DE COL, R. with a foreword by WAAIJMAN, K. Lovaina: Peeters, 2016.

VAN CAMPEN, A. The Mystical Way of Images and Choice. *The Way Supplement*, v. 103 (2002) 9-15.

VANHOYE, A. Il problema biblico dei *carismi* dopo il Vaticano II. In: LATOURELLE, R., (ed.). *Vaticano II. Bilancio e prospettive. Venticinque anni dopo (1962-1987)*. Assisi: Cittadella, 1987, 389-413.

WAAIJMAN, K. *La spiritualità. Forme, fondamenti, metodi*. Brescia: Queriniana, 2007.

WENHAM, G. J. *Word Biblical Commentary*. v. I. *Genesis 1-15*. Waco (TX), Word Books, 1987.

WESTERMANN, C. *A Continental Commentary*. v. I. *Genesis 1-11*. Minneapolis: Augsburg, 1985.

WINSTON, D., *The Wisdom of Salomon*. Garden City (NY): Doubleday, 1984.

WRIGHT, W. M. Jean-Pierre de Caussade and the Caussadian Corpus. MARYKS, R. A. (ed.). *A Companion to Jesuit Mysticism*. Boston: Brill, 2017, 193-224.

ZAS FRIZ DE COL, R. L'autentica spiritualità ignaziana. *La Civiltà Cattolica*, v. III (2003) 392-402.

_____. Considerazioni sullo *scegliere* in Sant'Ignazio. *Ignaziana* (www.ignaziana.org), v. 1 (2006) 94-106.

_____. La tradición mística ignaciana (I). Autores españoles de los siglos XVI y XVII. *Manresa*, v. 76, n. 4 (2004) 391-406. Trad. al.: Ignatianische Mystik (Teil I). *Geist und Leben*, v. 85 (2012) 16-30.

_____. La tradición mística ignaciana (II). Autores franceses de los siglos XVI al XX. *Manresa*, v. 77, n. 4 (2005) 325-342. Trad. al.: Ignatianische Mystik (Teil II). *Geist und Leben*, v. 85 (2012) 120-135.

_____. "Él es lo primero y principal". El itinerario místico de Pedro Fabro. *Ignaziana* (www.ignaziana.org), v. 1 (2006) 54-78.

_____. ¿Espiritualidad ignaciana y/o mística ignaciana?. *Ignaziana* (www.ignaziana.org), v. 3 (2007) 115-121.

_____. Introduzione al *Diario Spirituale* o *Giornale della consapevolezza* d'Ignazio di Loyola. In: IGNAZIO DI LOYOLA, SANT'. *Gli Scritti*. Roma: AdP, 2007, 359-394.

_____. La trasformazione mistica ignaziana. *Ignaziana* (www.ignaziana.org), v. 5 (2008) 21-33.

_____. Teología de la vida cristiana ignaciana. Ensayo de interpretación histórico-teológica. *Ignaziana* (www.ignaziana.org), v. 9 (2010) 3-71.

_____. El ritmo místico en el primer cuadernillo del texto autógrafo del *Diario Espiritual de San Ignacio*. *Ignaziana* (www.ignaziana.org), v. 10 (2010) 161-170.

_____. *Teologia della vita cristiana. Contemplazione, vissuto teologale e trasformazione interiore*. Cinisello Balsamo: San Paolo, 2010.

_____. Radicarsi in Dio. La trasformazione mistica di San Ignazio di Loyola. *Ignaziana* (www.ignaziana.org), v. 12 (2011) 162-302.

———. La vida cristiana ignaciana en el contexto contemporáneo. *Ignaziana* (www.ignaziana.org), v. 11 (2011) 144-156.

———. Dalla trascendenza celeste alla trascendenza terrena. Saggio sulla *nuova* spiritualità. *Mysterion* (www.mysterion.it), v. 4 (2011) 15-28.

———. *Iniziazione alla vita eterna. Respirare, trascendere e vivere.* Cinisello Balsamo: San Paolo, 2012.

———. Breve Introducción a la mística ignaciana del s. XVI. *Ignaziana* (www.ignaziana.org), v. 16 (2013) 201-235.

———. La silenziosa rivoluzione antiescatologica. *La Civiltà Cattolica*, v. 165, n. 3 (2014) 32-42.

———. Iniciación en la vida mística en el marco del Ritual de Iniciación Cristiana de Adultos. *Teología y Catequesis*, v. 132 (2015) 65-86.

———. *La presenza trasformante del Mistero. Prospettiva di teologia spirituale.* Roma: G&B, 2015.

———. La vocazione universale all'autotrascendenza. *Mysterion* (www.mysterion.it), v. 8, n. 2 (2015) 124-132.

———. Analisi del vissuto cristiano di Ignazio di Loyola. Saggio metodologico. *Ignaziana* (www.ignaziana.org), v. 22 (2016) 137-165.

———. Contesto socio-religioso attuale e vissuto cristiano. *Ignaziana* (www.ignaziana.org), v. 23 (2017) 17-29.

———. El processo de conversión en los itinerários de iniciación cristiana. *Actualidad Catequética*, v. 253 (2017) 49-98; publicado também como: El proceso espiritual de conversión en la iniciación cristiana. *Mysterion* (www.mysterion.it), v. 10, n. 2 (2017) 44-82.

———. La búsqueda de sentido y de espiritualidad en tiempos postcristianos. Ignacio de Loyola y Sigmund Freud. *Ignaziana* (www.ignaziana.org). Numero Speciale, v. 2 (2018) 1-133.

———. Dall'ascetica e mistica alla vita cristiana. Novant'anni dopo. *Vita cristiana*, v. 88, n. 1 (2019) 32. Publicado também em *Mysterion* (www.mysterion.it), v. 12, n. 1 (2019) 27-42.

———. (ed.) *Il vissuto cristiano di Santa Teresa di Lisieux alla luce del metodo teologico-decisionale.* Roma: G&B, 2021.

ANEXO 1:

"...Que todas as minhas *decisões* sejam puramente ordenadas..." (cf. *EE* 46)

Vivência cristã-inaciana e processo decisional

Rossano Zas Friz De Col, SJ[1]

Introdução

A reflexão sobre a vivência cristã teve um significativo desenvolvimento depois do Concílio Vaticano II e, de modo especial, durante o novo milênio[2]. Uma área de particular interesse, dado o paradoxal contexto atual, simultaneamente secularizado e plurirreligioso, é a que fundamenta antropologicamente a reflexão sobre a experiência da revelação

---

1. Publicação original em italiano: "...che tutte le mie *decisioni* siano puramente ordinate..." (cf. *Es* 46). Vissuto cristiano-ignaziano e processo decisionale. In: *Ignaziana*, 35 (2023) 19-51. (N. do E.)
2. Zas Friz De Col, R., Dall'ascetica e mistica alla vita cristiana. Novant'anni dopo, *Vita Cristiana*, v. 88, n. 1 (2019) 9-32; também disponível em *Mysterion* (www.mysterion.it), v. 12, n. 1 (2019) 27-42; Id., Lo sviluppo della teologia spirituale: tra la Cons. Ap. *Sapientia Christiana* (1979) e a Cons. Ap. *Veritatis Gaudium* (2018), *Gregorianum*, v. 101, n. 3 (2020) 657-676.

cristã. A intenção de tal pesquisa é simples: mostrar que a experiência cristã responde a uma enraizada dimensão humana, a da transcendência, para manter aberta e atualizada na cultura pós-cristã ocidental uma reflexão razoável de abertura para a experiência cristã, em especial, e a religiosa, em geral. Além disso, ao se agir assim, se mostra também a sua razoabilidade diante das abordagens que se identificam como "espirituais, mas não religiosas", ou simplesmente indiferentes ao fato religioso e cristão.

Neste artigo a atenção estará focada sobre o processo decisional e seu impacto na vivência cristã-inaciana, porque se supõe que seja como um concentrado existencial que mostra de modo muito claro o desenvolvimento da dinâmica do encontro divino/humano. A pergunta que motiva e orienta esta reflexão poderia ser formulada assim: como justificar hoje, em tempos pós-cristãos, tomar uma decisão em nome de Deus?

O artigo esboça uma resposta a essa pergunta, seguindo um itinerário preciso de diversas etapas. Na primeira e segunda, apresentam-se, respectivamente, a análise da experiência transcendental de Karl Rahner e a das experiências da transcendência de Louis Roy. Na terceira, se desenvolve uma abordagem atualizada ao processo decisional (*decision-making*), para enfrentar, na quarta e última etapa, a relação entre o processo decisional e o discernimento dos espíritos como experiência transcendental. Conclui-se propondo uma variante ao n. 46 dos *Exercícios espirituais*: "...que todas as minhas *decisões* sejam puramente ordenadas a serviço e louvor de sua divina majestade", em vez de "...que todas as minhas *intenções, ações e operações* sejam puramente ordenadas a serviço e louvor de sua divina majestade".

1. Da experiência transcendental ao sujeito da vivência cristã

A primeira etapa do referido itinerário desenvolve a proposta de Karl Rahner sobre a experiência transcendental. Para uma justificativa desta escolha, pressupomos a pesquisa da professora emérita da Pontifícia Universidade Gregoriana, Giorgia Salatiello, recentemente falecida, e do grupo de pesquisa por ela guiado durante muitos anos sobre a relação entre vivência inaciana e método transcendental[3].

O estudo começa com a explicação do que se entende por "sujeito transcendental" e, sucessivamente, por "sujeito transcendental da vivência cristã", acenando assim ao drama da liberdade que tal sujeito deve enfrentar. O objetivo é explicitar o fundamento da relação comunicativa que o crente tem com Deus, mediante a qual percebe, decifra e responde às moções divinas com uma decisão pessoal livre, responsável e vinculante no tempo e na eternidade.

1.1. *O sujeito transcendental*

A condição do ser humano é caracterizada, segundo Rahner, pelo fato de que é um sujeito capaz de conhecer e de exercer a sua liberdade pelo amor e no amor. Embora essa capacidade se verifique em cada ato do conhecimento e da liberdade amorosa, ele se refere, antes, a uma capacidade de conhecer e de amar na liberdade que precede cada um dos atos, como fundamento deles. Não é uma capacidade que o sujeito se dá, mas uma capacidade que o sujeito descobre como já dada, enquanto conhece e escolhe. Está consciente de que ele é o sujeito de tais atos, mas a capacidade de os realizar, ele a recebeu. Pode dizer que ele é aquele que conhece e escolhe, mas a sua autoconsciência se constitui como

---

3. SALATIELLO, G., Metodo trascendentale e spiritualità ignaziana. Prospettive di ricerca, *Spiritualità ignaziana e metodo trascendentale*. SALATIELLO, G.; ZAS FRIZ DE COL, R. (org.), Roma, G&B Press, 2020, 13-25; também em *Ignaziana* (www.ignaziana.org), v. 13 (2012) 13-22. Para uma análise mais particular da mesma relação em Karl Rahner, cf., da mesma autora, Spiritualità ignaziana e metodo trascendentale in Karl Rahner, *Spiritualità ignaziana e metodo trascendentale*, 97-110; também em *Ignaziana* (www.ignaziana.org), v. 17 (2014) 3-13.

uma experiência subjetiva, atemática, necessária e ineliminável, que Rahner chama de a *experiência transcendental*. Não se trata do exercício concreto do conhecimento ou da liberdade amorosa, mas, sim, do que torna possível esse exercício, porque inserida na condição humana enquanto humana[4].

Como consequência, conhecendo e amando, o sujeito se dá conta de que não é ele a causa do seu conhecer e amar e, portanto, quando se pergunta "como é possível que eu conheça e escolha?", abre-se à transcendência de si mesmo; e, ao mesmo tempo, isso o torna consciente da sua condição histórica condicionada. Todavia, essa condição, ele a supera enquanto a pergunta o abre à totalidade da realidade objetiva da posse da sua subjetividade finita.

Portanto, sujeito finito, não causa de si, mas, contemporaneamente, aberto à transcendência de si para o tudo. Mediante essa consciência, o sujeito, enquanto sujeito, mantém-se distante de tudo e possui a si mesmo, sabendo ser uma unidade diante da fragmentação dos seus atos isolados, por meio dos quais conhece e exerce a sua liberdade. Essa é a condição humana fundamental, da qual emerge a experiência transcendental entendida como o não conhecimento que o sujeito tem de si, enquanto conhece e ama. Este é o sujeito transcendental: uma unidade transcendental de finitude e infinitude que precede os seus atos, ou, melhor ainda, uma unidade que torna possível tais atos. Sabe que se possui como um sujeito confiado a si mesmo de modo indedutível, mas, ao

---

4. Cf. RAHNER, K., *Corso fondamentale sulla fede. Introduzione al concetto di cristianesimo*, Cinisello Balsamo, Paoline, 1990; abrev.: *CF* seguido do número da página. "A experiência transcendental é a experiência da *transcendência*, em cuja experiência são dadas contemporaneamente e em identidade a estrutura do sujeito e, portanto, também a última estrutura de todos os objetos pensáveis do conhecimento. Naturalmente, essa experiência transcendental não está limitada ao puro conhecimento, mas se estende também à vontade e à liberdade; também elas possuem o mesmo caráter transcendental; assim, em princípio, podemos nos interrogar ao mesmo tempo sobre a orientação e sobre a proveniência do sujeito enquanto sujeito conhecedor e enquanto livre" (*CF* 40-41).

mesmo tempo, tem intimamente consciência "de uma orientação que não põe autonomamente a si mesmo, mas que se experimenta como lugar e disposto, como fundado no abismo do mistério inefável" (*CF* 68).

Por isso, Rahner pode afirmar que o homem, enquanto sujeito transcendental,

> é e permanece o ser da transcendência, ou seja, aquele existente a quem a infinidade não disponível e silenciosa da realidade se apresenta continuamente como mistério. Desse modo, o homem é transformado em pura abertura para esse mistério e posto precisamente assim, como pessoa e sujeito diante de si mesmo (*CF* 59).

Ele é "transcendência à escuta, a transcendência que não dispõe, que é ultrapassada pelo mistério, que está aberta ao mistério" (*CF* 68).

A essa altura, põe-se a questão de como compreender a relação consciente do sujeito transcendental com Deus. Rahner distingue entre a consciência objetiva e a consciência subjetiva do conhecimento e da liberdade, mas conservando a unidade dessa polaridade. Por isso, assim como cada ato do conhecimento e da liberdade remetem à condição transcendental do ser humano, assim a reflexão sobre o "problema de Deus" e sobre o "problema da liberdade humana" remete à orientação originária atemática que torna possível essa reflexão temática: "o *discurso* sobre Deus é a reflexão que remete a um conhecimento mais originário, atemático e irrefletido de Deus" (*CF* 82, itálico do autor)[5].

Com efeito, o conhecimento atemático de Deus é aquela capacidade transcendental humana que orienta para Deus independentemente da tematização ou não de tal capacidade. "Estamos orientados para Deus.

---

5. Devemos nos habituar a observar que, no pensamento e na liberdade, estamos sempre ocupados e temos sempre a ver com alguma coisa mais do que aquilo *de que* falamos com palavras e conceitos e *a que* nos dedicamos aqui e agora como ao objeto concreto da nossa ação" (*CF* 82).

Essa experiência originária existe sempre e não deve ser trocada pela reflexão objetivante, até mesmo necessária, acima da orientação transcendental do homem para o mistério" (CF 82). A condição humana do sujeito transcendental, ou seja, a sua capacidade de conhecer e de amar na liberdade, torna possível o conhecimento temático de Deus, porque o abre a toda a realidade, mediante uma abertura subjetiva total. Essa abertura é a abertura a Deus, ao todo insondável do mistério de si e da realidade. O sujeito transcendental é a condição de possibilidade do encontro transcendental e histórico, atemático e temático com Deus, porque a experiência transcendental orienta para o mistério como a condição humana fundamentada e fundante do humano propriamente humano.

Pois bem; Deus, não o encontramos como um outro objeto do mundo; antes, ele escapa, graças à experiência transcendental, a qualquer intenção de categorização. Por isso a não categorização de Deus, mediante a experiência transcendental, é também a condição que torna possível que o sujeito se experimente como criatura. Transcendência infinita e criaturalidade finita devem andar juntas "*numa única* afirmação" (CF 84, itálico do autor).

Com efeito, a condição do sujeito como criatura é a experiência da subjetividade que se descobre fundamentada incompreensivelmente no mistério, mas autônoma dele, todavia mistério à sua disposição, indisponível numa experiência não objetivante. Deus é distinto, absoluto e infinito e não depende da criação, como a criação não depende dele e não a faz dependente dele, embora tenha nele as suas raízes. Por isso, Rahner afirma que o horizonte da transcendência é um mistério "anônimo, não delimitável, que se distancia apenas autonomamente de todo o resto e distingue, desse modo, tudo o mais de si, que normaliza tudo e recusa todas as normas diferentes de si e se torna a realidade absolutamente não disponível" (CF 95). Todavia, "somente no ponto em que o homem se experimenta como sujeito livre e responsável diante de Deus e aceita essa responsabilidade, somente aí ele compreende o que

"...Que todas as minhas decisões sejam puramente ordenadas..." (cf. EE 46)

significa autonomia e como, com a proveniência de Deus, ela cresce na mesma medida e não diminui. Somente nesse ponto é que se torna claro que o homem é, ao mesmo tempo, autônomo e dependente de seu fundamento" (CF 114). Segue-se que o conhecimento e a liberdade da criatura, bem como a sua autonomia, enraízam-se no horizonte daquele mistério anônimo e dele dependem.

1.2. O sujeito transcendental da vivência cristã

A esta altura da reflexão, pode-se explicitar cristãmente o que está implícito na afirmação do homem como sujeito transcendental. Segundo Rahner, o homem é um ser espiritual porque a sua subjetividade transcendental é consequência da autocomunicação de Deus: "Uma autocomunicação por parte de Deus, mistério absoluto e pessoal, feita ao homem, ser da transcendência, indica inicialmente uma comunicação feita ao homem como ser pessoal espiritual" (CF 162). Isso significa que Deus comunica transcendentalmente ao homem a sua natureza divina, unindo-se assim a dimensão transcendental à da revelação cristã, de modo que o homem possa se conceber como "um ser-junto-a-si-mesmo, um ser pessoalmente responsável de si mesmo na autoconsciência e na liberdade" (CF 163) diante de Deus, que é o doador e o próprio dom, porque a sua autocomunicação é autoparticipação de si ao homem. Com efeito, Deus não só é o horizonte e a origem da transcendência, mas autocomunica a sua condição divina: "ele se dá em si mesmo" (CF 165), porque o doador é o próprio dom.

O processo de divinização do crente na história que brota da sua constituição antropológica transcendental e cristã tem por finalidade, na graça, a visão beatífica, a visão imediata de Deus: "O que a graça e a visão de Deus significam são duas fases de um único e mesmo evento, condicionadas pela livre historicidade e pela temporalidade do homem, duas fases da única autocomunicação [autoparticipação] de Deus aos homens" (*CF* 164). Os existenciais radicais do homem são, segundo Rahner (cf. *CF* 165), a consciência da sua proveniência de Deus, ou seja, consciência de ser diferente do ser absoluto, finito, mas de, ao mesmo tempo, se saber enraizado no mistério absoluto e, assim, em íntima relação com ele.

Por isso, a autocomunicação divina significa "que Deus pode se comunicar em si mesmo ao não divino, sem cessar de ser a realidade infinita e o mistério absoluto e sem que o homem deixe de ser o existente finito, distinto de Deus" (*CF* 166). Em outras palavras, a visão imediata de Deus é o dom que leva à plenitude e a seu cumprimento a condição espiritual do homem[6].

Rahner explica essa comunicação e comunhão de Deus com a criatura mediante o conceito da *causalidade formal* intrínseca ao homem. Deus é o princípio intrínseco do ser humano enquanto lhe comunica o seu próprio ser: de um lado, o constitui como sujeito transcendental autônomo e livre em relação a ele, mas, assim procedendo ao mesmo tempo, graças a sua transcendentalidade original e originada; de outro lado, o constitui também como sujeito espiritual destinado à união com ele na graça. Isso significa que "[Deus], na criatura, não produz nem realiza, originariamente, alguma coisa diferente de si, mas, ao comunicar a sua própria realidade divina, faz dela o constitutivo da realização da criatura" (*CF* 168). Deus autoparticipa a si mesmo à criatura, ou seja, participa-lhe a capacidade de conhecer e decidir na liberdade amorosa, tendo como horizonte e finalidade ele próprio. Tal participação "é *per*

---

6. "É o que está afirmado na doutrina cristã, segundo a qual, na graça, ou seja, na comunicação do Santo Espírito de Deus, tal evento do contato imediato com Deus na realização final do homem é preparado de tal modo que temos de dizer que já agora o homem participa da natureza divina, recebe o Pneuma divino, analisa as profundezas da divindade, ou seja, que ele já é agora filho de Deus, e deve apenas ser revelado o que ele já é agora" (*CF* 166).

definitionem participação num conhecimento e num amor diretos, e, naturalmente, e vice-versa, o verdadeiro e direto conhecimento e amor de Deus em si mesmo significam necessariamente essa realíssima autocomunicação por parte de Deus" (*CF* 169).

Se assim é, então, para Rahner, "a autoparticipação por parte de Deus deve sempre existir no homem como condição prévia da possibilidade da sua aceitação, dado que o homem deve ser pensado como um sujeito que está habilitado e, portanto, também obrigado a levar a cabo tal aceitação" (*CF* 177). Obviamente, essa autoparticipação é livre, não é nada devido por Deus ao homem. Por sua vez, o homem deve aceitá-la ou recusá-la. Nesse sentido, pode-se falar de um "existencial sobrenatural", porque a condição da transcendentalidade humana, que é um dom da autoparticipação divina, "é uma modalidade da sua 'subjetividade' originária e atemática. [...] Essa transcendentalidade sobrenatural é não chamativa, ignorável, removível, contestável e falsamente interpretável como, em geral, todo o espiritual transcendental do homem" (*CF* 178). Como no caso da subjetividade transcendental, ou, melhor ainda, por causa dela, o existencial sobrenatural faz parte da condição humana como tal e

> não significa senão que o movimento transcendental do espírito no conhecimento e na liberdade diante do mistério absoluto é sustentado pelo próprio Deus na sua autocomunicação; assim, ele tem o seu horizonte e a sua origem no mistério santo não como numa meta sempre distante e sempre alcançável somente assintoticamente, mas no Deus da proximidade e da imediatez absoluta (*CF* 178).

Deus dá fundamento, sustenta e finaliza para si o sujeito transcendental como sujeito da vivência cristã, porque ele não se encontra para além do sujeito, mas presente nele transcendentalmente, ou seja, ontologicamente: "Trata-se realmente de uma experiência transcendental que se torna perceptível e se explica na existência do homem" (*CF* 179)[7]. De modo particular no exercício da liberdade.

1.3. *O drama da liberdade*

O sujeito transcendental, interpretada a sua condição sob o ponto de vista psicológico, está situado entre o finito e o infinito, situação propícia para uma profunda experiência de "vazio existencial", porque põe o sujeito diante do mistério de si e da realidade, sem que ele saiba a sua origem e o sentido/significado da sua capacidade transcendental. Ele se interroga, em termos existenciais, sobre a sua origem e destino pessoal[8]. Por isso, pode-se afirmar que a sua situação é de desvanecimento, de vazio. Ele ignora de onde vem e para onde vai, percebe a falta de sentido da sua vida e se vê obrigado a lhe dar algum sentido. Essa situação de confusão e de desorientação profunda, de perdição no ser e na existência é, ao mesmo tempo, uma exigência, mais ou menos explícita, de procura de sentido, de clareza, de segurança e, numa palavra, de salvação[9]. Essa situação original é a que, na vivência cristã,

---

7. "A proposição 'O homem é o evento da absoluta autocomunicação de Deus' não indica uma objetividade percebida diretamente [*oggettività cosale*] 'no homem'. Essa proposição não é de natureza categorial e ôntica, mas uma proposição ontológica que traduz em palavras o sujeito enquanto tal e, por isso, na profundidade da sua subjetividade – traduz, portanto, a profundidade da sua experiência transcendental" (*CF* 174-175).
8. "[O] homem é aquele que é ainda desconhecido a si mesmo não só neste ou naquele campo da sua concreta realidade, mas é o sujeito que, enquanto tal, é subtraído a si mesmo no que diz respeito à sua origem e a seu fim. Ele chega à sua verdade autêntica justamente aceitando e mantendo com tranquilidade essa impossibilidade de dispor da própria realidade, impossibilidade de que tem consciência" (*CF* 69).
9. "[O] verdadeiro conceito teológico da salvação não indica uma situação futura que sobrevém de improviso sobre o homem, vinda de fora, de maneira objetiva como situação agradável ou, quando se trata de perdição, como situação desagradável; não indica uma situação que ele reconhece somente com base num juízo moral; mas

é mencionada como a condição do pecado de origem (ou pecado original) e constitui a base histórica sobre a qual se exerce a liberdade. Por isso, quando no cristianismo se fala de salvação, reconciliação, redenção, libertação, não se acena apenas aos atos pecaminosos históricos, mas também – e fundamentalmente – a essa situação originária que é própria de todo ser humano.

Com efeito, o sujeito se vê nela como numa situação que lhe foi dada antecipadamente e se dá conta disso somente quando exerce a sua capacidade cognitiva e volitiva. Essa é a situação em que todo ser humano se vê existencialmente no início do exercício da sua liberdade: ele se vê numa situação de precariedade existencial, mas também de ímpeto para a transcendência, sem saber de onde vem tal precariedade e para onde orienta esse impulso. É a condição original dada previamente ao exercício da sua liberdade e que se encontra na base das escolhas pessoais operadas na concretude da liberdade histórica.

Para compreender o que se quer dizer com essa "desordem original", é preciso lembrar que o sujeito transcendental é constituído como tal pela autocomunicação de Deus na autoparticipação no seu ser divino. Segundo Rahner, somente nesse contexto de uma relação imediata com Deus é que se pode compreender o sentido cristão da liberdade e da responsabilidade. Mediante o exercício da liberdade, o sujeito decide e dispõe de si mesmo como de uma unidade indivisível, diante da sua origem e orientação transcendental (cf. *CF* 132). Para Rahner, "não se pode negar que o homem é responsável, que é confiado a si mesmo, que faz a experiência de poder entrar e de entrar de fato em conflito

---

indica a definitividade da verdadeira compreensão e da verdadeira autoação do homem na liberdade diante de Deus, realizadas mediante a aceitação dele próprio, assim como se lhe manifesta e é confiado na escolha da transcendência interpretada livremente. A eternidade do homem pode ser concebida apenas como a autenticidade e a definitividade da liberdade amadurecida. A tudo o mais pode seguir somente outro tempo, mas não a eternidade, aquela eternidade que não é o contrário do tempo, mas o cumprimento do tempo da liberdade" (*CF* 65).

consigo mesmo e com a sua autoconcepção originária, pelo menos em certos atos da sua existência" (*CF* 129). Por isso, a culpa é um fechamento livre e voluntário do sujeito diante da oferta da autoparticipação na natureza divina. Culpa e perdão se interpretam como ressonância psicológica do drama da liberdade, que tem a sua origem na constituição antropológica transcendental (cf. *CF* 131).

A orientação transcendental de uma liberdade responsável é dada ao sujeito enquanto é participante da natureza divina, mas participar historicamente dela depende das suas escolhas. Todavia, faz parte da autoconsciência fundamental humana a constatação de uma incapacidade radical para favorecer essa orientação transcendental nas escolhas históricas. Ou, melhor, constata-se uma incapacidade radical para assim agir, a qual é interpretada como dimensão existencial da condição humana original: a incapacidade de atingir pelos próprios meios o fim a que a orientação transcendental remete, que é a plena participação na natureza divina prometida. É radical consciência de um desejo, de uma moção, que não consegue satisfazer por meio de escolhas históricas. Daí também a perspectiva escatológica.

Na vivência cristã, a liberdade se exerce como liberdade transcendental, porque o sujeito que escolhe se assume sempre, em qualquer escolha, como o sujeito único e unitário das suas escolhas. Ele dispõe de si na história concreta das escolhas da sua vida, porque mantém sempre uma distância das concreções históricas que lhe permite aceitá-las ou rejeitá-las intimamente[10]. A distância que existe entre o sujeito do conhecimento e o ato do conhecimento é a mesma distância que há entre o sujeito da liberdade transcendental e o exercício da liberdade histórica.

---

10. A liberdade possui – "embora no bojo da temporalidade e da história – um ato único e irrepetível, a autoatuação do próprio sujeito unitário, que deve sempre e por toda parte passar por uma mediação objetiva, mundana e histórica de cada uma das ações, mas que pretende e realiza uma única coisa: o sujeito unitário na totalidade irrepetível da sua história" (*CF* 133).

"...Que todas as minhas decisões sejam puramente ordenadas..." (cf. *EE* 46)

Em cada escolha, ele decide-se por alguma coisa que possa estar em harmonia ou desarmonia com a sua orientação transcendental; daí o sentido último da sua responsabilidade pessoal diante da realidade e de si mesmo. Nesse sentido, a liberdade é

> faculdade de poder fundamentar o necessário, o permanente, o definitivo, e, onde quer que não haja liberdade, existe somente e sempre alguma coisa que, por si só, continua sempre a se reproduzir e a se traduzir e a se dissolver em alguma outra coisa, para frente ou para trás (*CF* 134).

As escolhas não podem ser consideradas atos desconexos e independentes da orientação transcendental. Ao contrário, precisamente porque existe tal dependência é que o exercício da liberdade supera o tempo: as escolhas feitas no devir histórico tecem progressivamente uma radical e permanente aceitação ou recusa da autoparticipação divina. Para Rahner, é no tempo que "nós atuamos esse evento da liberdade e constituímos a eternidade que nós mesmo somos e em que nos tornaremos" (*CF* 134-135). A liberdade é a atuação do que é definitivo e irrevogável no sujeito e por meio dele, porque o que ele escolhe é sempre escolhido em relação a seu horizonte e fim transcendental, a participação da vida divina[11]: "nesse sentido e por esse motivo a liberdade é a faculdade do eterno" (*CF* 134).

---

11. "A autocomunicação divina (chamada de graça da justificação ou justificante) é o elemento mais radical e profundo da situação existencial da liberdade humana. Como graça divina, ela antecede a liberdade como condição da sua concreta possibilidade de agir. A autocomunicação do Deus simplesmente santo denota uma qualidade santificante do homem com antecedência à sua boa decisão livre; e, consequentemente, a falta de tal autocomunicação santificante assume o caráter de um não-deveria-ser e não é simplesmente uma diminuição na possibilidade da liberdade, como pode subsistir em outros caso como 'tara hereditária' (*Erbschaden*). Uma vez que para o homem, como 'descendente de Adão', existe essa falta na situação da sua

Cada escolha está em relação com o fim transcendental e para ele orienta, porque ele torna possível o exercício da liberdade. Mas se se volta à situação antropológica de origem, toda escolha histórica orienta para esse fim ou dele se distancia. Por isso, pode-se falar de salvação ou de divinização pessoal, à medida que se aceita a condição humana transcendental na sua orientação ao mistério como opção que dá sentido à própria vida. Quando esse mistério é aceito explicitamente como o mistério cristão revelado, então não só se aceita o Mistério, mas o sujeito se aceita inserido nele como a sua origem e o horizonte do cumprimento da promessa que recebe no sentido: a participação na natureza divina. Portanto, a transformação do sujeito transcendental em sujeito cristão é o resultado do exercício da liberdade que lhe é confiada. Conclui-se que o livre exercício das escolhas no seu valor transcendental coloca o homem em posição de construir, no tempo, um destino eterno: "O homem possui o próprio ser eterno como algo que lhe é preexistente e confiado à sua reflexão *enquanto* ele experimenta, sofre e faz a própria história" (*CF* 66).

1.4. Síntese conclusiva

O cristão afirma estar em comunicação imediata com o Deus infinito porque ele, Deus, se revelou não somente na história, mas na *sua* história, graças ao fato de que o próprio Deus o constituiu como um sujeito transcendental, tornando possível assim uma relação íntima com ele, a

---

liberdade, podemos e devemos falar, num sentido, aliás, puramente análogo, de pecado original (*Erbsünde*), ainda que se trate de um momento da situação da liberdade e não da liberdade do indivíduo como tal. O modo como esse indivíduo reagirá a tal situação, codeterminada pela ação culpável posta no início da história da humanidade, é, mais uma vez – embora tal situação possa ser ameaçadora e deletéria –, uma questão posta à sua liberdade, sobretudo quando se trata de uma liberdade que se realiza no espaço da auto-oferta divina" (*CF* 156-157).

"...Que todas as minhas decisões sejam puramente ordenadas..." (cf. *EE* 46)

ponto de o fazer partícipe da sua natureza divina. Uma participação que se torna possível pela constituição humana transcendental, de um lado, e pela sua revelação histórica, de outro. Estar em contato imediato com Deus na história depende do contato imediato transcendental dado previamente (cf. *CF* 123). Em outras palavras, Deus se faz presente historicamente porque já está presente transcendentalmente:

> toda intervenção real de Deus no seu mundo [do homem], mesmo em toda a sua livre indedutibilidade, é sempre apenas a concretização histórica dessa "intervenção" com a qual Deus, como fundamento transcendental do mundo, já se inseriu, de início, nele, como o fundamento que se comunica a si mesmo (*CF* 123, aspas do autor).

Com essa base filosófico-teológica sobre a possibilidade de uma relação imediata com Deus fundada na cotidianidade histórico/transcendental, segundo Rahner, propõe-se a seguir uma interpretação das experiências da transcendência como concreção existencial daquela experiência transcendental.

2. Experiências da transcendência

A experiência transcendental desenvolvida por Rahner mostra que é possível afirmar filosófica e teologicamente que Deus, invisível e inacessível, se faz presente no mundo e na intimidade das pessoas. As experiências da transcendência interpretadas por Louis Roy são a concretização histórica e existencial dessa possibilidade transcendental. Na primeira e segunda partes se apresentam, respectivamente, as experiências da transcendência e os seus tipos, para propor depois, na terceira, um esquema que nos permite analisá-las.

2.1. As experiências da transcendência

Há percepções episódicas de brevíssima duração capazes de irromper de modo inesperado no cotidiano do sujeito, das quais ele toma consciência de modo imediato e intuitivo. Quem as percebe "tem a impressão de estar em contato com alguma coisa que escapa ao próprio poder e ao próprio controle, com algo que não saberia totalmente compreender nem definir"[12]. O sujeito se confronta com alguma coisa que o ultrapassa absolutamente, fazendo-o se sentir aberto ao infinito e, ao mesmo tempo, tomando consciência da própria finitude. São experiências em que se percebe "alguma coisa", mas "em si mesma não é um evento da percepção e não tem nenhum objeto que possa se perceber"[13].

A relação entre o sujeito e "aquilo" que se faz presente não se estabelece mediante os sentidos, mas por meio da intencionalidade, que Rahner chama de a constituição transcendental do ser humano. Percebe-se o objeto da experiência diretamente, com a imediatez em que se está consciente dos próprios pensamentos e sentimentos. Não é a tomada de consciência de um dado, mas uma consciência que se dá na intencionalidade, na dimensão transcendental, porque é percepção do infinito como presença percebida, mas não objetivada.

Com efeito, subjetivamente, essas experiências dependem da intencionalidade do sujeito, ou seja, da sua abertura e tendência para o outro, que é a base da experiência do infinito e da finitude. A intencionalidade, nas palavras de Roy, "é aquilo mediante o qual chegamos a conhecer a transcendência, enquanto a transcendência é o fundamento ontológico da intencionalidade"[14]. Enquanto transcendente, é

---

12. Roy, L., *Le sentiment de transcendance. Expérience de Dieu?*, Paris, Cerf, 2000, 26 (trad. it. do autor, se não se indica o contrário).
13. Roy, L., *Experiencias de trascendencia. Fenomenología y crítica*, Barcelona, Herder, 2006, 295 (trad. it. do autor se não se indica o contrário).
14. Ibid., 262.

"aquilo que ultrapassa absolutamente o universo dos seres finitos, não em termos de magnitude ou de poder, mas de significado, verdade e valor; numa palavra, em sermos de ser"[15].

Embora não se perceba algo concreto mediante os sentidos nas experiências da transcendência, não se pode, todavia, duvidar da realidade da experiência, dado que a intencionalidade humana tende naturalmente para a realidade, além de si mesma. Por isso, é importante indicar que essas experiências, justamente porque são vividas transcendentalmente, são vividas com um forte sentimento de realidade, ainda que não se trate de um objeto sensorial. "As pessoas que têm a forte impressão de terem sido tocadas pelo infinito têm razão; podem confiar na sua interpretação se estão dispostas a se aprofundarem nela e, se necessário, mudar a rota de sua vida"[16].

Segundo Roy, são experiências que têm também um duplo poder, cognitivo e afetivo. Cognitivamente, devem ser interpretadas, porque nenhuma experiência se revela se não é interpretada. Afetivamente, produz-se a sensação de estar em contato com alguma coisa absolutamente transcendente, infinita, na presença *do* mistério[17]. Ambas as dimensões se produzem contemporaneamente na experiência, mas mantêm sua distinção.

A ressonância subjetiva e a expressão das experiências dependem da situação cognitiva e afetiva do sujeito que as percebe. Obviamente, essa presença não elimina o aspecto negativo da pessoa, mas estabelece as condições para as superar. Em todo caso, podem ser consideradas experiências de Deus[18].

---

15. Ibid., 268.
16. Ibid., 315.
17. Ibid., 283. "Trata-se mais da consciência de uma relação com um desconhecido individual que é declarado como algo não finito, infinito".
18. Id., *Le sentiment de transcendance*, 115.

2.2. Modelos de experiências da transcendência

Roy distingue quatro tipos de experiências da transcendência: estéticas, ontológicas, éticas e interpessoais. Nas estéticas, o sujeito pode ter uma percepção muito vívida de harmonia com a natureza, como se formasse parte de um todo maior do que suas partes componentes; ou pode também experimentar uma grande fraqueza e pequenez diante das forças poderosas da natureza. Eis o testemunho de Clark Moustakas, um psicólogo:

> Muitas vezes, encontrei coragem e força e beleza na solidão, numa experiência com a natureza. Um dia, sentia-me profundamente deprimido, devido a severas críticas que um colega meu havia recebido – uma pessoa com um profundo senso de honestidade e de sinceridade, que tentava expressar a sua singular natureza mediante o seu trabalho. Experimentei uma profunda tristeza ao me dar conta do seu sofrimento, quando a única coisa que ele pretendia era manter uma identidade pessoal e criativa, uma existência genuína e coerente. Sentia-me especialmente sensível diante do fingimento e da conduta superficial. Nada era real. Para meu incômodo, todas as situações pareciam-me artificiais e falsas. Por isso, me sentia incapaz de me encontrar comigo mesmo, mesmo quando houvesse a possibilidade de um verdadeiro encontro. Os meus pensamentos e sentimentos se encontravam imersos num estado de amortecimento. Naquela noite, nem mesmo as crianças podiam fazer se esvaírem a minha tristeza e o meu desgosto. Em sua maneira espontânea e inconsciente, atraíam-me e me levavam a fazer minha vida voltar, mas eu não podia ver senão sofrimento no mundo.
>
> Depois que as crianças foram dormir, decidi sair para uma volta. Era uma noite escura, havia nuvens negras no céu. Grandes flocos brancos de neve caíram sobre mim e à minha volta.

"...Que todas as minhas *decisões* sejam puramente ordenadas..." (cf. *EE* 46)

No meu íntimo, uma onda de inquietação tomou o lugar de meu abatimento. Apesar da turbulência atmosférica, a noite era silenciosa e serena. De repente, de modo incompreensível, a branca obscuridade me fez experimentar uma beleza transcendental. Era difícil caminhar na superfície escorregadia e gelada, mas à medida que eu caminhava, sentia-me atraído pelos obscuros e impenetráveis sulcos do gelo traidor. Ondejantes linhas obscuras se estendiam, tomando formas grotescas, parcialmente cobertas pela neve. Ajoelhei-me, tocando as figuras negras e irregulares, deixando que penetrassem no meu ser. Imediatamente, senti um arrepio, mas, ao mesmo tempo, percebi que o gelo se esquentava pelo contato com meus dedos. Foi um momento de comunhão, uma experiência de cumplicidade e compreensão, com um sentimento de plena consolação. A opressão que eu experimentava se esvaneceu e descobri uma nova capacidade de força e de fortaleza para enfrentar de forma aberta e direta os conflitos que existiam a meu redor. Vi que, a partir das raízes e das fibras rompidas, da profunda solidão pode acontecer um verdadeiro encontro que permite descobrir um novo nível de identidade individual e uma nova força e uma nova convicção. Dei-me conta de que o eu pode ficar despedaçado em aparências e falsos encontros ao se ver submetido a grandes pressões para agir de um modo conformista e que, em comunhão com a natureza, pode atingir uma nova dimensão de otimismo e reconhecer uma forma criativa de vida. As possibilidades de encontros singulares e incomuns existem em qualquer parte. A única coisa de que temos necessidade é de uma capa de natureza [*sic*] para nos encontrarmos face a face com a criação[19].

---

19. Id., *Experiencias de trascendencia*, 44-45.

Na experiência de tipo ontológico, a percepção se concentra no ser ou no não ser, percebendo a diferença entre contingência e finitude diante de uma presença que é percebida para além da contingência e da finitude, sem poder, todavia, esclarecer mais, deixando a impressão de sentido e significado, mas sem poder precisar qual seja ele. Este é o relato de Arthur Koestler, republicano inglês aprisionado pelos nacionalistas espanhóis em Sevilha. Encontra-se no cárcere, esperando uma condenação à morte, que, afinal, não ocorreu.

> Encontrava-me de pé, perto da janela da cela número 40 e, com um pedaço de fio de ferro que eu tinha tirado do meu colchão, garatujava fórmulas matemáticas na parede. A matemática e particularmente a geometria analítica tinham sido a minha paixão favorita na minha juventude, que depois deixei de lado por muitos anos. Procurava lembrar-me de como se deduzia a fórmula da hipérbole e tinha dificuldade; depois, tentei a fórmula da elipse e da parábola e, com grande alegria, consegui deduzi-la. Sucessivamente, tentei me lembrar do teorema de Euclides, o dos números primos infinitos.
>
> Números primos são 3, 17 etc., que são divisíveis somente por eles mesmos e pela unidade. [...] Desde quando, na escola, conheci a demonstração de Euclides, ela me encheu sempre de uma profunda satisfação, mais de ordem estética do que intelectual. Agora, enquanto eu procurava me lembrar da demonstração e garatujava os símbolos na parede, senti-me invadido pela mesma felicidade.
>
> E então, pela primeira vez, compreendi subitamente o motivo dessa magia: os símbolos que eu escrevia na parede representavam um dos raros casos em que se realiza uma demonstração significativa e compreensiva sobre o infinito, mediante meios precisos e finitos. O infinito é uma massa mística envolta numa névoa e, todavia, era-me possível saber alguma coisa do infinito,

"...Que todas as minhas decisões sejam puramente ordenadas..." (cf. *EE* 46)

sem me perder em ambiguidades enganosas. Esse significado me arrastou como uma onda. A onda originara-se numa percepção interior verbal que tinha, apesar disso, evaporado imediatamente, deixando na sua onda apenas uma essência sem palavras, uma fragrância de eternidade, um tremor da flecha no azul. Devo ter ficado ali por alguns minutos, como que enlevado num *raptus* e tendo consciência, mesmo sem o expressar com palavras, de que "isto é perfeito... perfeito", até que me dei conta de que por trás de tudo aquilo eu estava experimentando uma ligeira sensação de incômodo mental. Sim, havia alguma consideração trivial que arruinava a perfeição do momento. Mais tarde, dei-me conta da natureza daquela sensação de fastio: obviamente, eu estava no cárcere e até, talvez, prestes a ser fuzilado. Mas, imediatamente, veio uma resposta a esse sentimento, cuja versão seria: "Sim? E então? Isso é tudo?". Réplica tão espontânea, fresca e divertida, como se aquele sentimento intruso de fastio não supusesse senão a perda do botão da camisa. Depois, flutuei num rio de paz, sob pontes de silêncio. Aquele rio não vinha de nenhuma parte nem corria para nenhum lugar; no final, não havia mais rio e não havia nem mesmo eu. O eu tinha deixado de existir.

[...] Quando digo que "o eu tinha deixado de existir", refiro-me a uma experiência concreta que, verbalmente, é tão incomunicável quanto o são as sensações despertadas por um concerto de pianoforte, mas tão reais quanto elas, ou melhor, muito mais reais. Com efeito, a característica fundamental desse estado é a sensação de que se trata de alguma coisa mais real do que qualquer outra que alguém tenha experimentado antes; que, pela primeira vez, tem o véu caído, estabelecendo contato com a "verdadeira realidade", com a ordem oculta das coisas, com a trama do mundo como se fosse vista por raios X, normalmente obscurecidos por extratos irrelevantes. [...] O "eu" deixa de existir, porque, em virtude de certo tipo de osmose mental, comunica com o todo universal e fica livre nele. Esse processo de dissolução e de expansão ilimitada é o que se percebe como um "sentimento oceânico", como a superação de toda tensão, como a catarse absoluta, como a paz que ultrapassa todo entendimento[20].

O tipo das experiências éticas caracteriza-se pela atração pelos valores ou também pela experiência da vulnerabilidade diante dos antivalores. A seguir o testemunho de Madeleine Delbrêl:

> Encontrar um homem verdadeiramente bom ou uma mulher realmente boa produz sobre os outros homens, sobre as outras mulheres, algo que se revela não do domínio do pensamento, mas um verdadeiro fenômeno de oxigenação do coração. Esses homens, essas mulheres se dão conta de que alguma coisa essencial lhes foi dada. [...] A bondade de que falo não é ter um bom coração ou ter naturalmente um bom coração. Trata-se de uma bondade que pode fazer de um mau coração um bom coração [...]. Para um homem, encontrar a bondade de Cristo num outro homem é, antes de tudo, se reconhecer como ele próprio é. O mundo nos força a sermos nós mesmos, mais outras coisas: família, profissão, nacionalidade, raça, classe... Com força, nos põe em série. Julga-nos pelo que são as nossas qualidades e os nossos defeitos e, por isso, não por nós mesmos. [...] Pela bondade de Jesus Cristo, cada qual existe e todo o resto se torna de repente relativo. [...] Eu não sei se a mulher de quem vos falarei era cristã.
>
> Faz muitos anos, encontrava-me numa grande cidade, no exterior. Eram as últimas horas de um dos dias em que lá passei. Não tinha mais dinheiro, estava esgotada, sentia aquela dor que beira o animal no animal racional que somos nós: a dor da morte, de muitos mortos, dos mortos da mesma carne que a minha.

---

20. Ibid., 47-49.

"...Que todas as minhas *decisões* sejam puramente ordenadas..." (cf. *EE* 46)

Creio não representar a categoria humana, as vestes que eu tinha não eram particulares.

Depois de muitas horas, eu caminhava ainda pelas ruas, à espera da hora de partida do trem. Por que não dizer que eu chorava? Não estava irrequieta e esperava que passasse. Estrangeira. Desconhecida. [...]

Começou a chover; eu estava com fome. As moedinhas que me restavam acenavam para o que eu podia pretender. Entrei num pequeno café que oferecia também refeições. Comprei o que podia comprar: verduras. Eu as comia lentamente, para torná-las nutrientes e para dar à chuva tempo de parar. A cada momento, os meus olhos lacrimejavam. Mas, de repente, as minhas costas foram tomadas por um abraço confortável e cordial. Uma voz me diz: "Tu, café. Eu, dar". Foi absolutamente claro. Não me lembro do que ocorreu depois: uma sorte, porque não tenho gosto pelo ridículo.

Tenho falado muitas vezes dessa pessoa, pensado nela, orado por ela com um reconhecimento insólito e, hoje, procurando a bondade em carne e osso, é ela que se me impõe. Porque o que dá valor de sinal cristão a essa pessoa, a imagem distante, mas fiel, da bondade de Deus, é que ela foi boa porque habitada pela bondade, não porque eu tenha sido uma dos "seus", familiarmente, socialmente, politicamente, nacionalmente, religiosamente. Eu era a "estrangeira", sem nenhum sinal de identidade. Eu tinha necessidade de bondade. Tinha necessidade da bondade quando se faz misericórdia. Ela me foi dada por aquela mulher. Hoje, ela é um exemplo absoluto da bondade porque eu era "não importa quem" e "não importa o quê", e o que ela me fez, o fez porque a bondade estava nela, não porque era eu. No seu ato encontra-se tudo aquilo que a bondade deve ser para ser bondade[21].

---

21. Id., *Le sentiment de transcendance*, 61-62.

Enfim, as experiências de tipo interpessoal são aquelas em que predomina o desejo ou a recusa de comunhão com outra pessoa, o fenômeno da atração ou repulsa do outro, a experiência de amar ou de odiar. No romance *Dr. Jivago*, Larissa se vê de pé diante do féretro do seu amado Yuri:

> Sacudiam-na soluços incontidos. Resistiu quanto foi possível, mas, improvisamente, não pôde mais e se pôs a chorar. As lágrimas cobriram suas faces, suas mãos e o caixão que abraçava. Não dizia nem pensava nada. Uma série de imagens, de ideias e de certezas desfilavam caoticamente diante dela, atravessando-a como as nuvens atravessam o céu, como no tempo dos seus colóquios noturnos. Isso a tinha feito se sentir livre e feliz. Era um modo de entender sem mediação, apaixonado, reciprocamente sugerido, instintivo, direto. Também agora estava plenamente possuída por aquele modo de entender: pelo obscuro e indistinto conhecimento da morte e da sua preparação, sem experimentar o mínimo esvaimento. Como se tivesse já vivido aquilo muitas vezes e muitas vezes tivesse perdido Yuri Jivago e acumulado no seu coração toda uma experiência sobre isso, tudo o que experimentava e fazia diante do ataúde era antigo e oportuno.
>
> Que amor fora o seu, livre, extraordinário, que não podia ser comparado a nenhum outro! Tinham pensado e se tinham entendido como outros cantam. Tinham se amado não porque fosse inevitável, não porque tivessem sido "arrastados pela paixão", como muitas vezes se diz. Amaram-se porque assim o quis tudo aquilo que os circundava: a terra a seus pés, o céu sobre suas cabeças, as nuvens e as árvores. O amor deles era do agrado de tudo o que os circundava, talvez mais do que deles próprios: dos desconhecidos pela rua, dos espaços que se abriam diante deles durante seus passeios, das casas em que se encontravam e em que habitavam.

Isso, era isso o que os tinha aproximado e unido tanto. Jamais, nem mesmo nos momentos da mais livre e esquecida felicidade, os tinha abandonado o que percebiam de mais alto e apaixonante: a satisfação pela harmonia do mundo, a sensação de que eles mesmos eram parte de um todo, um elemento da beleza do cosmos.

Essa unidade com o todo dava coragem à vida deles. E, por isso, o domínio do homem sobre a natureza, o culto e a idolatria do homem não os atraíram nunca[22].

2.3. Esquema para a análise das experiências da transcendência

Louis Roy, na sua análise das experiências da transcendência sob o ponto de vista fenomenológico, consegue identificar seis indicadores que ajudam a melhor compreendê-las[23].

O primeiro corresponde à preparação da experiência, ou seja, cada experiência tem um tempo de preparação que depende da situação pessoal do sujeito e se produz – eis o segundo indicador – numa ocasião precisa. O terceiro e quarto correspondem, respectivamente, à dimensão afetiva e cognitiva da experiência: na experiência se desperta um "sentimento" vital comparável à troca vital que se tem na contemplação de algo belo e, ao mesmo tempo, emerge um conteúdo cognitivo, a "alguma coisa" que ultrapassa o sujeito e o mundo, ou seja, uma presença infinita.

O quinto indicador corresponde à interpretação da experiência: ela deve ser pensada, refletida, distinguindo-se entre uma reflexão da experiência e outra sobre a experiência. Enfim, o sexto e último indicador é o "fruto" com que se acena às consequências imediatas da experiência, mas também às que emergem a longo prazo como resultado do empenho e perseverança prolongados no tempo, como a transformação profunda

---

22. Ibid., 15-16.
23. Ibid., 34-43.

do sujeito. Segundo Roy, tratando-se de breves experiências, têm sempre necessidade de serem cultivadas, porque "se uma provável experiência de transcendência não dá fruto, então pode também se tratar de uma patologia psicológica"[24].

Esquematicamente, os indicadores são:

1. Preparação: a situação pessoal que precede e prepara a experiência.
2. Ocasião: o momento da experiência.
3. Sentimento: a ressonância afetiva da percepção da presença de "alguma coisa".
4. Descoberta: conteúdo cognitivo ou dimensão noética do sentimento.
5. Interpretação: reflexão da experiência e sobre a experiência.
6. Fruto: consequências imediatas e posteriores da experiência.

2.4. Síntese conclusiva

As experiências da transcendência são experiências históricas que em diversas modalidades põem em confronto o sujeito, a partir da interioridade de sua consciência transcendental e graças a ela, com a dimensão de infinitude que é própria da sua condição humana, inseparável da experiência de finitude, igualmente própria da sua condição. Roy estabelece um quadro mediante o qual elas podem ser analisadas, o qual serve de introdução ao que, na próxima seção, será apresentado como uma abordagem científica à dinâmica da tomada de decisões.

3. O processo decisional (*decision-making*)

A pesquisa sobre a dinâmica com que se tomam decisões em diversos contextos da vida humana foi muito estudada desde o fim do

---

24. Id., 315.

século passado, especialmente no âmbito psicológico e neurocientífico[25]. Propõe-se, ao continuarmos, uma visão atualizada de tais estudos, porque o fundamento antropológico que sustenta o processo decisional é o mesmo que se exerce na vida cristã, dado que a liberdade transcendental se exerce mediante o ato de decidir, pelo qual o sujeito toma posse de si mesmo para uma autodeterminação com poder eterno nas experiências da transcendência. Desse modo, completa-se a abordagem filosófico-teológica de Rahner e a fenomenológica de Roy.

Para esse objetivo, iniciamos com uma breve consideração sobre o *status quaestionis* teórico dos estudos sobre o assunto, para prosseguir com uma mais aprofundada consideração sobre a relação entre cognição e emoção, propondo a noção de "sentimentos de fundo" (*background feelings*) e a hipótese dos "marcadores somáticos" (*somatic markers*), de António Damásio. Tudo isso leva à conclusão de que decidir é pôr em ordem.

3.1. Perspectiva teórica

Uma rápida pesquisa no Google.com, ao digitar "decision-making", oferece 2.130.000.000 resultados em menos de um segundo. No site <asana.com/it>[26], essa empresa assim se apresenta: "Das pequenas atividades aos grandes projetos, Asana organiza o trabalho de modo que as equipes saibam o que fazer, como e para quê". Com esse objetivo, definem o processo decisional como "um método que consiste em reunir informações, avaliar alternativas e fazer uma escolha final, a fim de tomar a

---

25. Para uma visão panorâmica, embora um tanto obsoleto, mas útil: MURPHY, D.; LONGO, D. (ed.), *Encyclopedia of Psychology of Decision Making*, New York, Nova, 2009.
26. ASANA, disponível em: <https://asana.com/it/>, acesso em: 16 abr. 2023. Outra ajuda oferecida para tomar decisões pessoais: DECISION INNOVATION, disponível em: <https://www.decision-making-solutions.com/decision_making_process.html>, acesso em: 21 abr. 2023.

melhor decisão possível". Levam em consideração três modelos de decisão: o racional, que é lógico e sequencial; o intuitivo, quando a decisão é tomada eludindo o processo racional; e o criativo, no qual a decisão não segue um modelo racional; procura-se de preferência decidir não pensando ativamente na solução por um certo período, para dar espaço ao subconsciente, a fim de que leve à decisão justa, de modo semelhante ao modelo de decisão intuitivo.

Em todo caso, prevê-se a reunião de informações e a avaliação das alternativas para fazer a escolha. Descrevendo o processo decisional, identificam-se sete fases, segundo o esquema referido pela empresa Asana[27]:

1. Identificar a decisão a ser tomada, para definir os objetivos.
2. Reunir informações pertinentes, para chegar aos objetivos definidos.
3. Identificar soluções alternativas, para soluções diversas.
4. Avaliar todas as soluções sugeridas e como resolveriam o problema.
5. Escolher entre as alternativas.
6. Agir, ou seja, implementar a decisão.
7. Analisar a decisão tomada e avaliar o seu impacto.

O processo decisional está centrado exclusivamente no uso da razão e inicia identificando a decisão que se quer tomar. Por exemplo, numa situação em que um produto perde quinhão no mercado, identifica-se a decisão que se quer tomar: o que fazer para inverter essa tendência? Reúnem-se as informações a respeito e, com a base de dados, se identificam as alternativas possíveis, avaliam-se e se escolhe uma delas e se implementa, avaliando a seguir as consequências: deu o resultado que se esperava, ou seja, o produto retoma a cota no mercado?

---

27. Asana, *Sette fasi cruciali del processo decisional*, disponível em: <https://asana.com/it/resources/decision-making-process>, acesso em: 16 abr. 2023.

A abordagem comercial do processo decisional aqui descrito reflete a pesquisa especial sobre o assunto. Com efeito, Nancy S. Kim aponta três modelos emersos da pesquisa psicológica e neurocientífica[28]. O primeiro é o descritivo, estuda o modo como as pessoas tomam efetivamente as suas decisões, sem referência à sua moralidade, estudando apenas a dinâmica que as pessoas seguem quando tomam uma decisão. Os processos normativos, em segundo lugar, são os procedimentos prefixados para tomar a melhor decisão possível: partem de um objetivo predeterminado e seguem um método lógico, coerente com as decisões anteriores, para atingir uma meta a longo prazo. Enfim, o modelo prescritivo é uma via média entre os dois anteriores, no qual se adapta o processo decisional a uma situação flutuante e mutável, procurando tomar uma decisão entre as que seriam as melhores decisões, teoricamente consideradas, e as que realisticamente podem ser tomadas na dada situação concreta.

Outro autor, Sisir Roy, classifica as abordagens ao processo decisional com base nas neurociências, identificando-as em decisões humanas ou mediante inferência estatística. O aspecto interessante da sua reflexão está no fato de que, além dos dois modelos mais difundidos da primeira abordagem, o descritivo e o normativo, enumera-se um terceiro, que procura incluir no processo decisional a dimensão subjetiva daquele que deve tomar uma decisão, além das informações objetivas que deve reunir[29].

Depois dessa breve apresentação do panorama em que se classifica a pesquisa científica sobre o processo decisional, convém aprofundar os modelos descritivos. Entre esses modelos, estão os chamados *processos duais*, porque descrevem o processo decisional sustentado por dois tipos

---

28. KIM, N. S., *Judgement and Decision-Making in the lab and the world*, Londres, Palgrave, 2018, 9-10.
29. ROY, S., *Decision Making and Modelling in Cognitive Science*, New Delhi, Springer India, 2016.

diferentes de processos mentais. Inicialmente, foram conhecidos como *Sistema 1* e *Sistema 2*[30]. O primeiro se refere a um processo rápido, intuitivo, automático, emocional, embora nem sempre acessível conscientemente; o segundo, porém, acena a um processo cognitivo reflexivo, deliberado, sequencial, controlado, racional e acessível conscientemente[31]. A tendência atual entre alguns especialistas, porém, é a de substituir a palavra "sistema" por "tipos"; tem-se assim o *Tipo 1* e o *Tipo 2*[32].

O *Tipo 1* caracteriza-se como intuitivo, não tem necessidade da memória para funcionar, é autônomo com relação a outros sistemas, enquanto o *Tipo 2* é reflexivo, tem necessidade da memória para funcionar, utiliza raciocínio hipotético e analítico (*cognitive decoupling*). Sob o ponto de vista evolutivo, o primeiro precede o segundo, é mais semelhante à cognição animal e implica as emoções básicas; já o segundo é propriamente humano e as suas emoções são complexas. Trata-se de dois tipos que têm processos diferentes: alguns afirmam que entram em atividade contemporaneamente, enquanto outros pensam que o *Tipo 2*, reflexivo, intervém quando o *Tipo 1*, intuitivo, não resolve a situação.

Tomando como ponto de referência esse quadro dual, é de fundamental importância compreender a participação da dimensão emotiva no processo decisional, especialmente em relação à dimensão cognitiva[33].

---

30. KAHNEMAN, D., *Thinking, Fast and Slow*, New York, Penguin Books, 2012, 19-30.
31. "For example, consider against stereotyping and prejudice. System 1 processing Might be argued to underlie a person's implicit, automatic negative assumptions and lack of friendly feelings toward an unknown elderly person, whereas System 2 processing would attempt to override such negative automatic responses by consciously reasoning that it would be unfair to prejudge anyone. In the context of organizing the body of work on mental shortcuts, the general idea is that such judgments most typically fall under System 1 processing. We can, if we choose and given enough time, override such judgments by more controlled System 2 processing" (KIM, N. S., *Judgement and Decision-Making*, 6.).
32. EVANS, J. St. B. T.; STANOVICH, K. E., Dual-Process Theories of Higher Cognition: Advancing the Debate, *Perspectives on Psychological Science*, v. 8, n. 3 (2013) 223-241.
33. Ao descrever a relação entre cognição e emoção na ludopatia como uma alteração do processo decisional, evidencia-se a influência da dimensão emotiva sobre o sujeito: a

"...Que todas as minhas *decisões* sejam puramente ordenadas..." (cf. *EE* 46)

Com efeito, as duas dimensões são tradicionalmente dissociadas no processo decisional, mas hoje, graças à pesquisa experimental, são consideradas *partner* que intervêm quando se toma uma decisão[34]. A abordagem de António Damásio a essa temática é hoje reconhecida como uma das hipóteses mais respeitáveis.

3.2. A relação cognição-emoção segundo António Damásio

Para começar, Damásio faz uma distinção fundamental para enquadrar o assunto. A razão, que produz inferências de modo ordenado e lógico, não deve ser confundida com a racionalidade, que é uma qualidade do pensamento e do comportamento com que a razão se adapta a um determinado contexto pessoal e social[35]. Como a razão nem sempre conclui com uma decisão, não pode ser considerada sinônimo de

---

pesquisa evidenciou uma relação diretamente proporcional entre impulsividade e deficiências cognitivas no processo decisional daqueles que são afetados por essa doença. Cf. ROY, S., *Decision Making and Modelling in Cognitive Science*, 45.

34. Para uma discussão atualizada sobre o assunto, cf. LEVINE, D. S., Neuroscience of Emotion, Cognition, and Decision Making: A Review, *Medical Research Archives*, v. 10, n. 7 (2022), disponível em: <https://doi.org/10.18103/mra.v10i7.2869>, acesso em: 21 abr. 2023. O *abstract* do seu artigo merece ser citado: "The traditional idea of emotion and cognition in Western culture is that emotion is separate from, and inferior to, cognitio. This article reviews results from experimental neuroscience that refute this notion and support the idea that emotion and cognitio are partners that depend on each other for organized decision making. Cooperation between cortical and subcortical parts of the brain is essential for behavior that adapts successfully to the environment in pursuit of goals. Concurrently, there has been a rich development of computational neural network theories that combine emotion as a source of values with reason as a process of discerning the actions that will best implement those values. Incorporating the partnership view of emotion and cognition encourages integration of those two aspects of the psyche, with benefit both for mental illness treatment and for making society more cooperative".
35. DAMÁSIO, A. R., *Descartes' Error. Emotion, Reason and the Human Brain*, New York, Avon, 1994, 269, nota; abrevia-se D com o número da página.

processo decisional. Portanto, raciocinar e decidir não podem ser tomados como sinônimos, embora decidir seja considerado popularmente como uma dinâmica puramente racional[36]. Uma segunda distinção muito importante é a que existe entre emoções e sentimentos.

3.2.1. Emoções, sentimentos e os "sentimentos de fundo" (*background feelings*)

As emoções se referem a mudanças produzidas no cérebro e no corpo como ressonância de um particular conteúdo mental; podem ser primárias, ou seja, inatas, ou secundárias, quando se associam as emoções primárias a objetos, pessoas ou situações. Nesse caso, são uma combinação de processos mentais, simples ou complexos, a que responde o organismo, produzindo as mudanças necessárias para a elaboração do suporte biológico da emoção, mudança que, ao ser percebida pelo cérebro, produzirá outras mudanças[37]. A percepção consciente do estado corporal "emocionado" é o sentimento (cf. *D* 139).

O sentimento não é senão a percepção consciente e continuada no tempo das mudanças (emocionais) que se produzem no corpo[38] justapostas

---

36. "It is perhaps accurate to say that the purpose of reasoning is deciding and that the essence of deciding is selecting a response option, that is, choosing a nonverbal action, a word, a sentence, or some combination thereof, among the many possible at the moment, in connection with a given situation. Reasoning and deciding are so interwoven that they are often used interchangeably" (*D* 165).

37. Com as palavras do autor: "I see the essence of emotion as the collection of changes in body state that are induced in myriad organs by nerve cell terminals, under the control of a dedicated brain system, which is responding to the content of thoughts relative to a particular entity or event" (*D* 139).

38. "To feel an emotion it is necessary but not sufficient that neural signals from viscera, from muscles and joints, and from neurotransmitter nuclei – all of which are activated during the process of emotion – reach certain subcortical nuclei and the cerebral cortex. Endocrine and other chemical signals also reach the central nervous system via the bloodstream among other routes" (*D* 145).

"...Que todas as minhas *decisões* sejam puramente ordenadas..." (cf. *EE* 46)

à imagem mental que as produziu[39]. O *feedback* corporal qualifica a imagem mental associada a ele com as suas reações; ambas se justapõem, não se confundem porque permanecem independentes, embora associadas uma à outra. Todavia, Damásio afirma que há processos inconscientes ainda não explicáveis psicologicamente. Considera, por exemplo, que a essência da tristeza ou da alegria "seja a percepção combinada de determinados estados corporais com pensamentos que se sobrepõem, aos quais se acrescentam modificações no estilo e eficácia dos processos do pensamento" (*D* 146-147)[40].

Normalmente, o estado corporal e a correspondente cognição coincidem, dado que provêm do mesmo organismo, embora possa se dar o caso, na vida cotidiana ou numa patologia, de a correspondência ser discordante. Em todo caso, é claro que, nos

> estados corporais negativos, a geração de imagens é lenta, de pouca diversidade, e o raciocínio é deficiente; já nos estados corporais positivos a geração de imagens é rápida, de grande diversidade, e o raciocínio pode ser rápido, embora não necessariamente eficiente (*D* 147).

Em síntese e sem entrar nos pormenores da argumentação do autor, emoções e sentimentos dependem de dois processos básicos: de um

---

39. "In other words, a feeling depends on the juxtaposition of an image of the body proper to an image of something else, such as the visual image of a face or the auditory image of a melody. The substrate of a feeling is completed by the changes in cognitive processes that are simultaneously induced by neurochemical substances (for instance, by neurotransmitters at a variety of neural sites, resulting from the activation in neurotransmitter nuclei which was part of the initial emotional response)" (*D* 145-146).

40. Em outras palavras: "A feeling about a particular object is based on the subjectivity of the perception of the object, the perception of the body state it engenders, and the perception of modified style and efficiency of the thought process as all of the above happens" (*D* 147-148).

lado, a consciência de estados do corpo e, de outro, a justaposição de imagens que causam o estado corporal, a que acompanham processos cognitivos que operam em paralelo (cf. D 147). Segundo Damásio, em estado de vigília todas as emoções produzem sentimentos, mas nem todos os sentimentos provêm das emoções, como sucede com o que ele chama de o "sentimento de fundo".

Com efeito, Damásio destaca três tipos de sentimentos. Os primários, emoções que emergem do estado corporal pré-programado: alegria, tristeza, ira, medo e nojo. Em contrapartida, os secundários são variantes dos sentimentos primários, nos quais se unem experiências cognitivas mais refinadas com cambiante de certos estados corporais, como euforia, êxtase, melancolia, tristeza, pânico, vergonha, remorso, vingança etc. Enfim, os "sentimentos de fundo" (*background feelings*) são aquela percepção continuada do estado corporal como um todo que se passa entre uma emoção e a outra e não está associada a uma emoção específica.

Segundo Damásio, a percepção desse "sentimento de fundo" está associada à percepção do *self*. Por exemplo, a pesquisa clínica evidencia que pacientes molestados pela incapacidade de reconhecer seu estado de doença (anosognosia) têm o *self* desintegrado. Assim, a identidade individual estaria "ancorada nessa ilha de ilusória uniformidade viva" (D 155), fundo sobre o qual, paradoxalmente, se tem consciência do que é externo ao organismo. Esse "sentimento de fundo" é como o segundo plano sobre o qual as emoções ocupam momentaneamente o primeiro plano, para, depois, deixá-lo ao "sentimento de fundo". A sua função é proporcionar uma imagem do corpo, cuja persistência no tempo fornece um tom corporal continuado, que pode ser bom, mau ou indiferente, o qual, por sua vez, produz um estado de ânimo (*mood*). Por isso, Damásio afirma que se trata do sentimento que mais frequentemente se experimenta no decurso da vida e, portanto, se trata do sentimento da vida (*the feeling of life itself*), do sentido de ser (*sense of being*) (cf. D 150).

"...Que todas as minhas decisões sejam puramente ordenadas..." (cf. EE 46)

3.2.2. Os "marcadores somáticos" (*somatic-marker*)

No processo de tomada de uma decisão raciocina-se sobre uma situação que requer uma resposta, talvez com mais de uma possibilidade de ação, levando em consideração o efeito de cada uma das possíveis respostas. Damásio demonstra que esse processo está associado às emoções e sentimentos, mediante o "marcador somático".

Como se mencionou, as emoções primárias emergem de um organismo que as produz espontaneamente, em resposta a determinados estímulos, sobretudo em relação ao comportamento social e pessoal. Essas emoções se uniram a certos estímulos por aprendizagem durante a infância e ao processo de socialização, originando as emoções secundárias, que são a base dos "marcadores somáticos". Eles se configuram sob a influência de um sistema interno de preferências do organismo, predisposto a procurar o prazer e evitar a dor, que está, além disso, em relação com o mundo externo, em especial com as convenções sociais e as normas éticas. Por exemplo, distúrbios psicológicos podem influenciar grandemente o processo decisional, pois certas decisões não podem ser tomadas sem considerar normas sociais e éticas. Assim, o processo de formação dos "marcadores somáticos" está associado a certas situações nas quais entram em jogo o organismo biológico (emoções primárias e secundárias), a condição psicológica e o contexto social[41].

Em síntese, Damásio define os "marcadores sociais" como sentimentos gerados por emoções secundárias que foram vinculadas, mediante aprendizagem, a certas situações para prever o resultado de

---

41. "In conclusion, the prefrontal cortices and in particular their ventromedial sector are ideally suited to acquire a three-way link among signals concerned with particular types of situations; the different types and magnitudes of body state, which have been associated with certain types of situations in the individual's unique experience; and the effectors of those body states. Upstairs and downstairs come together harmoniously in the ventromedial prefrontal cortices" (*D* 183).

certas decisões. Por exemplo, "quando um marcador somático negativo se junta a um particular resultado futuro, a combinação funciona como um sinal de alarme. Quando, porém, se lhe junta um marcador somático positivo, torna-se uma questão de encorajamento" (*D* 174). Acompanham o processo decisional, mostrando as opções como favoráveis ou desfavoráveis, sem exigir um raciocínio, uma vez que operam como um sistema de qualificação automático de precisão (*a system for automated qualification of predictions*)[42].

Os marcadores somáticos podem ser conscientes ou inconscientes, no sentido de que podem ou não aflorar à consciência na produção de sentimentos. A ativação deles não depende do estado vígil; tem-se consciência deles porque foram ativados. Mas podem ser ativados, sem que se preste atenção neles. Nesse sentido, podem influir no processo decisional consciente sem serem percebidos. Com base neles, segundo Damásio, haveria a intuição, entendida como a resposta que inicia ou aprova rapidamente uma possível escolha sem raciocínio consciente. Além disso, ainda segundo Damásio, os marcadores somáticos acompanham também o processo deliberativo da tomada de decisões, influenciando a atenção e a memória operativa (*working memory*). Por isso, esses três elementos são os atores no processo em que se raciocina mais ou menos conscientemente, diante de uma decisão a ser tomada: marcadores somáticos, atenção e memória operativa.

---

42. "For example, imagine yourself faced with the prospect of an unusually high interest return on an extremely risky investment. Imagine you are asked to say yes or no quickly, in the middle of other distracting business. If a negative somatic state accompanies the thought of proceeding with the investment it will help you reject that option and force a more detailed analysis of its potentially deleterious consequences. The negative state connected with the future counteracts the tempting prospect of an immediate large reward" (*D* 174).

"...Que todas as minhas *decisões* sejam puramente ordenadas..." (cf. *EE* 46)

3.3. Síntese conclusiva

Em síntese, os marcadores somáticos são respostas fisiológicas associadas às emoções e guiam o processo decisional. Os sentimentos de fundo podem ser descritos como o fundo emotivo geral sobre o qual emergem emoções específicas e marcadores somáticos.

Além disso, os marcadores somáticos fornecem uma ponte entre os processos emotivos e os cognitivos, vinculando-os a situações, objetos ou experiências específicas mediante a aprendizagem, e se ativam automaticamente quando se encontram diante de situações semelhantes no futuro. Ademais, a ativação dos marcadores somáticos está estreitamente ligada à geração de sentimentos de fundo: experimentar emoções específicas associadas a situações diversas pode influenciar e modular os sentimentos de fundo e, ao mesmo tempo, os sentimentos de fundo podem influenciar a interpretação e o impacto dos marcadores somáticos, modelando o contexto emotivo geral em que são tomadas as decisões.

Os marcadores somáticos contribuem para a geração e para a modulação dos sentimentos de fundo, e os sentimentos de fundo, por sua vez, podem influenciar a interpretação e o impacto dos marcadores somáticos.

Tomar uma decisão implica o fato de ser preciso avaliar diversas possibilidades e, para o fazer, há necessidade de um critério, de modo a haver ordem entre as alternativas e decidir. "Onde há necessidade de ordem, há necessidade de uma decisão, e onde é necessária uma decisão há necessidade de um critério para tomar a decisão" (*D* 199-200). Segundo Damásio, são os marcadores somáticos que proporcionam a ordem[43]. O autor supõe que, quando diversos marcadores somáticos

---

43. "But how do somatic markers function as criteria? One possibility is that when different somatic markers are juxtaposed to different combinations of images, they modify the way the brain handles them, and thus operate as a bias. The bias might allocate attentional enhancement differently to each component, the consequence

se justapõem a diferentes imagens, modificam o modo como o cérebro os analisa, comportando-se como um critério de preferência, atribuindo diferente atenção a cada possibilidade e, portanto, com discriminação entre eles. Daí partiria a avalição consciente das possibilidades, que são hierarquizadas e postas em comparação uma com a outra, de modo simultâneo, graças à memória operativa[44].

A esta altura, pressuposto o fundamento transcendental da condição humana, que torna possível as experiências da transcendência e uma abordagem atualizada sobre o processo decisional, no qual se verificou a coincidência de emoções e sentimentos na tomada de decisão, superando assim uma abordagem puramente racionalista na dinâmica de tomar decisões, estamos melhor preparados para refletir sobre o discernimento dos espíritos.

4. O discernimento dos espíritos como processo decisional e experiência transcendental

O sujeito transcendental cristão é o sujeito que, graças à sua dotação antropológica, ou seja, à sua capacidade cognitiva e volitiva, pode estabelecer uma relação comunicativa com Deus, porque ele, Deus, o dotou com essa capacidade, porquanto imagem e semelhança sua. Esse é o

---

being the automated assigning of varied degrees of attention to varied contents, which translates into an uneven landscape. The focus of conscious processing could be driven then from component to component, for instance, according to their rank in a progression. For all this to happen, the components must remain displayed for an interval of time of hundreds to a few thousand milliseconds, in relatively stable fashion, and that is what working memory achieves" (*D* 199).
44. "Since many decisions have an impact on an organism's future, it is plausible that some criteria are rooted, directly or indirectly, in the organism's biological drives (its reasons, so to speak). Biological drives can be expressed overtly and covertly, and used as a marker bias enacted by attention in a field of representations held active by working memory" (*D* 200).

primeiro nível da sua autocomunicação. O segundo é a encarnação do Verbo divino, na qual a natureza divina se comunica com a humana. E o terceiro é a doação do Espírito Santo, que torna historicamente possível para o crente participar da natureza divina na própria natureza humana. Esses três níveis da autocomunicação divina operam como que uma unidade que toca existencialmente o crente na sua vida cotidiana, na qual experimenta a tensão da condição humana na luta por uma liberdade orientada para o amor a Deus sobre todas as coisas e ao próximo como a si mesmo, mas combatida pelos desejos da carne, contrários aos do Espírito, e submetida às tentações do mundo. Nesse combate, o papel do discernimento dos espíritos é determinante e o seu momento central é a tomada de decisão, porque, mediante ela, o crente se autodetermina diante de Deus. Por essa razão, é preciso aprofundar explicitamente a relação entre discernimento e processo decisional, para, depois, relacionar o discernimento dos espíritos com a experiência transcendental, para caracterizá-la como uma verdadeira experiência da transcendência cristã.

4.1. *A análise sincrônica da decisão no método teológico-decisional*[45]

A importância de tomar uma decisão, nós a concluímos da análise transcendental da condição humana, na qual se mostra claro que no exercício da liberdade o sujeito toma posse de si para responder à sua orientação transcendental em situações existenciais, como as exemplificadas pelas experiências da transcendência. Além disso, os estudos recentes sobre o processo decisional demonstram a conjunção de todo o sujeito no ato de decidir, mediante o envolvimento das suas dimensões cognitivas e emocionais/sentimentais.

---

45. Para este número, cf. ZAS FRIZ DE COL, R., *La presenza trasformante del mistero*, 122-157.

O sujeito transcendente, que percebe alguma coisa na ocasião em que tem uma experiência da transcendência, toma consciência de um sentimento e de um conteúdo cognitivo, sobre o qual reflete para o interpretar, a fim de que dê fruto. Essas são as passagens da análise de Roy sobre o que ocorre nas experiências da transcendência. Todavia, esse autor não dá à decisão a centralidade devida, como é dada na análise sincrônica no método teológico-decisional[46].

O método contempla três momentos. O primeiro, no qual se analisam as decisões de uma particular vivência, consiste em duas fases sucessivas: a análise sincrônica de cada uma das decisões e a análise diacrônica do conjunto das decisões tomadas na vivência estudada. No segundo momento, procede-se a uma interpretação mistagógica da análise decisional com a intenção de compreender a mistagogia divina com a qual Deus guiou a vivência – é a primeira fase; e na segunda, se interpreta como a vivência se transformou, respondendo à mistagogia divina. O terceiro e último momento, a *síntese contextual*, considera os dois momentos anteriores e se desenvolve também ele em duas fases: na primeira se apresentam um ou dois aspectos problemáticos do contexto cristão atual e, na segunda, eles são iluminados pelo que emergiu na análise decisional e na intepretação mistagógica.

Considerando apenas a análise do primeiro momento, o processo decisional do crente é orientado transcendental e historicamente para a união com Deus, concebida na tradição cristã como a união de vontade, entre a divina e a humana, que se realiza no ato de decidir. Nesse processo, o inaciano discernimento dos espíritos tem um papel crucial. Com efeito começa-se por perceber uma moção[47], ou seja, "algo", sem

---

46. Cf. Zas Friz De Col, R. (ed.), *Il vissuto di Santa Teresa di Lisieux alla luce del Metodo Teologico-Decisionale*, Roma, G&B, 2021.
47. A "moção" indica uma alteração no estado de ânimo: "es algo que me está pasando y que me altera (mueve) en mi modo de percibir, o de conocer o de desear, o sencillamente, en el mundo de mis intenciones o deseos" (García de Castro, J., *El Dios*

o perceber objetivamente, como se viu nas experiências da transcendência, atuando como um *input* do qual se toma consciência pelo conteúdo cognitivo que ele deixa junto com uma precisa ressonância afetiva. A moção assim percebida é objeto de reflexão, porque interpela o crente, o qual deve chegar a um julgamento para tomar a decisão de favorecer ou não a moção percebida. Nas decisões que o crente toma em resposta à moção recebida, a sua transformação interior pode progredir ou não para a união com Deus.

Em síntese, na análise sincrônica de uma decisão podem ser identificados estes elementos:

1. Contexto e ocasião. Todo discernimento tem uma lógica própria na história mútua entre Deus e o crente. Portanto, de algum modo deve ser preparado e se realiza em circunstâncias precisas, que se podem historicamente encontrar: tem sempre um contexto e uma ocasião.
2. Moção. O processo decisional próprio do discernimento inicia com a percepção de uma moção interior.
3. Consciência da moção. A moção deve ser percebida e sentida amplamente, tomando consciência do seu conteúdo cognitivo e da ressonância afetiva.
4. Reflexão e julgamento. Tendo tomado consciência da moção, reflete-se se apresenta as características do bom ou do mau espírito, até chegar a um juízo a respeito.
5. Decisão. Esclarecido o juízo sobre a proveniência da moção, decide-se atender ou não a moção, se se julga que seja do bom ou do mau espírito.
6. Consequências. Assume-se a responsabilidade pelas consequências da decisão tomada.

---

emergente: sobre la "consolación sin causa" [EE, n. 330], Bilbao/Milano, Mensajero/Sal Terrae, 2001, 118-119).

Os seis elementos citados, com os quais se pode esquematizar todo processo decisional, não seguem necessariamente uma sucessão cronológica, podem se encontrar de modo desordenado, ou até algum deverá ser considerado apenas implicitamente, se não for explícito. Obviamente, o discernimento cristão é um processo decisional.

4.2. O discernimento dos espíritos como processo decisional

No texto dos *Exercícios espirituais* aparece com muita clareza a centralidade do processo decisional. Todavia, o verbo decidir e o substantivo decisão não aparecem. Em vez disso, palavras como *determinar, determinación, determinarse, disposición, disponer, disponerse, elección* ocupam seu lugar e oferecem o sentido do *decidir* e da *decisión*[48]. Especialmente, eleger, escolher, que traduzem o castelhano *elección*, evidenciam o processo decisional a que se faz referência.

É importante esclarecer que as decisões que se tomam devem ser feitas em referência às moções que surgem durante a prática dos exercícios espirituais, que são definidos como "todo o modo de preparar e dispor a alma para tirar de si todas as afeições desordenadas e, depois de tiradas, buscar e achar a vontade divina na disposição da sua vida para a salvação da alma" (EE 1). Portanto, o primeiro passo obrigatório ao tomar uma decisão, no contexto da fé cristã e não só dos *Exercícios*, é discernir se a moção que move é de bom ou de mau espírito, porque é na moção que se incubam as afeições desordenadas. Por isso, é importante dar ao discernimento dos espíritos a precedência no processo decisional cristão.

Além disso, é preciso evitar um mal-entendido. Quando se fala de discernimento no âmbito da crença, dever-se-ia falar sempre de discernimento dos espíritos, porque a intervenção divina, a presença da

---

48. Cf. Borsari, M., "Voglio e scelgo". Riflessioni sulla decisione a partire dagli *Esercizi spirituali* nella società della scelta multipla, *Ignaziana* (www.ignaziana.org), v. 29 (2020) 96-98.

vontade divina, produz-se mediante a moção como um apelo à liberdade do crente. Se não se quer que o discernimento permaneça um simples exercício mental desvinculado da relação com Deus, é importante identificar sempre a moção que leva a considerar a possibilidade de tomar uma decisão. Obviamente, a moção deve ser considerada sempre com referência à relação pessoal com Deus, porque na consciência da moção afloram as afeições e as intenções que deverão ser submetidas à reflexão para se tomar a decisão de acatar ou não a moção percebida, dependendo isso de como ela é reconhecida, proveniente do bom ou do mau espírito. Ao contrário, se se fala simplesmente de discernimento, fala-se mais de um processo decisional em que se deve tomar uma decisão, mas a relação com a vontade divina não fica clara.

Para exemplificar de modo concreto a análise sincrônica de uma decisão, analisa-se a seguir o primeiro exercício de discernimento dos espíritos feito por Santo Inácio. De fato, segundo essa metodologia, esclarece-se que toda decisão se dá num contexto e num momento determinado, com uma moção que a motiva, à qual segue a tomada de consciência de tal moção e uma reflexão sobre ela, até chegar a um juízo que dá início a uma decisão e suas consequências. Considerando a experiência de Inácio convalescente, enquanto está se restabelecendo das duas intervenções na perna, devido ao ferimento recebido na batalha, e analisando-a com o esquema mencionado, obtém-se este quadro[49]:

1. Contexto
[Cf. *Autobiografia* 5-10] O contexto imediato dessa decisão é a ressonância afetiva que lhe deixam dois tipos de pensamentos diferentes: os mundanos e os piedosos. A seguir se cita o texto de Inácio[50]:

---

49. ZAS FRIZ DE COL, R., La transformación cristiana de San Ignacio de Loyola, *Ignaziana* (www.ignaziana.org), v. 33, n. 1 (2022) 4-19.
50. *Autobiografia*, in: IGNAZIO DI LOYOLA, SANT', *Gli scritti*, Gesuiti della Provincia d'Italia (org.), Roma, AdP, 2008, 87-88.

2-3. Moção e tomada de consciência

[*Autobiografia* 8] Havia, porém, esta diferença: quando pensava nas coisas do mundo, sentia muito prazer, mas quando, por cansaço, as abandonava, encontrava-se árido e descontente; quando, porém, pensava em ir descalço até Jerusalém e não se alimentar senão com ervas, ou praticar todas as outras austeridades que via terem sido feitas pelos santos, não só encontrava consolação no tempo durante o qual ficava com esses pensamentos, mas também, depois de eles o terem abandonado, ficava contente e alegre. Mas, então, não dava atenção a isso, nem ficava a avaliar essa diferença, até que, uma vez, os olhos se lhe abriram um pouco e ele começou a se admirar com essa diferença...

4. Reflexão e juízo

... e a refletir a respeito, percebendo, pela experiência, que, depois de alguns pensamentos, ficava triste e, depois de outros, alegre; e vindo a conhecer pouco a pouco a diversidade dos espíritos que se agitavam nele: um do demônio e outro de Deus. Foi esse o primeiro raciocínio que fez sobre as coisas de Deus. A seguir, quando fez os Exercícios, começou a ver jogada luz sobre o que se refere à diversidade dos espíritos.

[*Autobiografia* 9] Recebida não pouca luz dessa experiência, começou a refletir mais seriamente sobre sua vida passada e sobre a grande necessidade que tinha de fazer penitência a respeito. Nessa altura, se lhe apresentavam os desejos de imitar os santos, sem se importar muito com as circunstâncias, mas, sim, com simplesmente prometer fazer, também ele, com a graça de Deus, o que eles tinham feito.

5. Decisão

Mas, sobretudo, o que ele desejava fazer, assim que se curasse, era ir a Jerusalém, como se disse acima, com tantas disciplinas e com tantos jejuns quantos um ânimo generoso e apaixonado por Deus deseja normalmente fazer.

6. Consequências da decisão

[*Autobiografia* 10] Agora os pensamentos de antes estavam desaparecendo graças aos santos desejos que tinha e que lhe foram confirmados por uma visão deste modo. Uma noite, enquanto estava ainda desperto, viu claramente uma imagem de Nossa Senhora, com o santo Menino Jesus. Diante dessa visão, que durou um bom tempo, recebeu uma consolação muito intensa e ficou com tanto nojo de toda a sua vida passada, especialmente das coisas carnais, que lhe pareceram terem desaparecido da alma todas as imaginações que tinha antes impressas e vivamente representadas. E assim, a partir daquele momento até agosto de 1553, quando se escreve isto, não deu nunca sequer a menor permissão às solicitações da carne; e, precisamente por esse efeito, se pode julgar que a coisa vinha de Deus, embora ele não ousasse emitir sentença com toda a certeza e não dizia nada mais senão afirmar o que foi dito acima. Mas, seja o irmão, seja todas as outras pessoas da casa, entenderam, pelo comportamento externo, a mudança que tinha se produzido interiormente na sua alma.

O fato de se lhe abrirem os olhos e de se admirar com a diferença do tom emotivo que lhe trazem dois pensamentos diferentes não é de espantar, porque se trata de uma experiência ordinária que é facilmente verificável na experiência psicológica cotidiana de qualquer pessoa. O que surpreende é que, tornando-se consciente da diferença, ele afirme: são dois "espíritos" diferentes, um do demônio, outro de Deus.

Inácio, interpretando nesse sentido os pensamentos que teve, ou seja, um que provém de Deus, começa a pensar na sua vida passada e a constatar a necessidade que tem de fazer penitência. Ao mesmo tempo, tem o desejo de imitar os santos para fazer o que eles tinham feito.

Assim, toma a decisão de ir em peregrinação à Terra Santa, fazendo penitências e abstinências tantas quantas podem ser feitas com um ânimo abrasado por Deus. E com esses pensamentos novos se esquecia dos velhos da vida passada, sendo confirmado por uma visão de Nossa Senhora na nova vida que queria empreender.

Inácio é um homem convencido da presença transcendental de Deus nele; ele "habita" um mundo sociorreligioso impregnado daquela presença graças à revelação cristã, um mundo "poroso" à presença da divindade, como diria Charles Taylor[51]. Nesse contexto, o impacto emocional dos pensamentos de Inácio vai na direção para a qual orienta, embora inconscientemente para ele, a experiência transcendental da vivência cristã, que é participação da vida divina no amor mútuo com Deus[52]. Obviamente, a realização do "fim transcendental" *não se realiza com uma única decisão, mas é no tecido de uma sucessão delas que se dá forma à vivência personalizada de todo crente.*

A decisão de Inácio insere-se positivamente na sua livre relação com Deus, porque a ressonância que ele experimenta é interpretada como uma mediação objetiva da Presença divina que o impulsiona para uma finalidade muito clara, em sintonia com o horizonte da experiência transcendental, ou seja, a de seguir o exemplo de Jesus e dos santos.

---

51. "Precisamente segundo a concepção cristã-católica, na ordem salvífica concreta, o homem não pode realizar a própria essência fora da dimensão constituída por aquela finalização da autorrealização humana em contato imediato com Deus, que chamamos de graça, na qual, por sua vez, é dado um momento de verdadeira revelação, ainda que transcendente" (*CF* 87).
52. "Mas o concreto conhecimento de Deus já se encontra, como pergunta, como apelo ao qual se dá assentimento ou que se rejeita, na dimensão da finalização sobrenatural do homem. Mesmo a rejeição de um conhecimento natural de Deus, mesmo um ateísmo atemático ou temático é, sob o ponto de vista teológico, sempre e inevitavelmente um não, pelo menos atemático, à autoabertura do homem em relação à orientação da existência humana para a imediatez de Deus. Nós chamamos essa orientação de graça; ela é um existencial inevitável de todo o ser do homem, mesmo quando ele se fecha a ele com um não livre" (*CF* 87).

"...Que todas as minhas *decisões* sejam puramente ordenadas..." (cf. *EE* 46)

Por essa razão, dar-se conta da diferença entre os espíritos torna-se para ele uma intervenção particular de Deus na sua vida[53].

O ponto crucial é a afirmação de Inácio, que atribui a Deus a origem de um dos seus pensamentos, afirmando implicitamente que Deus irrompe na sua intimidade, que quer lhe dizer e lhe comunicar a sua vontade. Esse é o ponto central em qualquer discernimento: afirmar como provenientes de Deus pensamentos que motivam interiormente a fazer uma determinada escolha como resposta à moção divina cognitiva e emotivamente percebida. A decisão é uma resposta à vontade divina que interpela na moção, é o momento existencial da experiência transcendental nas experiências cotidianas da transcendência.

4.3. *Experiência transcendental e discernimento dos espíritos*

Rahner poderia afirmar: Inácio interpreta o discernimento como a dinâmica que se produz entre a moção divina e a resposta humana enquanto concreção histórica da autocomunicação transcendental de Deus à livre subjetividade espiritual do crente. E se poderia acrescentar: essa dinâmica se realiza seguindo o antropológico processo decisional nas experiências da transcendência.

Para aprofundar a experiência transcendental e a sua relação com o discernimento baseado no processo decisional é preciso dar um passo atrás e explicar antes certa evolução no modo de considerar a experiência no contexto da vivência cristã.

---

53. "Uma vez que a ação livre do sujeito enquanto tal é, mais uma vez, na verdade, para o próprio sujeito o que lhe é dado sem que com isso lhe seja tirado o caráter de ação própria, responsável e não atribuível a outros, a decisão boa, junto a tudo o que ela pressupõe como sua mediação, reveste justamente o caráter de uma intervenção de Deus, mesmo quando isso se verifica pela liberdade do homem e possa assim ser explicado funcionalmente à medida que é explicável a história da liberdade, enquanto ela se edifica em momentos espaço-temporalmente objetivados" (*CF* 126).

4.3.1. Experiência e decisão

Jean Mouroux[54] é um autor que, em meados dos anos 1950, identifica três níveis na sua análise do conceito de experiência: o empírico, ou seja, a experiência não refletida; o experimental, a experimentação científica; e o experiencial, a experiência feita conscientemente. A experiência cristã se realiza neste terceiro nível[55]. Todavia, o autor distingue entre uma fé viva e uma vivente[56]. A viva, empírica, corresponde à mística, e a vivente, experiencial, à espiritualidade. Giovanni Moioli[57] e Charles A. Bernard[58] seguem a mesma esteira da distinção de Mouroux. O problema fundamental é que a distinção entre mística e espiritualidade separa experiência e reflexão, como se a experiência mística não pudesse ser refletida e fosse algo extraordinário, enquanto a espiritual, percebida empiricamente, pensada, fosse a experiência normal do crente. A superação dessa dualidade, que se repropõe como a dualidade mística/espiritualidade, realiza-se na análise do ato decisional.

Com efeito, pressuposto o que foi afirmado sobre a experiência transcendental de Karl Rahner apresentada na primeira parte do artigo,

---

54. Cf. MOUROUX, J., *L'esperienza cristiana. Introduzione a una teologia*, Brescia, Morcelliana, 1956 (1. ed. fr.: 1952).
55. "O sinal pelo qual se percebe Deus é *o próprio ato religioso*", uma vez que "a experiência religiosa é precisamente a *consciência da mediação* que o ato realiza, a *consciência da relação* que ele estabelece entre o homem e Deus, e depois a *consciência de Deus como termo posto – e que põe – da relação*" (ibid., 30, itálico do autor).
56. "A fé se apresenta em dois estádios diferentes de pureza, de força, de fervor – fé *vivente*, de um lado, fé *viva*, de outro –, mas é a mesma; portanto, mediante uma descontinuidade sentida muito fortemente, realiza-se uma continuidade extremamente profunda, uma homogeneidade radical no ímpeto para Deus, uma identidade de vida sob crescimentos diferentes" (ibid., 52, itálico do autor).
57. MOIOLI, G., Mistica cristiana, in: *Nuovo dizionario di spiritualità*, Roma, Paoline, 1979, 985-1001; Id., Teologia spirituale, in: *Nuovo dizionario di spiritualità*, Roma, Paoline, 1979, 1597-1609.
58. Cf. BERNARD, CH. A., La conscience spirituelle, *Revue d'Ascétique et Mystique*, v. 41 (1965) 465-466; Id., La conscience mystique, *Studia Missionalia*, v. 26 (1977) 87-115.

"...Que todas as minhas *decisões* sejam puramente ordenadas..." (cf. *EE* 46)

David Chalmers propõe a distinção entre acategorial e categorial, defendida por Rahner[59], sob uma perspectiva cognitiva/psicológica. Ele distingue em toda experiência consciente uma dupla consciência: uma fenomênica, acategorial, ou seja, a consciência de ser um sujeito de experiência: "eu sinto"; e a outra, psicológica, categorial, a consciência de sentir alguma coisa: "eu sinto a água quente". Além disso, estabelece a passagem da consciência fenomênica à psicológica, mediante a consciência subjetiva, afetiva e cognitiva, de algo que se percebeu, sobre cuja consciência se pode refletir. Por exemplo, vejo uma sorveteria e a consciência de a ter visto desencadeia em mim o pensamento e a vontade de tomar um sorvete, mas tenho de refletir: tenho tempo? Estou com pressa? É uma boa sorveteria? O passo seguinte é tomar uma decisão e assumir as consequências: tomar o sorvete ou renunciar a ele.

Na terminologia de Chalmers, a experiência transcendental de Rahner não é senão a experiência da unidade de consciência nas suas duas vertentes, fenomênica e psicológica. Na primeira reside a capacidade (atemática) cognitiva e volitiva como condição de possibilidade da consciência psicológica nos seus atos temáticos de conhecer e querer. Com essa premissa, vê-se claramente que no ato do discernimento, a consciência cognitiva e afetiva de uma moção, seja do bom espírito, seja do mau, é possível, dada a abertura transcendental do sujeito crente que lhe permite ser sujeito de experiências da transcendência.

Com efeito, no processo decisional Deus se faz presente mediante uma moção, à qual o crente responde, aceitando-a ou rejeitando-a, ou, mais simplesmente, não respondendo. A condição antropológica transcendental torna possível aceitar essa moção para tomar uma decisão que seja, por sua vez, transcendente. Isso significa que a união da acategorialidade da consciência fenomênica e da categorial consciência psicológica, como unidade histórica/transcendental, acolhe a Presença divina

---

59. CHALMERS, D., *La mente cosciente* (pref. DI FRANCESCO, M.), Milano, McGraw-Hill, 1999. Cf. ZAS FRIZ DE COL, R., *La presenza trasformante del mistero*, 120-121.

que se faz presente ao sujeito, mediante uma moção. Além disso, ao decidir, o sujeito exerce a liberdade transcendental.

4.3.2. A moção divina

A moção se apresenta ao sujeito como uma influência externa, como um *input* que motiva a tomar uma decisão, que não necessariamente deve se concretizar numa ação externa sobre o mundo, como pode ser o simples assentimento interior a uma percepção interior. Nesse sentido, a moção pode ser comparada a uma inspiração. Ter bons ou maus pensamentos com muita frequência não depende de um processo racional de dedução, mas, simplesmente, de tomar consciência de ter tido um pensamento do qual o sujeito não se reconhece como o autor[60]. Inácio, no número 32 dos *Exercícios*, admite três tipos de pensamento: os próprios, que o sujeito reconhece como provenientes da sua liberdade e vontade, e os pensamentos provenientes de fora, do bom ou do mau espírito.

Interpretando Rahner, pode-se afirmar que a abertura transcendental é o conceito filosófico/teológico que permite compreender a possibilidade dos dois tipos de moções externas. Com efeito, a circularidade entre experiência transcendental e revelação histórica é a que permite pensar teoricamente a possibilidade de uma moção de diversos espíritos. Nesse sentido, se Deus é o criador e interveio pessoalmente na história humana, encarnando-se, e continua a guiar providencialmente para a união a ele os seus fiéis, mediante as moções do Espírito Santo, não deveria apresentar especiais dificuldades admitir a possibilidade de uma moção *divina*.

---

60. Sobre a relação moção/inspiração, cf. ZAS FRIZ DE COL, R., Raffaello e l'esperienza Creatrice/Trascendente, in: SCHLOBITTEN, Y. D.; BIAGGINI, C. B.; CIERIVIA, C. (eds.), *L'Amore Divino e Profano. Himmlische und Irdische Liege. Uno sguardo diverso su Raffaello. Ein anderer Blick auf Raffel*, Regensburg, Shenell und Steiner, 2023, 39-44.

"...Que todas as minhas decisões sejam puramente ordenadas..." (cf. EE 46)

Embora seja impossível provar cientificamente a *divindade* de uma moção, todavia, o enfoque teórico proveniente da pesquisa de Damásio ajuda a compreender melhor a dinâmica do discernimento dos espíritos. Pode-se afirmar que a indiferença inaciana é o sentimento de fundo sobre o qual os específicos marcadores somáticos da consolação e desolação tornam possível o exercício do discernimento. Esse último é fruto da aprendizagem da dinâmica em que Deus se comunica ao crente mediante a alternância de consolações e desolações como marcadores somáticos, que são muito bem explicados nas regras de discernimento da primeira e da segunda semanas (*EE* 313-336)[61].

Em outras palavras, o crente adquire a habilidade de associar emoções, sentimentos e pensamentos ao bom espírito da consolação e ao mau espírito da desolação, para se orientar na procura da vontade divina. Assim, o crente cresce na liberdade interior, quer diante da biologia, quer em referência à cultura, não sem um combate interior contra demônio, carne e mundo, ou seja, contra si mesmo nas suas afeições desordenadas. Nesse sentido, Damásio é aberto a um discurso sobre a liberdade:

> embora a biologia e a cultura determinem, muitas vezes, os nossos raciocínios, direta ou indiretamente, e possam parecer limitar o exercício da liberdade individual, temos de reconhecer que os seres humanos têm espaço para tal liberdade, para querer e realizar ações que possam ir contra a aparente tendência da biologia e da cultura (*D* 176-177)[62].

---

61. Sobre outras considerações a respeito da contribuição de Damásio ao discernimento dos espíritos, cf. STANDAERT, N., What Ignatius did not know about making decisions, *The Way*, v. 53, n. 3 (2014) 32-55.

62. E continua: "Some sublime human achievements come from rejecting what biology or culture propels individuals to do. Such achievements are the affirmation of a new level of being in which one can invent new artifacts and forge more just ways of existing. Under certain circumstances, however, freedom from biological and cultural constraints can also be a hallmark of madness and can nourish the ideas and acts of the insane" (*D* 177).

4.4. Síntese conclusiva

O pressuposto fundamental do discernimento dos espíritos é o de pôr ordem na própria vida, mediante uma atenta consciência no processo decisional, cujo fim é a união com ele, Deus. Com essa finalidade, o crente pode orientar a sua vida objetivamente para esse fim, procurando permanecer subjetivamente orientado para ele. Para esse objetivo, conhecer melhor como procede o discernimento enquanto processo decisional ajuda a ter uma maior consciência das diversas passagens que levam à decisão, contribuindo, desse modo, para um maior controle sobre si mesmo e, portanto, para crescer na liberdade interior. O conceito de "indiferença inaciana" exprime bem essa atitude: "somente desejando e escolhendo o que mais nos leva ao fim para o qual fomos criados" (*EE* 23).

Conclusão: "...que todas as minhas *decisões* sejam puramente ordenadas..."

No final desta pesquisa com foco no processo decisional e o seu impacto na vivência cristã-inaciana, em geral, e no impacto sobre o discernimento dos espíritos, em particular, pode-se concluir que no processo em que se toma uma decisão se realiza e se consuma a admirável comunicação entre Deus e o crente. Assim, parece justificado nestes tempos pós-cristãos tomar uma decisão no nome de Deus. Obviamente, por meio do mesmo processo se produz a comunicação entre Deus e todo ser humano, prescindindo da sua pertença religiosa ou da sua condição laica. Com efeito, a experiência transcendental é parte constitutiva da condição humana como tal e isso implica não somente a abertura à transcendência do sujeito, mas a possibilidade histórica de uma relação consciente com Deus, além de sua já presença transcendental.

A justaposição do processo decisional à experiência transcendental serve para dar ao primeiro densidade e justificação filosófica e teológica, e à segunda, concreção histórica e psicológica nas experiências da transcendência. Desse modo, tomar uma decisão se revela o momento do encontro real entre Deus, que vem ao encontro na moção, e o crente, que, decidindo, mostra a sua disposição interior para com Deus. Mediante a tomada de decisão se constrói a própria identidade na relação com Deus, de quem se torna verdadeiro amante, amando-o acima de todas as coisas, ou o contrário.

Juntando Inácio e Rahner, de um lado, e Chalmers e Damásio, de outro, notam-se diferenças essenciais com relação aos fundamentos teóricos sobre os quais baseiam suas práticas e reflexões. Os primeiros provêm de uma tradição religiosa, a cristã-inaciana, centrada teórica e praticamente no desenvolvimento da relação do crente com Deus, mediante os exercícios espirituais, orientados à mútua comunhão no amor. Já os segundos provêm do mundo científico, mais especificamente da área das neurociências e da psicologia cognitiva, e a pesquisa deles tem o foco no processo decisional em contexto secular, estranho à dimensão religiosa da existência. Todavia, encontram-se algumas consonâncias, uma vez que ambas as abordagens reconhecem uma intrincada relação entre emoções, sentimentos e pensamentos, embora sob diferentes perspectivas.

Com efeito, a experiência transcendental de Rahner coincide com a análise da consciência de Chalmers sob dois aspectos, fenomênico e psicológico, este ajudando aquele a precisar o processo em que se tomam decisões no exercício da liberdade transcendental. Além disso, a proposta dos marcadores somáticos sugere que as emoções e as respostas corpóreas têm um papel crucial no processo decisional e na formação de juízos, porquanto fornecem sinais ou marcadores intuitivos, positivos ou negativos, que guiam e condicionam o processo decisional. Considera-se que derivem de experiências anteriores e possam influenciar as escolhas também no nível subconsciente. No discernimento dos espíritos se dá também muita atenção às reações emocionais e aos sentimentos que se originam durante sua prática, porque são eles que mostram a orientação da vontade divina, precisamente por meio da alternância de consolações e desolações. Obviamente, as experiências suscitadas durante a prática de tais exercícios estão em correspondência com a história prévia do crente e em sintonia com ela e influem no discernimento nem sempre de modo explícito.

Encerrando esta pesquisa, se recorda que no princípio e fundamento dos *Exercícios* (n. 23) afirmam-se claramente a origem divina da condição humana e a sua orientação final. Ambas são dimensões que dão fundamento à constituição transcendental humana e à possibilidade de uma relação histórica com Deus. O homem atinge o seu fim último cristão, que não é senão a união com Deus, exercendo a sua liberdade, dado que todas as coisas criadas lhe foram dadas para atingir esse fim. Por isso, deve estar subjetivamente livre de toda afeição desordenada que lhe impeça o ordenamento a que está endereçada a sua condição humana: essa disposição da liberdade interior, Inácio a chama de "a indiferença", porque leva a não desejar "mais saúde que doença, riqueza que pobreza, honra que desonra, vida longa que breve e assim por diante em tudo o mais; somente desejando e escolhendo o que mais nos conduz ao fim para o qual fomos criados" (*EE* 23).

Se é esse o princípio e fundamento dos *Exercícios*, Inácio estabelece, no número 46, que se deve fazer uma oração preparatória no início de cada meditação e contemplação durante o processo dos exercícios de trinta dias. Nela se pede "graça a Deus nosso Senhor para que todas as minhas intenções, ações e operações sejam puramente ordenadas a serviço e louvor de sua divina majestade". As "intenções, ações e operações" são interpretadas como uma descrição das dimensões propriamente humanas: desejos e faculdade cognitiva e volitiva. Elas devem ser orientadas sem afetos desordenados, ou seja, puramente, a serviço e louvor de Deus. Desejos, inteligência e vontade entram em jogo para tornar possível que o princípio e o fundamento se tornem uma realidade vivida no cotidiano da vida, evitando as afeições que obstaculizam "escolher aquilo que mais" orienta ao fim desejado.

"...Que todas as minhas *decisões* sejam puramente ordenadas..." (cf. *EE* 46)

Pois bem, se com a oração preparatória se pede a graça de tornar vida o princípio e fundamento, e dado que o fim da vida cristã, e não só dos *Exercícios*, é a união a Deus por amor, e tal união é fruto das decisões que se tomam na relação que se desenvolve no discernimento dos espíritos, então se pode pedir a Deus que "todas as minhas *decisões* sejam puramente ordenadas a serviço e louvor de sua divina majestade".

ANEXO 2:

A transformação cristã de Santo Inácio de Loyola

Rossano Zas Friz De Col, SJ[1]

O objeto de investigação da espiritualidade cristã é a transformação do crente, um tema que mereceu atenção nos últimos anos[2]. Aproveitando essa orientação, propõe-se um itinerário que, na sua primeira parte, aprofunda o conceito de transformação e o modo como Inácio de Loyola e João da Cruz o interpretam, esclarecendo com a ajuda desse último as implicações que se encontram na *Contemplação para alcançar amor* do primeiro. Estabelece-se assim claramente a orientação da transformação cristã. Na segunda parte, assumindo essa perspectiva, considera-se a

---

1. Esta investigação é uma contribuição ao ciclo de conferências com as quais se celebrou o cinquentenário de fundação do Instituto de Psicologia da Pontifícia Universidade Gregoriana (1972-2022), durante o segundo semestre do ano acadêmico 2021-2022. Esta versão é uma versão revisada e aumentada do original italiano que foi apresentado na ocasião. [Tradução em português a partir da versão castelhana: La transformación cristiana de San Ignacio de Loyola. In: *Ignaziana*, 33 (2022) 4-19. (N. do E.)]
2. Cf. Waaijman, K., *La espiritualidad. Formas, Fundamentos, Métodos*, Salamanca, Sígueme, 2011, 496-562; Zas Friz De Col, R., *La presenza trasformante del Mistero*, Roma, G&B Press, 2015.

transformação de Inácio por meio de algumas das decisões mais importantes que tomou, estudando cada uma delas, para fazer, depois, uma interpretação diacrônica. Conclui-se, para evidenciar sua transformação, comparando algumas das dimensões de sua vivência cristã ao longo do primeiro ano e meio de sua conversão, com as mesmas dimensões durante sua etapa romana, quando já era um homem maduro no Espírito.

1. Transformar, transformar-se, transformação em Deus

O verbo *transformar*, em seu uso transitivo, indica a ação que produz a mudança que se opera numa pessoa, coisa, substância ou situação[3]. A ação produz a mudança de um estado, forma, aparência exterior ou atitude interior em outra. A forma reflexiva (*transformar-se*), quando se trata de uma pessoa, pode indicar que a mudança produzida é causada pela própria pessoa, enquanto na forma transitiva a mudança se produz como consequência de uma variante externa ao sujeito ou ao objeto que muda.

O substantivo *transformação*, o resultado da ação transformadora, refere-se à mudança ou transição que foi produzida do estado A ao estado B. No caso de uma pessoa, a mutação se produz pela conjunção de uma ação externa com sua aceitação ou recusa por parte do receptor. Assim, as formas ativa e passiva do verbo são necessárias para uma transformação que respeite a pessoa e não seja uma imposição. Envelhecemos sem o querer, mas amamos a quem queremos.

Seja como for, a transformação é sempre uma mudança perceptível, ainda que não seja necessariamente sensorial. De fato, as variáveis que produzem uma mudança e o mecanismo que as põem em andamento

---

[3]. Para esta parte utilizo, com algumas modificações, ZAS FRIZ DE COL, R., *Teologia della vita cristiana. Contemplazione, vissuto teologale e trasformazione interiores*, Cinisello Balsamo, San Paolo, 2010, 130-134 e 137-139.

podem ser conhecidos ou não, mas, para constatar a transformação é necessário que ambos possam ser, de alguma maneira, comprovados.

Aplicando essa análise ao âmbito específico da vida cristã, pode-se afirmar que a *transformação* cristã se verifica graças a uma *ação transformadora* externa (a Presença do Mistério santo), que com a participação ativa do crente, mediante sua decisão, produz o efeito passivo do verbo (o *transformar-se*). Desse modo, fica claro que a transformação cristã se dá como resultado de uma ação que é, ao mesmo tempo, ativa e passiva, externa e interna, mas que o crente não pode produzir arbitrariamente, tampouco explicar, pois está sempre no âmbito do mistério inefável da ação do Mistério santo. Pois bem, ainda que se trate de uma transformação interior, espiritual e, em certo sentido, inefável, deve poder ser observada externamente, como ocorreu com Inácio: "Assim seu irmão, como todos os demais da casa, foram conhecendo pelo exterior a mudança que se dera em sua alma interiormente" (*A* 10)[4].

A seguir, desenvolve-se o conceito de transformação em Santo Inácio e em São João da Cruz, para estabelecer, para além das aparentes diferenças, como ambos coincidem na orientação para a qual se dirige a transformação.

1.1. Santo Inácio de Loyola

Transformar, transformarse y *transformación* são palavras desconhecidas na obra de Inácio, bem como os sinônimos *cambiar* e *cambio*. Em seu lugar, aparece um sinônimo, *mudar, mudanza*[5], que tem sempre o

---

4. As citações de Santo Inácio seguem a edição: SAN IGNACIO DE LOYOLA, *Obras*, Madrid, BAC, 2014. São citadas, utilizando-se a abreviatura e o número do item correspondente: *Autobiografia* [A]; *Constituições* [C]; *Diário Espiritual* [DE]; *Exercícios Espirituais* [EE]; *A Fórmula do Instituto* [F] e as *Cartas* são citadas com o número e página da edição utilizada.
5. A forma passiva do verbo aparece três vezes nos *Exercícios*: no n. 49, como sinônimo de não trocar (*cambiar*) o conteúdo da oração preparatória [*EE* 46], no n. 133,

significado de *cambiar* ("trocar"): "fazer mudança [trocas] no comer, no dormir e em outros modos de fazer penitência; [...] nessas mudanças [Deus] faz cada um sentir o que lhe convém" (*EE* 89); "No tempo da desolação, nunca fazer mudança [trocas]" (*EE* 318; cf. *C* 626). Como já se disse, na *Autobiografia* (10), afirma-se que o irmão conhecia a *mudança* que estava acontecendo na alma de Inácio. Nos *Exercícios*, o verbo mudar tem, principalmente, o sentido de trocar[6], como também o tem nas *Constituições*[7] e na única vez em que aparece na *Autobiografia* (27). Contudo, nos *Exercícios*, distinguem-se duas nuanças: a primeira indica o esforço por lutar contra a desolação: "muito aproveita o constante mudar-se contra a mesma desolação" (*EE* 319); e a segunda, mudar os afetos desordenados, pedindo à sua divina majestade que ponha em ordem seus desejos, *mudando* ele, Deus, a afeição anterior (cf. *EE* 16). O esforço da troca está na primeira pessoa, mas deve ser acompanhado pela ação de Deus. Obviamente, o resultado é a transformação.

Inácio raramente utiliza a palavra "conversão"[8], ao passo que o verbo "converter", ele o usa para significar a transformação interior[9]. Todavia, há outras duas palavras que têm uma relação mais explícita com transformar e transformação: *ordenar* e *ordem*.

Ordenar é a ação que dispõe algo numa sucessão não arbitrária, seguindo um critério determinado[10]. Deus ordena os desejos (*EE* 16), e assim o exercitante pode se superar e *ordenar* sua vida sem se deixar determinar pelas afeições desordenadas (*EE* 21). *Ordenar-se* é a graça

---

com o mesmo sentido, mas no positivo, ou seja, permitindo passar (*mudarse*) do segundo dia ao terceiro da segunda semana, e no n. 319, o que é tentado deve se esforçar por sair (*mudarse*) da desolação.
6. *EE* 20.49.89.101.105.119.130.133.206.229.244.247.319.
7. *EE* 19.122.245.270.304.343.382.421.424.429.435.491.554.709.739.
8. Cf. *EE* 257.282; *A* 86; *C* 326.330.763.816; *DE* 102.
9. Cf. *EE* 50; *C* 61.
10. Na forma passiva aparece uma vez nos *Exercícios*, no n. 210, sob o título de as regras para *se ordenar* ao comer.

que se pede ao longo do retiro inaciano: "pedir graça a Deus nosso Senhor para que todas as minhas intenções, ações e atividades sejam puramente ordenadas a serviço e louvor de sua divina majestade" (*EE* 46). Nos *Exercícios*, a ordem é o efeito da ação de ordenar, como quando o que dirige os exercícios tem que dar *ordem* de meditar e contemplar[11]. Mas *a ordem* também se refere à perfeitíssima e infinita Sabedoria de Deus, que é o princípio de toda ordem (*EE* 324; *C* 136.814).

Na *Contemplação para alcançar amor* (*EE* 230 ss.) conflui no exercitante a ação de *mudar* e *ordenar*, e, se há efeito, a *mudança* e a *ordem*, com o objetivo de reconhecer o dom divino recebido na vida e durante os Exercícios, o agradecer. Essa é a atitude que a contemplação procura fazer aflorar no exercitante no final dos Exercícios, para que alcance o puro amor a Deus na entrega de si mesmo.

Com efeito, Inácio, depois de ter partido da premissa de que o amor deve se pôr mais nas obras do que nas palavras (cf. *EE* 230), acrescenta:

> o amor consiste na comunicação das duas partes, ou seja, em dar e comunicar do amante ao amado o que tem ou do que tem e pode, e assim, ao contrário, o amado ao amante; de maneira que, se um tem ciência, dar ao que não a tem, se honras, se riquezas, e assim um ao outro (*EE* 231).

Com base nisso, Inácio convida o exercitante a "pedir conhecimento interno de tantos bens recebidos, para que eu, inteiramente reconhecido, possa em tudo amar e servir a sua divina majestade" (*EE* 233). Logo, no primeiro ponto da contemplação (*EE* 234), o exercitante deve "recordar os benefícios recebidos da criação, redenção e dons especiais", refletindo "com muita afeição" sobre o que Deus fez por ele, dando-lhe o que tem. Para Inácio, portanto, Deus mesmo deseja e quer se dar ao exercitante. Por isso, ele deve refletir "com muita razão e justiça" o que deve oferecer de

---

11. Cf. *EE* 2; *C* 321.

sua parte, ou seja, como deve corresponder a esse dom amoroso: oferecendo-se e dando-se todo a Deus, com tudo o que tem e possui, pedindo somente que não lhe falte seu amor e sua graça.

O propósito de apresentar João da Cruz no número seguinte é revelar, sob sua perspectiva, as implicações da *Contemplação para alcançar amor*. Com isso, espera-se mostrar até que ponto esses dois autores estão em harmonia entre si, mais do que acentuar suas diferenças pessoais.

1.2. João da Cruz

Nesse autor sucede o contrário do que com Inácio: a transformação do crente está em função da união com Deus, de modo que no *Diccionario de San Juan de la Cruz* não é desenvolvido num verbete próprio, mas está incluída no verbete *união*[12]. O crente conhece a Deus unindo-se a ele, transformando-se nele[13]. Por outro lado, em Inácio, a palavra *transformação*, como já se viu, não aparece. Quando usa *união*, ele o faz unicamente nas *Constituições*, para se referir à união entre os membros da Companhia[14].

Para São João, a transformação se realiza mediante a união da vontade amorosa do crente com a de Deus, por meio da renúncia (purificadora) a tudo o que não é Deus. O amor é a força, a virtude que transforma e une a Deus, igualando os amantes, reduzindo-os à unidade,

---

12. Cf. Álvarez-Suárez, A., Unión con Dios, in: Pacho, E. (ed.), *Diccionario de San Juan de la Cruz*, Burgos, Monte Carmelo, 2000, 1498-1505.
13. Cf. Borriello, L., L'unione trasformante secondo S. Giovanni della Croce, *Angelicum*, v. 68 (1991) 383; Cf. De San Juan De La Cruz, E., *La Transformación del alma en Dios según San Juan de la Cruz*, Madrid, Editorial de Espiritualidad, 1963; De Santa Maria Maddalena, G., *L'unione con Dios secondo San Giovanni della Croce*, Firenze, Salani, 1951; Mielesi, U. de, *La Trasformazione d'amore in San Giovanni della Croce*, Milano, Dimensione Umana, 1981.
14. Cf. *C* 135.273.280.424.655.657.659.661.662.666.671.672.677.709.821.

produzindo o que ele chama de uma transformação *participativa*. Por meio dela Deus

> comunica seu ser sobrenatural, de tal modo que [a alma, o crente] parece ser o próprio Deus e tem o que tem o próprio Deus. E se dá tal união quando Deus dá à alma essa sobrenatural graça, que todas as coisas de Deus e da alma estão unidas em transformação participativa. E a alma mais parece Deus do que alma e é até Deus por participação; embora seja verdade que seu ser é naturalmente tão diferente do de Deus como antes, ainda que transformado, assim como o vitral o tem diferente do raio, sendo por ele clarificado[15].

Quanto à união, São João distingue entre a união essencial (ou substancial) e a união por semelhança: a primeira corresponde à união natural permanente entre o Criador e a criatura; a segunda, por outro lado, "não está sempre pronta, mas somente quando chega a ter semelhança de amor". É uma união de *semelhança* "quando as duas vontades, ou seja, a da alma e a de Deus, estão em conformidade, não havendo numa nada que repugne à outra. E assim, quando a alma tira totalmente de si o que repugna e não se ajusta à vontade divina, ficará transformada em Deus por amor" (*Subida* 2,5,3).

O amor transformador une a Deus, porque elimina tudo o que não se harmoniza com ele, para que somente permaneça ele e sua vontade, de modo que o crente que se conformou e se assemelhou a ela está unido e transformado nela sobrenaturalmente (cf. *Subida* 2,5,4).

A transformação assim experimentada coincide com a perfeição espiritual da alma, o matrimônio espiritual. Ele é, para São João, "uma

---

15. *Subida* 2,5,7; cf. SAN JUAN DE LA CRUZ, *Obras Completas*. PACHO, E. (ed.), Burgos, Monte Carmelo, ⁶1998; abreviado: *Cántico espiritual* B, *Cántico* B; *Llama viva del amor* B, *Llama* B; *Subida del Monte Carmelo*, S., seguida de um número que indica o livro, o capítulo e o parágrafo; no caso do *Cántico* B e a *Llama* B, depois da abreviatura indica-se o número do versículo e do parágrafo.

transformação total no Amado, na qual se entregam ambas as partes por total posse de uma à outra, com certas consumações de união de amor, em que a alma se fez divina e Deus, por participação, quanto se pode nesta vida" (*Cântico* B 22,3). Assim, o crente se converte numa "sombra de Deus", chegando a ser capaz de atuar como Deus. Com efeito:

> faz ela [a alma] em Deus e por Deus o que ele faz nela por si mesmo, do modo como o faz; porque a vontade dos dois é uma, e assim, a operação de Deus e dela é uma. Daí que, como Deus se está dando com livre e graciosa vontade, assim também ela, ao ter a vontade tão mais livre e generosa quanto mais unida a Deus, está dando a Deus o mesmo Deus em Deus, sendo verdadeira e total dádiva da alma a Deus (*Llama* B 378).

Em outras palavras do mesmo autor:

> quando há união de amor, e é verdadeiro dizer que o Amado vive no amante e o amante no Amado, e tal modo de semelhança faz o amor na transformação dos amados que se pode dizer que cada um é o outro e que ambos são um. A razão é porque na união e transformação de amor, um dá posse de si ao outro, e cada um se deixa e se dá e se troca pelo outro; e assim, cada um vive no outro e um é o outro e ambos são um por transformação no amor (*Cântico* B 12,7).

1.3. *Síntese conclusiva*

Na relação de amor entre Deus e o crente produz-se tal intercâmbio que se pode falar de um processo de transformação no qual um se converte no outro e vice-versa, um processo que leva à unidade entre ambos. A aventura dos *Exercícios* se condensa no abandono do exercitante ao amor mútuo com Deus; assim, por doação de sua liberdade, memória, inteligência, vontade e tudo o que tem e possui, somente pede em troca o amor e a graça de Deus, porque só isso basta (cf. *EE* 234). Nesse sentido, João afirma que

> não se deve achar que é impossível a alma poder aspirar a uma coisa tão alta quanto aspirar em Deus como Deus aspira nela por modo participado; porque, dado que Deus lhe dá a graça de uni-la na Santíssima Trindade, quando a alma se torna deiforme e Deus por participação, que de incrível há que também ela realize sua obra de entendimento, notícia e amor ou, melhor dizendo, a tenha realizado na Trindade juntamente com ela como a mesma Trindade, mas por modo comunicado e participado, realizando-a Deus na mesma alma? Porque isso é estar transformada nas três Pessoas em potência e sabedoria e amor, e nisso é semelhante a alma a Deus, e para que possa chegar a isso *criou-a à sua imagem e semelhança* (Gn 1,26-27) (*Cântico* B 39,4).

A inaciana *comunicação mútua* dos amantes coincide com a *transformação participativa* de São João. O amor a Deus transforma, diviniza e, por isso, se pode dizer que o horizonte da vida cristã e não só dos Exercícios é a comunicação mútua entre Deus e o crente, a fim de que este se transforme nele, Deus, por consumação de amor. Desse modo, por participação, se diviniza, ou seja, se faz Deus.

Na tradição inaciana, a mística costuma ser adjetivada como de serviço. Essa mística se distingue, por exemplo, da carmelitana, que é "nupcial", ou da "metafísica", da escola dominicana. À luz do que foi exposto, é preferível não fazer distinções entre uma mística do serviço, outra nupcial ou outra metafísica, sem mencionar primeiro a comunicação mútua comum na transformação participativa. Há apenas uma mística, a do amor, entendida como relação ordenada à recíproca comunicação de bens, ou seja, a divinização do crente e a de seu próximo. Obviamente, há diferenças na experiência personalizada do encontro com Deus, mas a dinâmica comum é a do amor, partilhada por todos, para além das diferenças.

O número seguinte, levando em consideração o que foi exposto, analisa a transformação cristã de Inácio, mediante a análise e a interpretação das mais importantes decisões que fez em sua vida.

2. O processo de transformação de Santo Inácio por meio de suas decisões

Uma vez estabelecida a finalidade da vida cristã, ou seja, a transformação para a *deificação*, o método com o qual se analisará a transformação de Inácio será o da análise da tomada de decisões.

Tomar uma decisão significa escolher uma opção entre as possibilidades existentes e, assim, assumir uma orientação determinada em função de uma preferência. Uma eleição encerra uma deliberação, um discernimento, mediante o qual se julga e se avalia uma situação, a fim de obter um resultado. Qualquer eleição estabelece uma nova ordem, reordena a anterior.

Na dinâmica da tomada de decisões podem ser identificados seis passos[16]: numa determinada ocasião se percebe algo, cognitiva e afetivamente, que se faz objeto de reflexão até a elaboração de um juízo, o qual leva a optar por uma decisão, para assumir responsavelmente suas consequências. Ou seja, toda decisão:

> tem uma preparação e se dá numa ocasião precisa (prep/oc),
> na qual, primeiro, se apresenta uma moção (moc),
> da qual se toma consciência pelo conteúdo cognitivo e pelo efeito afetivo que deixa (con/cog+afe),

---

16. ZAS FRIZ DE COL, R. (ed.), *Il vissuto di Santa Teresa di Lisieux alla luce del Metodo Teologico-Decisionale*, Roma, G&B Press, 2020, 11-20.

à qual se segue depois uma reflexão para emitir um juízo (refl/jui) que precede propriamente a tomada de decisão (dec) como resposta à moção recebida,
para assumir responsavelmente as consequências da decisão tomada (cons).

Na vida cristã, a transformação divina depende do progresso das decisões do crente, em resposta às moções que recebe. O crescimento responsável na relação com Deus levará a uma reflexão cada vez mais atenta da percepção dos movimentos internos e dos acontecimentos externos e, por isso, conduzirá a juízos e decisões mais lúcidas que consolidem a atitude teológica, motor da transformação participativa à qual se refere João da Cruz.

De fato, a transformação do crente se produz mediante as decisões que toma, as quais podem caminhar no sentido de sua divinização ou em sentido contrário. Suas opções o autodeterminam diante de Deus, podendo se identificar com ele de forma responsável e exigente, embora nem sempre suas opções sejam lineares. A possibilidade da desidentificação está sempre presente.

Com essa moldura de referência, analisam-se em duas etapas, sincrônica e diacronicamente, seis das decisões mais importantes tomadas por Santo Inácio, segundo consta na sua *Autobiografia*[17].

2.1. Análise sincrônica

A primeira decisão que consideramos é a que foi tomada enquanto Inácio está convalescente de uma ferida de guerra (Primavera de 1521). A decisão é preparada (prep/oc), enquanto está de cama e pede livros

---

17. Cf. Id., Analisi del vissuto cristiano di Ignazio di Loyola. Saggio metodologico, *Ignaziana* (www.ignaziana.org), v. 22 (2016) 137-165.

de cavalaria, quando só lhe dão acesso a um livro sobre a vida de Jesus e outro sobre a vida dos santos (moc). Ao ler, admira as penitências dos ascetas e começa a imaginar e desejar fazê-las também, embora, ao mesmo tempo, imagine realizar atos heroicos para ganhar o amor de uma mulher nobre. Num determinado momento, dá-se conta da diferença que esses pensamentos produzem em seu estado de espírito: é a ocasião em que Inácio percebe as diferentes moções que agem em sua alma (con/cog+afe) e reflete sobre elas (refl/jui). Assim, chega à decisão (dec) de ir à Terra Santa, para melhor imitar a vida dos santos que estava lendo. Essa decisão o inicia, de forma um tanto inconsciente, na vida teológica (cons). É o começo de sua conversão e de sua vida cristã.

Uma segunda decisão importante, Inácio a toma quando está na Terra Santa. Quer lá ficar (prep/oc), mas acontece algo inesperado que atrapalha seus planos. O padre provincial dos franciscanos não permite que ele lá permaneça (moc). Inácio toma consciência dessa intervenção (con/cog+afe) e reflete sobre o fato, até chegar à convicção de que não é vontade de Deus que permaneça na Terra Santa (refle/jui); então, decide deixá-la (dec), porque assim se manifestou a vontade de Deus; portanto, ao se submeter a ela, Inácio obedece a Deus (cons).

Essa decisão prepara e é ocasião (prep/oc) para uma terceira decisão. Isso ocorre quando Inácio abandona Jerusalém e empreende o caminho de volta a Veneza no Inverno de 1524: o Peregrino

> entendeu que não estava em Jerusalém (moc e cons/cog+afe), sempre vinha pensando com seus botões sobre o que faria [*quid agendum*] (refl/jui). Afinal, inclinava-se mais a estudar por algum tempo, para poder ajudar as almas e tinha a determinação (dec) de ir a Barcelona; e assim, partiu de Veneza para Gênova (cons) (*A* 50).

Inácio permanece em Barcelona durante um ano e meio, e logo se transfere para a Universidade de Alcalá de Henares, para continuar seus estudos. Mas deve se submeter ali a dois processos por parte da Inquisição. Essa situação é a ocasião que prepara a quarta decisão (prep/oc). Depois que a Inquisição dá sua sentença (moc), absolvendo Inácio de qualquer suspeita (con/cog+afe), Inácio continua perplexo a respeito do caminho a seguir (refl/jui), motivo pelo qual decide (dec) pedir conselho ao arcebispo de Toledo, para seguir assim a vontade de Deus. O prelado lhe sugere que se mude para Salamanca (cons), aonde ele chega em julho de 1527.

Em sua nova morada, continua tendo problemas com as autoridades da Inquisição, o que prepara e dá a ocasião (prep/oc) para uma nova decisão, a quinta. Inácio acaba sendo preso e, depois de vinte e dois dias, recebe uma sentença (moc). Não o condenam, mas lhe impõem condições que, na sua opinião, o impedem de fazer o bem ao próximo (con/cog+afe). Reflete sobre isso (refl/jui) e decide (dec) ir estudar em Paris, procurando sempre a vontade divina e o bem das almas (cons). Deixa Salamanca em setembro desse mesmo ano.

Inácio chega a Paris em fevereiro de 1528 e ali permanece por pouco mais de sete anos, até abril de 1535. A ocasião de sair da cidade chega por motivos de saúde, mas, na realidade, era o primeiro passo de um projeto no qual havia trabalhado com um grupo de estudantes (prep/oc). De fato, a sexta decisão está ligada à experiência de Inácio e de seus companheiros em Paris, os quais, pela prática dos *Exercícios espirituais* (moc), despertaram para uma intensa forma de vida cristã que lhes deu uma nova consciência (con/cog+afe) e os levou a uma nova forma de entender a vida. Por consequência, refletem sobre como mudar suas vidas no futuro (refl/jui) e, assim, decidem (dec) ir para a Terra Santa. Se isso não fosse possível ao final de um ano de espera, iriam para Roma, para serem enviados pelo papa para a vinha do Senhor e para se dedicarem ao maior serviço das almas (cons).

Inácio se encontra em Veneza com seus companheiros em janeiro de 1537. Depois de esperarem o tempo determinado para realizar a travessia, e como estava claro que não podiam embarcar para o Oriente, levam a cabo o que fora combinado em Paris, ou seja, ficam à disposição do papa, em Roma, interpretando o fato como vontade divina.

2.2. Análise diacrônica

Seguindo o caminho das decisões, podemos esclarecer o processo transformador de Inácio por meio da identificação de diferentes etapas de seu desenvolvimento espiritual, seguindo a proposta de Federico Ruiz, OCD. Segundo o autor,

> Para crescer, o organismo elimina, passa por fases sucessivas, sofre várias crises que são sempre diferentes, sem deixarem de ser as mesmas. O crescimento não se produz por simples acúmulo, mas por um processo de perdas e de ganhos. A mesma coisa ocorre no processo espiritual, que não é um processo gradual nem harmonioso: é feito de contradições, conflitos, tensões, rupturas do equilíbrio, que abrem o horizonte a sínteses mais ricas[18].

Nessa linha, Ruiz identifica seis etapas no desenvolvimento transformador da vida cristã: iniciação, personalização, interiorização, crise, maturidade e glorificação[19]. A vida cristã responsável (1) começa com uma decisão radical de seguir a própria consciência perante a Presença de Deus, a conversão. (2) A isso se segue a personalização da relação teológica, em que o crente se compromete a "integrar os conteúdos objetivos e subjetivos da vida cristã no processo de afirmação da personalidade humana, e no conjunto de sua existência individual e social"[20].

---

18. RUIZ, F., Diventare personalmente adulti in Cristo, in: *Problemi e prospettive di Spiritualità*, Brescia, Queriniana, 1983, 277-301, aqui 292.
19. Id., L'uomo adulto in Cristo, in: MORICONI, B. (ed.), *Antropologia Cristiana*, Roma, Città Nuova, 2001, 536-545.
20. Ibid., 538.

(3) O desenvolvimento dessa atitude leva à interiorização teológica, que inclui uma crescente implicação com Deus na vida cotidiana. Logo, pode ocorrer ou não (4) que depois dessa etapa se produza uma profunda crise, as *noites dos sentidos* e do *espírito*, com o fim de purificar a atitude teológica. (5) Essa crise pode preceder uma relativa maturidade na relação com Deus, (6) prévia à consumação da transformação participativa, já que tem lugar num horizonte escatológico que não alcança sua plenitude na história, senão mais adiante.

Interpretando a análise sincrônica sob uma perspectiva diacrônica, a iniciação de Inácio na vida cristã consciente e responsável começa praticamente sem que ele se desse conta disso, enquanto estava convalescente em Loyola, e continua até que aceite renunciar a seu desejo de permanecer na Terra Santa. Então tem de encontrar uma motivação mais pessoal para progredir no caminho do serviço divino às almas; ele a encontra ao se decidir a estudar. De 1524, quando regressa da Terra Santa, até setembro de 1527, quando chega a Paris, Inácio persevera em seu compromisso com o estudo, personalizando assim sua relação com Deus.

Durante os sete anos que passou em Paris, Inácio interioriza progressivamente sua relação com Deus. É importante destacar que não experimenta um período de crise tal como se refere na tradição carmelita, e que Ruiz indica como uma noite dos sentidos e do espírito. Como hipótese de trabalho, o fato poderia se explicar pela prática constante e cada vez mais refinada de discernimento de espíritos. Esse discernimento, vivido por Inácio como um exercício contínuo de purificação das motivações, evita que ele passe por tais obscuridades. Também foi influente o efeito de purificação que tiveram as enfermidades que sofreu continuamente[21].

---

21. "Porque o que, definitivamente, Deus operou, mas não como resultado exclusivo da enfermidade, foi uma verdadeira conversão à gratuidade, a passagem do universoególatra do desejo não integrado pelo amor e a partir do amor; à relação gratuita de

Quando Inácio entrou em Roma, em 1537, já era um homem maduro no Espírito e podia se dedicar à organização da Companhia. Olhando para trás em relação às decisões tomadas, Deus o moveu a se estabelecer em Roma, depois de seu desejo inicial e tardio de lançar raízes na Terra Santa. E na Cidade Eterna espera o cumprimento escatológico das promessas cristãs, o qual se dará depois do dia 31 de julho de 1556.

2.3. Exemplos da transformação de Inácio

As seis decisões consideradas marcam a transformação de Inácio em sua relação com o mistério de Deus. Todavia, para ilustrar como se transformou concretamente, é possível comparar algumas dimensões de sua experiência cristã nos dois diferentes momentos de sua vida; por exemplo, o período de Loyola, Manresa e Terra Santa com o período de sua maturidade, em Roma. Assim, se pode apreciar melhor a evolução de seu processo pessoal.

Durante seu primeiro ano e meio de neoconverso, Inácio (1) se inicia no combate espiritual e no discernimento; (2) lê livros religiosos; (3) toma a determinação de peregrinar à Terra Santa, que considera sua missão como converso; (4) cresce em seu desejo de perfeição; (5) imita os santos; (6) converte-se em devoto de Maria; (7) toma a decisão de permanecer casto; (8) reza diária e continuamente e deseja ajudar as "almas" mediante a conversação espiritual; (9) desfruta de uma fé iluminada; (10) ama de modo muito concreto a pobreza em meio aos pobres dos

---

quem tudo espera somente de Deus (ou experiência espiritual da justificação); à humilde recepção agradecida da iniciativa livre e salvífica como puro dom imerecido, e daí a um novo modo de relação com Deus e com os demais; a contar humildemente com a realidade, inclusive empobrecida, e a partir dela dar a maior glória aqui e agora possível, circunstanciada, a Deus no serviço dos demais" (ARZUBILADE, S., Enfermidad, in: GARCÍA DE CASTRO, J. (ed.), *Dicionario de Espiritualidad Ignaciana*, Madrid/Bilbao, Mensajero/Sal Terrae, ²2007, 750-759, aqui 753).

hospitais; (11) frequenta os sacramentos da confissão e da Eucaristia; (12) pratica a abnegação, a penitência e a mortificação contínua; (13) tem uma clara consciência de ser pecador; (14) procura um guia espiritual e pratica o exame de consciência; (15) cresce no exercício das virtudes; (16) deseja obedecer sempre a Deus, obedecendo à Igreja[22].

Dado que não é possível expor uma comparação de todas essas dimensões entre os dois momentos da vida de Inácio, apresentaremos algumas como exemplo.

2.3.1. Discernimento

Passado o período de sua convalescência em Loyola, em fevereiro de 1522, Inácio saiu de casa "montado numa mula" (*A* 13). Os que viviam com ele, especialmente seu irmão, foram se dando conta pelo que ele fazia de que já não era o mesmo de antes (cf. *A* 10). De fato, quando Inácio se lembra desse tempo, afirma que "nosso Senhor estava com esta alma que ainda era cega, embora com grandes desejos de servi-lo em tudo o que soubesse" (*A* 14). Praticava as penitências para imitar os santos e até para os sobrepujar:

> E nesses pensamentos tinha toda a sua consolação, não visando a nenhuma coisa interior, nem sabendo o que fosse a humildade, nem caridade, nem paciência, nem discrição para regrar ou medir essas virtudes, mas toda a sua intenção era fazer essas obras grandes exteriores, porque assim as tinham feito os santos para a glória de Deus, sem visar a nenhuma outra particular circunstância (*A* 14).

---

22. Cf. Zas Friz De Col, R., Radicarsi in Dio. La trasformazione mistica di San Ignazio di Loyola, *Ignaziana* (www.ignaziana.org), v. 12 (2011) 162-302.

Contudo, quando Inácio reside em Roma, aonde chega em 1537, quinze anos depois de ter deixado a casa paterna, a transformação que tinha se iniciado em Loyola havia se consumado. É um mestre no discernimento. Assim o demonstram no livro dos *Exercícios* as anotações (EE 1-20), com as diferentes séries de regras de discernimento: ordenar-se no comer (*EE* 210-217), a primeira e segunda semanas (*EE* 313-336), distribuição de esmolas (*EE* 337-344), sentir e compreender os escrúpulos (*EE* 345-351) e, por último, para sentir autenticamente com a Igreja (*EE* 352-370). Também o atesta seu *Diário espiritual*, na primeira parte.

Um exemplo da maturidade de Inácio no exercício do discernimento, em comparação com o período de Loyola, nós o encontramos na carta escrita aos estudantes de Coimbra, datada de 7 de maio de 1547, conhecida como a *carta da perfeição*. Inácio os estimula à vida interior, mas os põe também em guarda diante do fervor indiscreto, pois "não somente vêm as enfermidades espirituais de causas frias, como é a tibieza, mas também de quentes, como é o demasiado fervor". A falta de moderação no fervor pode levar a

> muitos inconvenientes contrários à intenção do que assim caminha. O primeiro, que não se pode servir a Deus por longo tempo; como costuma não terminar o caminho o cavalo muito cansado nas primeiras jornadas e até, muitas vezes, é necessário que outros fiquem a serviço dele. O segundo, que, em geral, não se mantém o que assim se ganha com demasiada pressa [...]. O terceiro, que não se cuidam em evitar o perigo de carregar muito o barco; e é assim que, embora seja perigoso deixá-lo vazio, pois ficará flutuando com tentações, mais perigoso é carregá-lo tanto a ponto de se afundar. Quarto, acontece que, para crucificar o homem velho, crucifica-se o novo, não podendo, por fraqueza, praticar as virtudes [...] [*Cartas*, n. 36, p. 729-730].

2.3.2. Missão

Durante sua convalescência, Inácio imagina estar indo a Jerusalém descalço (cf. *A* 8), e o faz enquanto se restabelece (cf. *A* 9). Converte-se em peregrino para cumprir sua missão: chegar à Terra Santa para lá ficar e ajudar as almas. O malogro dessa intenção não o dissuade de seu propósito, ao descobrir que ele vai mais além do que permanecer na terra de Jesus. Onze anos depois, em Paris, ele e seus companheiros se decidiram por uma segunda tentativa, que também fracassou. Todavia, encontrou em Roma o lugar para cumprir sua missão, o serviço ao próximo.

Nos *Exercícios*, essa concepção da missão está representada no envio que o bom capitão Jesus faz dos seus homens, na meditação das duas bandeiras (cf. *EE* 143-146), e a ela se pode assemelhar a vocação pessoal na Igreja. O título da sétima parte das *Constituições* está dedicado às missões: "Do que toca aos já admitidos no corpo da Companhia para com os próximos, distribuindo-se pela vinha de Cristo nosso Senhor".

No primeiro capítulo dessa sétima parte, "Das missões de Sua Santidade", trata-se da dispersão dos jesuítas

> para trabalhar na parte e obras que lhes forem atribuídas; sejam enviados ora por ordem do Vigário Sumo de Cristo nosso Senhor para alguns lugares aqui e ali, ora pelos Superiores da Companhia, pois estão em lugar de sua divina Majestade, ora eles mesmos escolham onde e em que trabalhar [...] (*C* 603).

O Padre Geral tem plenos poderes para enviar em missão:

> O mesmo Geral terá autoridade total nas missões, não contrariando em nenhum caso as da Sé Apostólica, como se diz na 7ª parte, ao enviar todos os que lhe parecer dentre os que estão sob sua obediência, Professos ou não Professos, a qualquer parte do mundo, pelo tempo que lhe parecer, determinando ou não determinando

para usar qualquer meio dos que usa a Companhia para ajudar aos próximos (C 749).

A *missão* tem uma raiz divina, como se depreende da introdução do dia 11 de fevereiro de 1544 do *Diário espiritual* de Inácio, quando discerne sobre o estado de pobreza das casas professas: "como o Filho primeiro enviou os apóstolos na pobreza para pregar e, depois, o Espírito Santo, dando seu espírito e *línguas*, os confirmou, assim o Pai e o Filho, enviando o Espírito Santo, todas as três pessoas confirmaram tal missão" (*DE* 15, itálico do texto).

A missão se realiza ao peregrinar pela vinha do Senhor para o serviço das almas, mas também num trabalho estável. Assim, no mês de fevereiro de 1561, os jesuítas abriram em Roma uma escola gratuita, que, com o tempo, seria o Colégio Romano. Conserva-se uma espécie de circular dirigida aos benfeitores, datada de 1553, na qual se pede ajuda para a fundação econômica do projeto, motivando-a assim:

> aqui foram instruídos muitos da Alemanha e de todas aquelas partes setentrionais prejudicadas por heresias, para as quais podem depois ser enviados como operários fiéis, os quais, com exemplo e doutrina, procurarão trazer para o seio da santa Mãe Igreja aquelas suas nações. Também será instruído grande número de operários de nossa própria Companhia, cuja escrita será dirigida somente para esse fim do bem comum; e daqui serão enviados a todas as partes da cristandade, onde houver necessidade, entre heréticos e cismáticos, mouros e gentios; e, ainda que sejam de nosso Instituto em todas as partes, os que se instruírem aqui, perante os olhos do Sumo Pontífice e da Sé Apostólica, serão, com razão, mais empregados no que foi dito do que os outros. Assim, este colégio será um seminário contínuo de ministros da Sé Apostólica para o serviço da Santa Igreja e bem das almas (*Cartas*, n. 106, p. 885).

2.3.3. Desejo de perfeição

No primeiro período de sua conversão, Inácio passou de "grande e vão desejo de obter fama" (*A* 1) ao desejo de "seguir o caminho da perfeição e do que traria maior glória a Deus..." (*A* 36). Ao longo dos anos aprofundou sua compreensão da perfeição cristã.

Assim, por exemplo, no *Preâmbulo à consideração dos estados de vida* (*EE* 135), Santo Inácio afirma que "temos de nos dispor a chegar à perfeição em qualquer estado ou gênero de vida que Deus nosso Senhor nos conceda escolher". Desejar a perfeição e imitar ao Senhor é um mesmo desejo, que se realiza na resposta ao chamado do Senhor. No terceiro número das *Constituições*, lê-se: "O fim da Companhia não é somente esperar, pela graça de Deus, a salvação e perfeição de nossas próprias almas, mas, por essa mesma graça, esforçarmo-nos com todas as nossas forças para ajudar na salvação e perfeição das almas de nosso próximo".

No capítulo quinto das *Constituições*, Santo Inácio não obriga sob pecado mortal nem venial o cumprimento das constituições, porque "no lugar do temor da ofensa ocorra o amor e desejo de toda perfeição e com consequente maior glória e louvor de Cristo nosso Criador e Senhor" [*C* 602].

Um último exemplo se encontra na já citada *carta da perfeição* dirigida aos estudantes de Coimbra. Inácio afirma que não tem dúvida de que a bondade divina quer comunicar seus bens para os fazer perfeitos, tendo Deus mais desejos de dar essa perfeição do que eles de recebê-la. Argumenta assim:

> que se não fosse assim, não nos encorajaria Jesus Cristo àquilo de que somente de suas [mãos podemos receber, dizendo:] *Sede perfeitos como é perfeito vosso Pai celestial* (Mt 5,48). De modo que, de sua parte, ele está disposto, desde que, de nossa parte, haja vaso de humildade e desejo de receber suas graças, e que veja que

usamos bem os dons recebidos e somos laboriosos e diligentes em pedir sua graça (*Cartas*, n. 36, p. 724).

2.3.4. Oração

Inácio, assim que saiu da casa dos Loyola, dirigiu-se ao santuário de Nossa Senhora de Aránzazu: "Passou ali a noite em oração para obter novas energias para sua viagem" (*A* 13). Rezava antes de se confessar (cf. *A* 17) e em Manresa "participava cada dia da Missa solene e das Vésperas e Completas, todas cantadas, sentindo nisso grande consolação" (*A* 20); "[...] e perseverava em suas sete horas de oração, de joelhos, levantando-se à meia-noite, continuamente, e em todos os outros exercícios já mencionados" (*A* 23). Mas "além de suas sete horas de oração, ocupava-se em ajudar algumas almas que ali vinham procurá-lo para coisas espirituais, e em todo o tempo livre do dia que tinha, ele ficava a pensar nas coisas de Deus e no que naquele dia tinha meditado ou lido" (*A* 26).

Na sua maturidade, Inácio se apresenta não somente como um mestre do discernimento, mas como um mestre de oração. O livrinho dos *Exercícios* o atesta amplamente não só pela indicação explícita dos diferentes modos de orar (*EE* 238-260), mas pelo modo de estruturar, durante o mês de exercícios, cada semana, cada dia e cada momento de oração.

Quanto à sua oração pessoal, o *Diário espiritual* dá um impressionante testemunho de suas experiências interiores, antes, durante e depois da celebração da missa:

> Ao preparar o altar e depois de paramentado e na missa, com grandes moções interiores *e muitas e muito intensas* lágrimas e soluços; perdendo muitas vezes a fala e assim depois de terminada a missa, *em muitos momentos desde a hora* da missa, da preparação, e, depois, com muitos sentimentos vendo Nossa Senhora muito mais propícia *diante do Pai*, de tal modo que nas orações

ao Pai e ao Filho, e ao se consagrar, não podia sentir e vê-la senão como quem é parte ou porta de *muitas graças que em espírito sentia* (*DE* 31; itálico do texto).

Nas *Constituições* dão-se aos jesuítas formados as seguintes indicações sobre a oração pessoal:

> Porque, segundo o tempo e aprovação de vida que se espera para admitir à profissão e também para os Coadjutores formados que são admitidos na Companhia, pressupõe-se que serão pessoas espirituais e aprovadas para seguir pela via de Cristo nosso Senhor, tanto quanto a disposição corporal e as ocupações exteriores de caridade e obediência permitem; não parece lhes ser prescrita outra regra no que se refere à oração, meditação e estudo, bem como no exercício corporal de jejuns, vigílias e outras asperezas ou penitências, senão a que a discreta caridade lhes ditar, desde que sempre seja informado o Confessor e, em caso de dúvida sobre o que convém, também o Superior. E, em geral, se diga somente isto, ou seja, que se advirta que o uso demasiado dessas coisas não debilite as forças corporais e que a elas não se dedique muito tempo, pois para a espiritual ajuda dos próximos, segundo nosso Instituto, não bastam; que, tampouco, ao contrário, haja relaxamento nelas a ponto de se esfriar o espírito e se incendiarem as afeições humanas e baixas (*C* 582).

Inácio escreve a Urbano Fernández, por meio de seu secretário Polanco, no dia 1º de junho de 1551, nestes termos:

> Quanto à oração e meditação, não havendo necessidade especial por tentações, como disse, molestas ou perigosas, vejo que [Inácio] aprova mais o homem procurar achar a Deus em todas as coisas do que dar muito tempo a ela. E é esse o espírito que deseja

ver nos da Companhia: que, quanto possível, não encontrem menos devoção em qualquer obra de caridade e obediência do que na oração ou meditação; pois não devem fazer coisa alguma senão por amor e serviço de Deus nosso Senhor e nisso devem encontrar cada qual mais contentamento no que lhes é mandado, pois não se pode duvidar que se conforma com a vontade de Deus nosso Senhor (*Cartas*, n. 68, p. 812).

2.3.5. Imitação dos santos e de Cristo

A leitura das vidas dos santos e de Cristo impressionou Inácio durante sua estada em Loyola; "aí se lhes apresentavam desejos de imitar os santos, não olhando outras circunstâncias senão o compromisso de, com a graça de Deus, fazer tudo como eles haviam feito" (*A* 9).

Em Roma, Inácio já não imitava os santos exteriormente, mas no interior, imitando o Senhor:

> eu quero e desejo, e é minha determinação deliberada, que somente seja vosso maior serviço e louvor imitá-los em passar todas as injúrias e toda injúria e toda pobreza, tanto atual como espiritual, ao querer vossa santíssima majestade me escolher e receber em tal vida e estado (*EE* 98).

São muitas as citações que podem ser feitas a esse respeito nos *Exercícios*: no colóquio da contemplação da Encarnação, pede-se "para mais seguir e imitar ao Senhor nosso recém-encarnado" (*EE* 109); também se pede "conhecimento da verdadeira vida que mostra o sumo e verdadeiro chefe, e a graça de o imitar" nas Duas Bandeiras (*EE* 139), assim como "opróbios e injúrias para neles mais o imitar" (*EE* 147). Imitação que chega a seu ponto culminante com o terceiro grau de humildade:

para imitar e parecer mais efetivamente com Cristo nosso Senhor, quero e escolho mais pobreza com Cristo pobre do que riqueza, opróbios com Cristo cheio deles do que honras, e desejo mais ser estimado por néscio e louco por Cristo, que primeiro foi tido como tal, do que sábio e prudente neste mundo (*EE* 167).

Com essa lógica, faz-se o exame geral ao candidato da Companhia:

Para que melhor se chegue a esse grau de perfeição tão precioso na vida espiritual, seu maior e mais intenso trabalho deve ser buscar no Senhor nosso sua maior abnegação e contínua mortificação em todas as coisas possíveis; e nosso papel é ajudá-los nisso quanto o Senhor nosso nos conceder sua graça para maior louvor e glória sua (*C* 103).

2.3.6. Inácio, de Peregrino a Geral

O ponto em que, talvez, fique mais evidente a transformação experimentada por Inácio está na comparação do neoconverso que sai da casa paterna no lombo de uma mula, deixando-a tomar a decisão de ir ou não ir a fim de matar o mouro que questionara a honra de Maria, com o Inácio que descreve as qualidades que deve ter o Geral, no capítulo segundo da nona parte das *Constituições*: "Qual deva ser o Prepósito Geral" (*C* 723-735). Nos números 723-735, descrevem-se as seis qualidades que devem caracterizar o Superior Geral, *"pois nelas consiste a perfeição do Prepósito para com Deus, e o que aperfeiçoa seu afeto e entendimento e execução; e, também, o que dos bens do corpo e externos o ajuda; e segundo a ordem posta, assim se estima a importância delas"* (*C* 724, itálico do texto).

Relembremos as duas primeiras:

A primeira é que seja muito unido com Deus nosso Senhor e familiar na oração e em todas as suas ações, para que, mais frutífero pelo Senhor como fonte de todo bem, impetre a todo o corpo da Companhia muita participação de seus dons e graças e muito valor e eficácia a todos os meios que usarem para a ajuda das almas.

A segunda, que seja pessoa cujo exemplo em todas as virtudes ajude os outros da Companhia, e em especial deve resplandecer nele a caridade para com todos os próximos e, de modo particular, para com a Companhia, e a humildade verdadeira, que o tornem muito amável por Deus nosso Senhor e pelos homens. Deve também ser livre de todas as paixões, mantendo-as domadas e mortificadas, para que não lhe perturbem interiormente o juízo e a razão, e exteriormente seja tão moderado e, ao falar, tão especialmente circunspecto que ninguém possa notar nele coisa ou palavra que não edifique seja os da Companhia, que o devem ter como espelho e modelo, seja os de fora. Com isso, saiba juntar de tal maneira a retidão e a severidade necessária com a benignidade e mansidão que nem se deixe declinar do que julgar mais agradar a Deus nosso Senhor, nem deixe de ter a compaixão que convém a seus filhos; de modo que mesmo os repreendidos ou castigados reconheçam que procede retamente no Senhor nosso e com caridade no que faz, ainda que, segundo o homem inferior, lhe desagrade o que faz. Também a magnanimidade e fortaleza de ânimo lhe são muito necessárias para suportar as fraquezas de muitos e para começar coisas grandes no serviço de Deus nosso Senhor e perseverar constantemente nelas quanto convém, sem perder o ânimo com as contradições (ainda que sejam de pessoas poderosas), nem se deixar afastar do que pede a razão e o divino serviço pelos rogos e ameaças deles, sendo Superior a todos os casos, sem se deixar levantar com os prósperos nem se abater de ânimo com os adversos, estando muito pronto para aceitar, quando for preciso, a morte pelo bem da Companhia no serviço de Jesus Cristo Deus e Senhor nosso (C 723-726.727-728).

3. Conclusão

A transformação, não só a de Inácio, mas de todo cristão, é o resultado da interação das moções divinas, percebidas como procedentes diretamente de Deus ou pelas mediações históricas, com as decisões do crente como resposta a elas. No jogo das diferentes moções e decisões que se desenvolvem durante a vida de Inácio revela-se sua perseverante decisão de ser transformado por Deus, depois de sua conversão em Loyola.

Em toda moção se manifesta, com maior ou menor clareza, uma decisão divina que exige uma resposta por parte de quem a recebe. As grandes ou pequenas moções desencadeiam grandes ou pequenas decisões: é sempre por meio delas que se produz a transformação da vida cristã, pois são os pontos fixos que a marcam como balizas. Fazer a vontade divina, pressupondo a indiferença inaciana como pureza de coração diante das afeições desordenadas, significa discernir e decidir o que Deus decidiu para o crente individual, "para mim".

Assim, é mediante as decisões que se verifica a transformação participativa que leva tanto Deus como o crente a uma doação recíproca, numa consumação da união amorosa, na qual o crente se diviniza por participação, graças à mútua comunicação entre ambos e pela qual os amantes se entregam um ao outro, porque têm uma só vontade.

Edições Loyola

editoração impressão acabamento
Rua 1822 n° 341 – Ipiranga
04216-000 São Paulo, SP
T 55 11 3385 8500/8501, 2063 4275
www.loyola.com.br